本书是湖南省教育厅青年项目"马克思主义绿色发展观及其当代价值研究（项目编号：17B149）"资助成果、湖南工商大学学术专著出版资助成果。

南国政治学人文库

THE HOPE SPACE OF ECOLOGY:
A STUDY OF GREEN DEVELOPMENT OUTLOOK OF MARXISM

石小娇◎著

生态的希望空间
——马克思主义绿色发展观研究

中国政法大学出版社

2020·北京

图书在版编目（ＣＩＰ）数据

生态的希望空间:马克思主义绿色发展观研究/石小娇著. —北京:中国政法大学出版社, 2020.4

ISBN 978-7-5620-6530-2

Ⅰ.①生… Ⅱ.①石… Ⅲ.①马克思主义－生态经济学－发展－研究②绿色经济－经济发展－研究－中国 Ⅳ.①F062.2②F124.5

中国版本图书馆 CIP 数据核字(2020)第 088157 号

出 版 者	中国政法大学出版社
地　　址	北京市海淀区西土城路 25 号
邮寄地址	北京 100088 信箱 8034 分箱　邮编 100088
网　　址	http://www.cuplpress.com (网络实名：中国政法大学出版社)
电　　话	010-58908586(编辑部) 58908334(邮购部)
编辑邮箱	zhengfadch@126.com
承　　印	固安华明印业有限公司
开　　本	880mm×1230mm　1/32
印　　张	8.125
字　　数	200 千字
版　　次	2020 年 4 月第 1 版
印　　次	2020 年 4 月第 1 次印刷
定　　价	49.00 元

《南国政治学人文库》
学术委员会

General Foreword

The form of library is exploited, by the Chinese academic society and publishing community, to display the history and reality of human life and achievements and knowledge produced from the researches on the history and reality of human life, which proves a effective way. The purpose of Library of Southern Politicians, jointly published by Public Management School of Guangzhou University and China University of Political Science and Law, is to create a platform by which those young politicians could record and describe the historical changes and reforms of reality in a objective and correct way, and explore the causal associations and inner logic of these historical changes and reforms of reality in a scientific and unbiased way.

In current China, there are two uncontroversial facts, which support and summon scientific politics researches. One is that when economic reform and development advance smoothly, economy and economist are the leading actors while problems arise in economic reform and development, mere economy and economist cannot cope with the situation but knowledge in other fields and its producers are demanded, especially politics and politician.

The other is that upright people's aversion and stolidness over vulgar politics, caused by overemphasis on politics rightness and class struggle, has mitigated, while more and more people have realized that the lagging political reform is one important factor deterring the deepening of economic reform. Thus any people aspiring to interpret, design and forecast the general social reform of China start to focus and research on political field and political life. As political life become more and more clean – figured, the enthusiasm to research on politics and politics science become stronger. Politics may become a prominent discipline.

In current China, politics is the only key to profoundly comprehend and wholly understand social reform, opening – up, transition and renaissance. Judged from human's history, any great overall social reform is triggered firstly by reform in politics field and political life and supported by innovative development in politics field and political life. The overall social reform, opening – up, transition and renaissance in China will also comply with the law.

Although economists lay much emphasis on economic field, and innovations in economic life serve as the basis for the overall social reform, opening–up, transition and renaissance in China, the remarkable major reform could not objectively explained if reforms in political field happened in the late 70s and the early 80s of 20 century are not well assessed. Because without decisive negation of Culture Revolution, and abolishment of class struggle politics, the great ideological liberation with discussion of practice criterion as content would not appear, and thus reform, opening–up in economic field and life would not emerge either.

Although economists, tending to explore the momentum of sustainable moderate growth from economic field and economic life, and even some going far to bypass political reform, indulge in so–called pure economic reform, sustainable deepening reform strategy cannot be correctly designed and established when the tremendous impact of democracy and rule of law on market economy is not fully evaluated, and the fact that sluggish reform in political field and life, becoming the vulnerable spot of overall system construction, hinders greatly the five-in-one coordinated advancement of the society is neglected. Because political life is embedded in economic life and other social life, politics not only influence distribution of resources but also determine authoritative distribution of valuable stuff. Overall social reform, o-pening-up, transition and renaissance cannot circumvent the real political field and life.

Although negligence of the role of political life in overall social life and ignorance of historic and realistic significance of politics research is a drawback, only recognition of politics' efficacy and role of politics research does not mean resolving problems of politics research. For politics research, only those who are proficient in research deserve success. Many politicians have stated means and approaches of politics research, but I believe that among these numerous means, skills and approaches, there are two which is most critical and elementary.

One is that politics should serve people's desire and requirement, offering politics knowledge which can be readily accepted and employed by people by connecting with people's realities. Because it is the public with different rights and appeals who behave in political field and the causal link and inner law of political process are not provided beforehand by those influential persons but determined by a resultant force contributed by numerous forces according to the Parallelogram Rule as vividly described by Engels. Thus, as Mao Zedong put, it is people, only people, who constitute the impetus to create history while it is people, only ordinary people, who are the master and creator of political life, in light of which, politics should turn into a science which can be acquired and used by ordinary people in order to scientifically understand politics and turn it into a science. Politics, as a class of knowledge, once was monopolized by a handful of people. Therefore, it can only grow robust when it is liberated from those a few elite and from dogmatic, pedant politics class, becoming a knowledge weapon for the ordinary people.

The other is that political research should serve the reform and development of China's politics. In one hand, some politics researchers erroneously regard western politics theories as common knowledge so that politics researches in China should conform to those western standards, conception and principles; in another hand, some politics researchers exaggerate the particularity of China's politics so that western elements should be refused and rejected in China's politics research. Starting from these two extreme standpoints, it is impossible to produce scientific interpretation, summarization, and forecast for China's politics. We should paraphrase the system, institution and mechanism of China's politics, as specific politics making up human's politics civilization, summarize its rule of operation, change and development by linking with the practice of China's politics and systemize its historical evolution and realistic reform. Political knowledge acquired by this way will surely unify universality and particularity, individuality and generality, which will contribute to the growth and perfection of human's politics knowledge and offer intelligent support for the reform and development of China's politics. Politics research is not only a cause needing ration and intelligence but also an enterprise requiring art and skill. Hobbes, a famous politician, believes that human, as the most exquisite artwork of the Nature, is rational and furthermore infers that state could only be built into a dedicate artwork by human by using art talent. However, human could only learn the art during his dealing with political life. James Harrington, a politician holding the same view as Hobbes, also indicates that defining the government according to the law or ancient prudence is a kind of art, by which human's secular society could only be organized on the basis of common rights or interests and thus gets preserved. Marxist classical authors stress that politics combines science with art; for example Lenin clearly pointed out that politics is both a science and an art.

The artistry of modern politics embodies not only in the design and construction of political facilities and institutions, but also in the governance of political life. People used to be suffered from conflicting politics, violence – dominated politics, and arbitrary man – ruling politics for a long time. Although a few politics elites in some political system are nostalgic for these cruel low politics, they are leaving us irretrievably despite some remaining forces put up a desperate struggle. People increasingly expect and pursue peaceful, transform— ing and developing politics and communicating, consultative and harmonious politics. Violence politics and ruling politics is based on dominance and control of power while harmonious, consultative politics asks for artistic governance.

The building of political life consisting of political system, institution and mechanism should be devised and governed by human, according to the inner law of political life. Both political design and governance require artistry while politics research should also be conducted with artistry. The artistry of politics research embodies in two aspects: one is that it should presents the artistic characteristics of modern political life, including the artistry of the design, construction and operation of political system, institution and mechanism as much as possible; the other is that the process, method of politics research should be devised with as much artistry as possible while results and knowledge of politics research should be exhibited with artistry.

　　Library of Southern Politicians is a common home shared by young politicians, where a batch of energetic politics researchers free from dogmas and with innovative awareness will gather. It is also a fat soil where a lot of insights for the design, construction and operation of political life will shoot and grow mature. The academic home and soil will undoubtedly yield bumper fruits.

Yan Qiang

September 18th, 2016

Nanjing University,

Nanjing

总　序

　　以丛书和文库的形式系统、集中地展示人类生活的历史与现实，以及对人类生活的历史与现实加以研究所获取的成果与知识，已经成为近年来中国学术界和出版界积极筹划和大力推进的旨在繁荣和发展社会科学的有效方式。《南国政治学人文库》宗旨就是要努力构筑一个平台，在其上让年轻的政治学人们客观、真实地记录和描述当代人类政治生活的历史变迁和现实变革，科学、公正地探索和阐释这种历史变迁和现实变革过程的因果联系与内在规律。

　　在当今中国，存在两个不争的事实，支持和呼唤着科学的政治学研究。第一个不争的事实是，当经济变革、经济发展顺利时，经济学和经济学家是唱主角的；而当经济变革、经济发展出现问题时，仅仅靠经济学和经济学家就不行了，需要的是其他领域的知识及其生产者，尤其是政治学和政治学家。第二个不争的事实是，因政治挂帅、阶级斗争造成的庸俗政治曾一度使得正直的人们对政治和政治学厌恶、冷漠的时期已经结束，越来越多的人已经意识到滞后的政治改革才是经济改革不易深化的重要原因，任何有志于对中国总体社会变革作出客观、科学的解释、设计和预测的人们越来越感觉到政治领域、政治生活才是他们需要特别关注和研究的方面。风清气正的政治生活出现了，研究政治和政治学的兴趣明显增强了，政治学有望再度成为显学。

在当今的中国，政治，也只有政治才是深刻理解和全面把握总体社会变革、开放、转型、复兴的钥匙。纵观人类历史，任何伟大的总体社会变革，都是由政治领域、政治生活的变革为先导，又是以政治领域、政治生活的创新发展为后盾的。中国总体社会的改革、开放、转型和复兴也不例外。

虽然经济学家们特别看重经济领域、经济生活的革新在中国总体社会改革、开放、转型和复兴中的基础作用，但是，不充分估计20世纪70年代末80年代初政治领域发生的变革，以及这一变革对经济领域变革的先导作用，就无法对这场举世瞩目的大变革的发生作出客观科学的解释。因为没有对"文革"政治的断然否定，没有对阶级斗争政治的决然摒弃，以实践标准讨论为内容的思想大解放就不会出现，后续的经济领域、经济生活的改革、开放也不会出现。

虽然经济学家们喜欢从经济领域、经济生活中寻找保持经济适度增长的动力，甚至有的人试图将政治变革撇在一旁，谈所谓的纯经济改革，但是，不充分估计当代政治中民主和法治的因素对市场经济的巨大影响，看不到正是政治领域、政治生活变革的迟缓成为全面制度建设中的短板，从而极大地阻碍了总体社会五位一体的协调推进，就无法正确地设计和确立持续深化改革的战略。因为政治生活嵌入在经济生活和其他社会生活之中，政治说到底不仅影响着资源的配置，还决定着一切有价值的东西的权威性分配。总体社会的改革、开放、转型和复兴，最终都避不开、绕不了彻底、真实的政治领域、政治生活的变革。

看不清政治生活在总体社会生活中的地位，不懂得甚至轻视政治学研究的重要历史和现实意义固然是一种欠缺，但是，仅仅重视政治的效能和政治学研究的作用并不等于完全解决了政治学研究的问题。在这知识领域中只有善于研究的人才能获得成功。有不少政治学家已经讲述过政治学研究的方法与途径，但我认为，在这些众多的方法、技巧和途径中，关键的也是最为基本的有两条。

一条就是研究政治学要服务于人民的愿望和要求。要联系人民群众的实际，努力创造出让民众能够知晓、喜闻乐见并加以利用的政治学知识。因为在政治领域中活动的是成千上万的有着不同政治权益和政治诉求的公众，政治过程的因果联系和内在规律并不是哪个有权势的人事先规定的，而是如恩格斯所比喻的，是无数分力按照平行四边形的法则汇集起来的合力。所以正如毛泽东所指出的："人民，只有人民才是创造历史的动力。"人民，只有普通的人民和民众才是政治生活的主人和创造者。要科学地理解政治，将政治学变成科学，就要把政治学变成能够被多数人，特别是普通民众所理解、所运用的科学。政治学曾经是少数人垄断的知识门类。政治学要获得发展，既需要将其从少数政治精英的手中解放出来，也需要将其从教条式的、学究式的政治学课堂里解放出来，成为普通民众手中的知识武器。

另一条是政治学研究要服务于中国政治的变革与发展。有些政治学研究者误把西方的政治学理论视为具有普遍性的知识，强调中国的政治学研究要套用和服从西方的标准、概念和原理。有些政治学的研究者则片面夸大中国政治的独特性，强调中国的政治学研究要坚决拒绝和排斥任何西方的东西。站在这两个极端上是断然无法对中国政治学作出科学的阐释、概括和预测的。中国的政治是作为人类政治文明组成部分的具体政治，坚持联系中国政治的具体实践，梳理中国政治的历史演变和现实变革，阐释中国政治的制度、体制和机制，概括中国政治运行、变迁和发展的规律，由此产生的政治学知识必然是普遍性与特殊性、个性与共性的有机统一，它既能为人类政治学知识的增长与完善贡献力量，又能为中国政治的改革和发展提供智力的支撑。

政治学研究不仅是一项充满理性的、理智的事业，还是一项富有艺术性的事业。著名政治学家霍布斯一方面将人看作有理性的、"大自然"最精美的艺术品，同时又进一步将国家看作人运用艺术才能创造出来的一个精致的艺术品。人只有和包括国家在内的政治生活打交道，才能逐步学到精致的艺术。与霍布斯持相同见解的政治学家詹姆斯·哈林顿也指出："根据法律或古代经纶之道来给政府下定义时，它便是一种艺术。通过这种艺术，人类的世俗社会才能在共同的权利或共同利益的基础上组织起来，并且得到保存。"马克思主义的经典作家则从更高的层面强调政治是科学性与艺术性的统一。比如列宁就明确指出过，政治是一种科学，是一种艺术。

现代政治的艺术性不仅表现在政治设施、机构的设计和建构上，还表现在政治生活的治理上。人类曾经长时期处在对抗争斗的政治、暴力统治的政治、随心所欲的人治政治之下。这种残酷无情的低级政治正在离我们而去，虽然某些政治制度、少数的政治精英还在思维和行动上对其留恋不舍，其残余的力量还会顽固地产生作用，但是，和平、变革与发展的政治，互通、协商与和谐的政治已经成为人类期望和追求的目标。暴力政治、统治政治需要的是对权力的支配和掌控，和谐政治、协商政治需要的则是艺术性的治理。

由政治制度、体制和机制构成的现代政治生活大厦是要靠人依据政治生活的内在规律来设计、治理的。政治设计需要艺术性，政治治理需要艺术性，政治学研究必须具有艺术性。这种政治学研究的艺术性表现在两个方面：一是要尽量展现现代政治生活的艺术性特征，包括政治制度、体制和机制设计、建构和运行的艺术性，国家治理的艺术性；二是要尽量艺术性地设计政治学研究的过程、方法，艺术性地展示政治学研究的成果与知识。

《南国政治学人文库》是青年政治学人共同的政治学术家园。这里将聚集一批充满活力、没有多少教条束缚、敢于创新的政治学的研究者。这也是一片沃土，许多关于现代政治生活的设计、建构运行和治理的真知灼见会像幼苗一样从这里破土而出，茁壮成长。这一学术家园，这片沃土，只要好好照料，定会收获一批批丰硕的果实。

严　强

（南京大学教授，澳门科技大学特聘教授）

2016 年春于南京大学仙林校区

Preface

The hope space of Ecology: a study of Marxist Green Development View is the academic research achievement of Dr. Shi Xiaojiao during hers doctoral study. It is also a masterpiece with important theoretical and practical value closely related to the development theme of the times.

Just as a Chinese traditional saying goes that April showers bring May flowers. It's not easy for Shi Xiaojiao to achieve hers doctor's degree and accomplish this monograph. It's a coincidence that mentoring relationship has formed between Dr. Xiaojiao and me. There are not only factors of human metabolism, but also the results of institutional norms. As hers successor supervisor, take this opportunity, I want to tell responsibly to her deceased former supervisor, Peng Pingyi, "Please rest assured that your student has lived up to your hopes and has finally achieved satisfactory results." As one can imagine, the process of cultivation is quite difficult and tortuous. As a middle-aged woman, she will face many choice dilemmas, either get married, give birth to children, support hers husband, teach hers children, or sacrifice love and family for career, or manage both. Managing both means one has to spare more than twice the effort. And Shi Xiaojiao chose to manage both, to be both a wife and a mother, both a teacher and a student. Undoubtedly it is hard to manage without firm faith and tenacious perseverance. Shi Xiaojiao has done it. Congratulations to her!

Human being as a kind of species-being is a producer with consciousness. Therefore, "the production of animal is one-sided, of human being is comprehensive." Human beings not only produce the direct needs of their own bodies, but also the indirect needs of their society. Human beings produce not only the material, but also the spirit. Human beings produce life not only in present, but also in the future. The society that Human beings pursue is a society with the unity of nature and soceity. The society that Human beings pursue is natural humanism and human naturalism.

However, the production under the guidance of capital seriously challenges the essence of human being. People with selfconsciousness and freedom have been already facing life danger and survival crisis. Environmental pollution, resource depletion, species extinction, abnormal climate, natural disasters and epidemic diseases are gradually pushing human beings to the "isolated island" where there is no way to escape. Is human being the yardstick of all things? How can human being return to and possess his own nature? Facts are forcing people to think, and sober people are actively exploring the crux and solution of the problem. It is said that "The course of nature is constant: it does not survive because of the actions of a ruler as sage as Yao; it does not perish because of the actions of a ruler as brutal as Jie. If you respond to the constancy of nature's course with good government, there will be good fortune; if you respond to it with disorder, there will be misfortune."

The Hope Space of Ecology: a Study of Marxist Green Development View is a study on "the relationship between human being and nature" in the face of practical problems, based on the classical theory of Marxism. This research is based on the practicality of Marxism on the relationship between human being and nature, emphasizing the dialectical historical unity of nature's preexistence and human's subjectivity in the development process of human society. From the perspective of historical evolution, value objectives, content structures, methods and other dimensions, this monograph explores and constructs the Marxist Green Development View, and has formed the generative law theory, axiology and methodology of the Marxist Green Development View. As expounded in this monograph, Marxist Green Development View is the inevitable outcome of ecological environment crisis and green ecological movement, is " the real resurrection of nature" in the sense of Marxis, is the theoretical innovation of Chinese Marxists of all ages in dealing with global ecological crisis and the resources and environment bottlenecks of China's development , in exploring the road of socialism with Chinese characteristics. The value principles of Marxist Green Development View are to respect nature, to coexist equally, to be human-oriented, and finally to realize the modernization of harmonious coexistence between human being and nature. Marxist Green Development View as a theory of coordinated development of social organism composed of nature, society and human beings, the core of its methodologies are dialectical anthropocentrism, sustainable development and free and all-round development of human beings.

Therefore, along with the overall thinking and logical framework of this study, we can clearly grasp such a main line, namley, Marxist

Green Development View has an inseparable internal relationship with the socialist system, hence taking the road of socialist development guided by Marxism is the only way to overcome the stubborn malady of capitalist system, eliminate ecological crisis and realize green development. Under the new historical conditions, adhering to Marxist Green Development View and promoting green development, we must make great efforts to develop green planning, agglomerate green culture, promote green administration, develop green economy, build green development system and explore the collaborative governance system of green development. Only in this way, will a beautiful green world appear in people's good life.

It it thus clear that this monograph bears the responsibility and feelings of a young scholar who adheres to the belief that "One should be the first to worry for the future of the state and the last to claim his share of happiness", responding the needs of the times and the call of the people. This monograph is both heart-warming and of great academic value. I am glad to preface this monograph.

Weiliang Zhang
October 28th, 2019
Central South University,
Changsha

序

《生态的希望空间——马克思主义绿色发展观研究》是石小娇博士在攻读博士期间从事学术研究的成果，也是一部紧扣时代发展主题、具有重要理论和实践价值的精品力作。

正所谓"宝剑锋从磨砺出，梅花香自若寒来"。石小娇能读出这个博士、写出这部专著实属不易。与小娇博士结为师徒，有些机缘巧合，其中既有人事代谢的因素，也有制度规范的结果。在此，作为后任导师，应该负责任地对她仙逝的原导师彭平一老师说一声"您请放心，您的弟子没有辜负您的希望，终于修成正果"。当然，这个修炼的过程颇为艰难曲折。作为青年中晚期的女性，都会面临很多选择困境，或结婚成家、生儿育女、相夫教子，或为了事业不惜牺牲爱情和家庭，或二者兼得。既然要兼得就意味着两倍以上的付出，石小娇选择了后者，既要当妻子、当母亲，又要当老师、当学生。如此，没有坚定的信念、顽强的毅力，是难以企及的。石小娇做到了，向她表示祝贺！

人作为类存在物是具有自觉意识的生产者，因此，"动物的生产是片面的，人的生产是全面的"。人不仅生产自身肉体的直接的需要也生产间接的社会的需要；不仅进行物质的生产也进行精神的生产；不仅生产现实的生活也生产未来的生活。人所追求的社会是其自然本质与社会本质统一的社会，是自然的人道主义和人道的自然主义。

然而资本主导下的现实生产却对人的类本质发起了严重的挑战，自觉自由的人已经面临着生命危险和生存危机。环境污染、资源枯竭、物种灭绝、气候异常、自然灾害、疫病流行正在一步一步把人类逼向无路可逃的"孤岛"。人是万物的尺度吗，人怎样才能回归和占有自己的类本质？事实在倒逼着人们思考，清醒的人们在积极探寻问题的症结和解决问题的出路。是之谓"天行有常，不为尧存，不为桀亡，应之以治则吉，应之以乱则凶"。

《生态的希望空间——马克思主义绿色发展观研究》是根据马克思主义的经典理论，面对现实问题所展开的"究天人之际"的研究。这一研究以马克思主义关于人与自然关系的实践性为依托，强调自然的先在性和人的主体性在人类社会发展进程中辩证的历史的统一，从历史演进、价值目标、内容结构、方式方法等维度对马克思主义绿色发展观进行了开掘和建构，形成了马克思主义绿色发展观的生成规律论、价值论和方法论。即书中所阐释的：马克思主义绿色发展观是生态环境危机和绿色生态运动的必然产物，是马克思主义意义上的"自然界的真正复活"，是历代中国马克思主义者在应对全球化生态危机、应对中国发展资源环境瓶颈、探索中国特色社会主义道路的理论创新。马克思主义绿色发展观所遵从的价值原则主要是敬畏自然、平等共生、以人为本，最终实现人与自然和谐共生的现代化。马克思主义绿色发展观作为自然、社会和人组成的社会有机体协调发展的理论，始终坚持的方法论硬核是辩证的人类中心主义、可持续发展和人的自由全面发展。

因此，沿着这一研究的整体思路和逻辑框架，我们可以清晰地把握这样一条主线：马克思主义绿色发展与社会主义制度有着无法分割的内在联系，以马克思主义为指导，走社会主义发展道路，是克服资本主义制度的顽瘴痼疾、消除生态危机、实现绿色发展的唯一出路。在新的历史条件下，坚持马克思主义绿色发展观，推进绿色发展就必须在社会发展绿色规划、凝聚绿色文化、推进绿色行政、发展绿色经济、构建绿色发展制度体系、探索绿色发展协同治理体系方面下功夫。唯其如此，一个美丽的绿色世界才会呈现在人们的美好生活中。

可见，这部专著承载着一个年轻学者"先天下之忧而忧、后天下之乐而乐"的责任和情怀，回应了时代的需求和人民的呼唤，既有温度又有厚度。为之作序，吾欣然往矣！

张卫良

（中南大学教授、博士生导师）

2019 年 10 月 28 日

CONTENTS **目　录**

图表目录

第一章 ■导 论

> 我最终得出结论：马克思的世界观是一种深刻的、真正系统的生态（指今天所使用的这个词中的所有积极含义）世界观，而且这种生态观是来源于他的唯物主义的。[1]
>
> —— ［美］福斯特：《马克思的生态学》

人与自然的关系是人必须直面的第一问题，是人类社会发展的先在性基础和物质前提。诚如马克思和恩格斯在《德意志意识形态》（*The German Ideology*）中所说的那样："全部人类历史的第一个前提无疑是有生命的个人的存在。因此，第一个需要确认的事实就是这些个人的肉体组织以及由此产生的个人对其他自然的关系。"[2]马克思和恩格斯的这番话深刻地告诉了我们人与自然关系的重要意义。古希腊、古罗马哲学家同样对人与自然的关系进行了反思，萌生了粗糙的、朴素的生态哲学思想，对后世生态学法治、环境保护和生态文明建设产生了深远的影响。但遗憾的是，文艺复兴之后，西方思想文化的深层结构逐渐被科学主义和实证主义所掌控，把人与自然对立起来，将"征服自然"视为一种能力，注重人对大自然的探索，相信

---

〔1〕 ［美］约翰·贝拉米·福斯特：《马克思的生态学——唯物主义与自然》，刘仁胜、肖峰译，刘庸安校，高等教育出版社 2006 年版，第 3 页。

〔2〕《马克思恩格斯文集》（第 1 卷），人民出版社 2009 年版，第 519 页。

人能通过与自然的斗争而驯服自然、利用自然。这种观点一方面推动了科学技术的发展，让人获得实惠和物质财富，但另一方面也为人与自然的矛盾埋下了"祸根"，把西方工业文明推向了毁灭的边缘。

第一节　选题背景与研究意义

一、选题背景

问题是时代的声音和学术研究的逻辑起点。每个时代都会有自己的问题，在解决这些问题的过程中，人类不断推动社会发展。当今世界，随着科学技术的迅猛发展和人类征服自然能力的增强，人与自然的关系问题成了我们这个时代必须直面的首要问题。工业文明之前的那种田园牧歌式的生活方式已一去不复返，取而代之的是工业化流水线生产、机器马达声的轰鸣、围湖造田的短暂喜悦、森林草地的退却、高楼林立的迅猛城市化、雾霾的笼罩、沙尘的肆虐、气温的上升、人口的膨胀、水系的污染、物种的灭绝、能源的枯竭……生态问题越来越突出，成了制约人类发展的一个重大障碍。联合国开发计划署的《人类发展报告》(2003年)从收入、饥饿、生存、水、卫生设施等方面概括了人类发展所面临的危机。牛文元等撰写的《2015年世界可持续发展年度报告》提出了世界可持续发展必须直面的三大挑战："人与自然关系的不和谐、人与人关系的不和谐、人类身心关系的不和谐。"[1]原国家环保部发布的《2016年中国环境状况公报》显示，在全国338个地级及以上城市中，有254

---

〔1〕　牛文元、刘学谦、刘怡君："2015世界可持续发展年度报告"，载《光明日报》2015年9月9日。

个城市环境空气质量超标，占 75.1%，城市发生重度污染 2464
天次、严重污染 784 天次，以 PM2.5 为首要污染物的天数占重
度及以上污染天数的 80.3%；2014 年，我国废水排放量约为
716.2 亿吨，化学需氧量排放量为 2294.6 万吨，氨氮排放量为
238.5 万吨；酸雨面积约为 69 万平方公里，占国土面积的
7.2%；截至 2014 年，我国的水土流失面积达 37.08%，荒漠化
面积达 27.20%，沙漠化面积扩大到 17.92%；2016 年，长江、
黄河、珠江、松花江、淮河、海河、辽河七大水系污染较重，
其中 I 类至Ⅲ类、Ⅳ类至 V 类和劣 V 类水质的断面比例分别为
61.02%、25.97% 和 13.01%（详见图 1-1）。

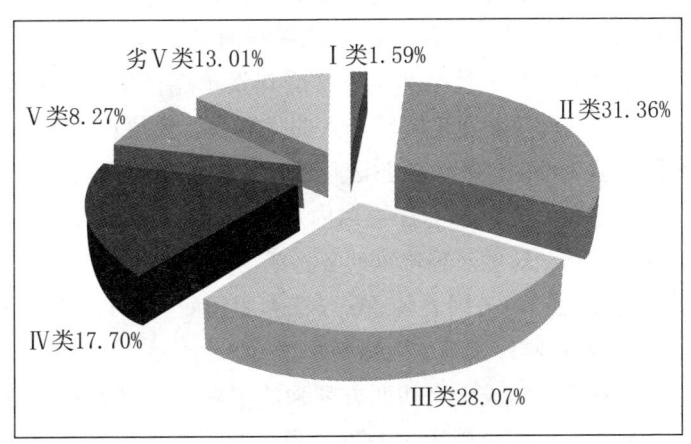

图 1-1 我国七大水系水质类别比例

资料来源：根据中华人民共和国原环境保护部的《2016 中国
环境状况公报》统计得出。

根据联合国环境与发展委员会的布伦特兰报告所提供的数
据：在 20 世纪 60 年代，1850 万人受到干旱这一环境灾害的影
响，520 万人受到洪涝灾害的影响。而在 20 世纪 70 年代，这一

数字分别上升到 2440 万和 1540 万。在随后的几十年里，这一数字不断攀升，而且这些灾害的受害者大都是贫穷国家中的穷人。20 世纪 70 年代初，罗马俱乐部研究"全球困境"的第一个报告《增长的极限》（The Limits to Growth）（1972 年）出版，向人们提出了"盲目的经济快速增长，将导致人类达到危机的水平"[1]的生态环境方面的警告。日趋恶化的生态危机更是引起了中外学者的关注。澳大利亚学者盖尔（A. Gayle）就曾指出："应对这次的生态危机需要做出的变化是如此彻底，以至于把所需要的变化称之为创造一种新文明也不算太夸张……我们需要创造一种'生态文明'。"[2]生态危机无疑将人类逼进了一种绝境，敦促人类重新设计生存和前进的路线。之前，许多科学家和生态学家都相信通过发展科学技术能够缓解甚至消除生态危机。然而事实证明，生态社会和生态文明建设单靠科学技术和资金投入根本无法解决，更需要转变人的世界观、价值观和消费观。布达佩斯俱乐部的创始人拉兹诺（E. Laszlo）就曾预言，恐怖主义、霸权主义等无疑不会在短期内从这个世界销声匿迹，比这更加麻烦的是全球生态恶化，其必将成为 21 世纪人类必须直面的最大的敌人。[3]美国著名经济学家弗里德曼（T. L. Friedman）也发出警告："唯绿则存，无绿则亡！"

为摆脱新中国成立之初西方列强的围堵和"贫穷的社会主义"的耻笑，我国也曾走过一条"黑色"发展的道路，消耗了众多资源，造成了污染，生态环境越来越糟糕。为此，党的十

---

〔1〕［美］德内拉·梅多斯等：《增长的极限——罗马俱乐部关于人类困境的报告》，李宝恒译，四川人民出版社 1983 年版，第 48 页。

〔2〕［澳］阿伦·盖尔："走向生态文明：生态形成的科学、伦理和政治"，武锡申译，载《马克思主义与现实》2010 年第 1 期。

〔3〕［英］戴维·佩珀：《生态社会主义：从深生态学到社会正义》，刘颖译，山东大学出版社 2012 年版，第 30 页。

七大报告明确提出将资源环境、环境保护上升到国家基本国策的高度。党的十八大报告提出："面对资源约束趋紧、环境污染严重、生态系统退化的严峻形势，必须树立尊重自然、顺应自然、保护自然的生态文明理念，把生态文明建设放在突出地位，融入经济建设、政治建设、文化建设、社会建设各方面和全过程，努力建设美丽中国"，[1]需要"着力推进绿色发展、循环发展、低碳发展……"[2]2015 年 4 月，中共中央、国务院在印发的《关于加快推进生态文明建设的意见》中强调，实施推进新型工业化、城镇化、信息化、农业现代化和绿色化的"五化协同"的战略。2015 年 10 月 26 日至 29 日，十八届五中全会提出了"创新、协调、绿色、开放、共享"的发展理念，并且把"绿色"摆在了"五大发展"理念的第三位，足见党中央对绿色发展之重视。2017 年 10 月 18 日，习近平总书记在党的十九大报告中提出了"坚持人与自然和谐共生"[3]的基本方略，致力于推进绿色发展。

二、研究意义

就研究的理论意义而言，深度研究和整体构建马克思主义绿色发展观，对于解决环境伦理学困境、论证环境伦理学的合法性与合理性具有极为重要的理论意义。

第一，有助于重光马恩经典著作的生态哲学思想。国内外学者普遍认为，马克思、恩格斯的经典著作［如《1844 年经济

---

〔1〕 参见胡锦涛：《坚定不移沿着中国特色社会主义道路前进 为全面建成小康社会而奋斗》，人民出版社 2012 年版。

〔2〕 参见胡锦涛：《坚定不移沿着中国特色社会主义道路前进 为全面建成小康社会而奋斗》，人民出版社 2012 年版。

〔3〕 参见习近平：《决胜全面建成小康社会 夺取新时代中国特色社会主义伟大胜利》，人民出版社 2017 年版。

学哲学手稿》（*Economic and Philosophical Manuscripts*）、《共产党宣言》（*The Communist Manifesto*）、《德意志意识形态》（*The German Ideology*）、《自然辩证法》（*Dialectics of Nature*）等经典文本］蕴含了十分丰富的生态哲学思想。然而，以苏联为代表的社会主义国家在建设实践中急于突破资本主义的围剿，把马克思主义的生态思想和恩格斯的警告抛到了九霄云外，大多采取了急功近利和杀鸡取卵的经济社会发展战略，上马了许多高污染的工程项目，破坏了数不清的青山绿水，遭到了大自然的无情报复。所以，研究马克思主义绿色发展观，就是要凸显这些著作的生态思想精髓，彰显马克思主义发展观的科学性及其对人类发展前途和未来的正确判断。

第二，有助于推动世界绿色思想的发展。西方社会的绿色运动、绿党政治、绿色思潮、生态理论等无疑都是对当前日益严重的生态危机的反映。但令人遗憾的是，尽管这些思潮、政党不断以实际行动来唤醒人类的危机意识，但却始终收效甚微。马克思、恩格斯早就发现并指出了问题的症结，即这些思潮和理论都是站在资本主义制度框架来思考生态危机，社会生产遵循的是资本逻辑。法兰克福学派哲学家和生态马克思主义者也强调指出："人类消除生态危机、在人与自然之间建立起真正和谐的关系的最大障碍就是资本主义制度。资本的本性是与自然根本对立的，只要资本的逻辑在这一世界上还畅通无阻，那么人类要走出生态危机就是缘木求鱼。"[1]所以，研究马克思主义绿色发展观，系统梳理马恩经典文本、苏联马克思主义者、中国化马克思主义以及西方马克思主义中的生态哲学思想和绿色发展思想，有助于在应对生态危机的各种思潮时凸显马克思主

---

[1] 陈学明：《谁是罪魁祸首——追寻生态危机的根源》，人民出版社 2012 年版，第 479 页。

义的理论价值和时代价值，引领人类走出生态危机的困境。

第三，有助于拓宽当代马克思主义发展的哲学维度。面对日益严重的生态危机，人类到底应该到哪去寻找思想武器？西方马克思主义者"富有说服力地告诉整个人类：这种思想武器现成的就有，这就是马克思主义，这就是马克思主义的唯物史观"。[1]中国马克思主义者在坚持和探索马克思主义的发展观这条道路上付出了辛勤的劳动，无不见证中国马克思主义者和中国共产党的大智慧和大担当。现在看来，当代中国的绿色发展战略拓宽了马克思主义生态哲学和社会发展哲学的维度。正如美国生态马克思主义哲学家福斯特（J. B. Foster）所说："我最终得出结论：马克思的世界观是一种深刻的、真正系统的生态（指今天所使用的这个词中的所有积极含义）世界观，而且这种生态观是来源于他的唯物主义的。"[2]解决人与自然的生态危机，在理论上别无他途，"回到马克思"和坚持走社会主义道路，或许是我们这个时代的一个重大理论命题和最为明智的选择。

从研究的实践意义来看，研究马克思主义绿色发展观对于从生态层面彰显中国特色社会主义道路的优势，推进我国环境保护运动、建设生态文明、实现美丽中国、打造人类绿色命运共同体具有重要的实践意义。

首先，为顶层设计美丽中国路线图提供经验与借鉴。除了马克思、恩格斯著作中的生态思想给了我们极大的启发之外，西方马克思主义的自然解放理论、自然的社会化、适应自然、环

---

〔1〕 陈学明：《谁是罪魁祸首——追寻生态危机的根源》，人民出版社 2012 年版，第 472 页。

〔2〕 ［美］约翰·贝拉米·福斯特：《马克思的生态学——唯物主义与自然》，刘仁胜、肖峰译，刘庸安校，高等教育出版社 2006 年版，第 3 页。

境革命、超越经济理性、资本的逻辑、生态社会主义理论等理论同样"能为我们如何开辟中国道路必然面临的第二个矛盾，即人与自然之间的矛盾，生态危机的日益加剧提供启示"。〔1〕面对如此汹涌澎湃的世界反生态危机的潮流，中国马克思主义没有选择沉默。在总结西方社会"黑色"发展和苏联社会主义粗放发展的经验教训的基础上，中国提出了建设"美丽中国"的宏伟蓝图。这一刻也离不开马克思主义生态哲学思想与当代中国实践相结合的绿色发展思想的指导。

其次，为中国特色社会主义绿色发展模式提供实践指导。研究马克思主义绿色发展观，对于破解我国经济社会发展难题，培育新的经济增长点具有重大的现实意义。众所周知，人与自然的矛盾业已转化为影响中国道路、中国发展的主要矛盾。在生态环境容量和资源承载能力的双重制约下，坚持社会主义道路必须处理好人与自然的关系，必需高度重视生态环境保护问题。正如2016年3月"两会"时习近平总书记在参加青海代表团审议时所强调的那样："一定要生态保护优先，扎扎实实推进生态环境保护，像保护眼睛一样保护生态环境，像对待生命一样对待生态环境，推动形成绿色发展方式和生活方式，保护好三江源，保护好'中华水塔'，确保'一江清水向东流'。"〔2〕2016年8月份，中共中央国务院先后批准福建、贵州、江西三个省为生态文明建设试验区，就是要创造一条马克思主义绿色发展的中国道路。

最后，为人类社会走出生态危机困境贡献中国方案。正如

---

〔1〕 陈学明："'西方马克思主义'的主要特征及其对中国的意义"，载 http://www.docin.com/p-784591329.html，访问日期：2014年3月27日。
〔2〕 霍小光："习近平参加青海代表团审议"，载 http://news.xinhuanet.com/politics/2016lh/2016-03/10/c_1118286141.htm，访问日期：2016年3月10日。

生态马克思主义者佩珀所强调的那样，由于经济全球化带来的经济、社会和环境威胁，社会主义和共产主义理论与实践变得比以往任何时候都更被需要。而且，马克思主义一直认为，资本主义制度不能从根本上解决生态危机。因此，受资本逻辑宰制和置身于资本主义制度来提解决生态危机的策略，只能是"头疼医头、脚疼医脚"，无法从根本上解决问题。治本之策只能在社会主义制度中找寻。一方面，在分析和解决生态问题上，应站在马克思辩证人类中心主义的立场上，坚持社会批判、资本批判，唤醒人民的阶级意识和生态意识，反对资本宰制的社会制度。另一方面，要归纳、总结中国特色社会主义在生态文明建设和绿色发展试点中的成功经验，推出绿色发展的中国样本、中国方案和中国模式，总体上彰显社会主义（尤其是中国特色社会主义）在解决生态危机中的作用和独特价值，进一步彰显社会主义的优越性、科学性、吸引力。

第二节 国内外研究述评

一、国内外研究现状

国内外学术界在讨论"绿色发展"这个概念时往往将之与"科学发展"（scientific development）、"可持续发展"（sustainable development）、"低碳经济"（low carbon economy）、"低碳生活"（low carbon life）、"绿色经济"（green economy）、"绿色增长"（green growth）等概念相联系。[1]早期马克思主义除了生态哲学思想之外，在历史唯物主义中没有明确提出绿色发展，绿色发

---

〔1〕 杨灿、朱玉林："国内外绿色发展动态研究"，载《中南林业科技大学学报（社会科学版）》2015年第6期。

展的观点只是散落在其哲学和经济学思想之中。然而，反观当今各种"绿色"理论乃至"绿色"运动，无一不与马克思主义的生态哲学思想和社会发展理论有着千丝万缕的联系。国内外学者一方面从马克思、恩格斯的经典文本中挖掘马克思主义的生态哲学思想，在继承发展马克思、恩格斯这些思想的基础上，提出了一些绿色发展思想，在辩证历史唯物主义中"嵌入"了绿色发展思想，推进了马克思主义社会发展理论的发展。

（一）关于绿色发展概念及内涵的研究

"绿色"（green）代表着西方一些政党的意识形态。譬如，20世纪60年代至70年代，西方社会出现了"把生态环境问题纳入其社会与政治解放运动和未来社会主义或共产主义社会创建目标"的"绿色左翼"（Green-Left）。[1]20世纪80年代末期，伴随着传统工业和城市化模式问题的凸显，绿色发展引起了诸多中外学者的重视。例如，1989年，英国环境经济学家皮尔斯等在《绿色经济蓝图》中首次提出了"绿色经济"的概念。[2]20世纪90年代，雅各布斯（Jacobs）和帕斯特（Poste）等经济学者又进一步提出了绿色经济学，建议对传统的劳动资本、土地资本及人造资本在内涵上进行修正和扩充，即人类资本（human capital）、生态资本（ecological capital）和人造资本（man-made capital）等三类。目前，国内外专题研究马克思主义绿色发展观的著作和学术论文在逐年增加。譬如，早在2002年，联合国开发计划署驻华代表撰写的报告《中国人类发展报告2002：绿色发展必选之路》就提出了"绿色发展"这个理

---

〔1〕 郇庆治主编：《当代西方绿色左翼政治理论》，北京大学出版社2011年版，第2页。

〔2〕 全国干部培训教材编审指导委员会组织编写：《建设美丽中国》，人民出版社2015年版，第100页。

念，并深度分析了中国选择可持续发展道路所面临的挑战和中国的发展对世界稳定所具有的举足轻重的作用。目前，国内外对于绿色发展的研究仍比较含混，对于绿色发展的内涵存在一定的争论，对绿色发展观需要进行有益的探讨。方世南从文化符号、环境和健康三个维度诠释了绿色的内涵。他认为，绿色是"人民美好生活的底色"，"是一个蕴含着丰富多样的文化符号和文化信息的概念，既代表着自然界生态环境的优美，又代表着人类舒适宜居的工作环境、生活环境和人的身心健康"。[1]这些早期研究为进一步深度研究马克思主义绿色发展观提供了一个很好的基础。

国内学者普遍认为，绿色发展本质上是科学发展。陈学明认为："所谓绿色发展就是科学发展观所昭示的那种全面、协调和可持续的发展。其基本原则就是：高效低耗、高品低密、高标低排放、无毒无害、清洁健康等，实现绿色工业化、绿色城市化和环境保护的互利耦合，达到发展与环保的双赢的目的。"[2]胡鞍钢将绿色发展界定为"经济、社会、生态三位一体的新型发展道路，以合理消费、低消费、低排放、生态资本不断增加为主要特征，以绿色创新为基本途径，以积累绿色财富和增加人类绿色福利为根本目标，以实现人与人之间和谐、人与自然之间和谐为根本宗旨"。[3]绿色发展就是建立在绿色市场和合理消费基础之上的自律式发展道路，是绿色生产观、绿色消费观和绿色发展观的有机统一，本质上就是科学发展。马洪波认为：

---

〔1〕 方世南："以绿色发展实现人民对美好生活的向往"，载《鄱阳湖学刊》2015 年第 6 期。

〔2〕 陈学明：《谁是罪魁祸首——追寻生态危机的根源》，人民出版社 2012 年版，第 578 页。

〔3〕 胡鞍钢：《中国：创新绿色发展》，中国人民大学出版社 2012 年版，第 33 页。

"绿色发展是在循环经济、绿色经济、可持续发展、低碳经济等热门概念的基础上衍生的，是对以上词汇的综合归纳和高度概括。"[1]王玲玲、张国艳认为，所谓"绿色发展，是在生态容量和资源承载能力的制约下，通过保护自然环境实现可持续科学发展的新型发展模式和生态发展理念。合理利用资源、保护环境、维系生态平衡是其内在的核心要素；实现经济社会、政治社会、人文社会和生态环境可持续的科学发展是其目标；通过绿色环境、绿色经济、绿色政治、绿色文化等实践活动的'生态化'，实现天人和谐、共生共荣的理想境界是其核心内容和发展途径"[2]绿色环境、绿色经济、绿色政治和绿色文化共同构成绿色发展系统，各子系统之间不是互相孤立、互不相干的，而是互相依存、互相联系、互相作用的，它们之间的关系是辩证统一的。"绿色环境发展"是绿色发展的自然前提，"绿色经济发展"是绿色发展的物质基础，"绿色政治发展"是绿色发展的制度保障，"绿色文化发展"是绿色发展内在的精神资源。张治忠认为："绿色发展的核心目标是实现经济与社会的可持续发展，具体落实在环境保护和资源节约的行动上，体现在现代节约观时代性内涵中；绿色发展不仅是一种新的发展理念，一种新的增长模式，更是一种具有终极价值功能的价值诉求。"[3]李锦宏描述了绿色发展的内涵要义，即绿色发展是一种长期的、有利于代际公平的科学性发展，是经济增长、社会公平和环境安

〔1〕 马洪波："绿色发展的基本内涵及重大意义"，载《攀登》2011年第2期。

〔2〕 王玲玲、张艳国：" '绿色发展'内涵探微"，载《社会主义研究》2012年第5期。

〔3〕 张治忠："论基于绿色发展的现代节约美德"，载《伦理学研究》2015年第4期。

全的包容性发展。[1]

（二）关于绿色思想和绿色政治的研究

在费迪南·穆勒-罗密尔和波古特克看来："绿色和选择性运动于20世纪前二十五年，出现于大多数欧洲国家。"[2]20世纪90年代以来，西方马克思主义关于生态问题的研究从以前对资本主义技术批判、消费批判转向对资本主义制度批判，出现了历史唯物主义的自然理论、绿党政治理论、生态危机与生态革命理论、生态殖民主义理论、新型生态社会主义理论等。借此，多布森给出了对生态中心论的政治意识形态的判断："绿色思想的一般取向或者说任何可持续社会的画面必须依此来检验的基准，是左翼-自由生态中心主义。"[3]

绿党政治理论（Political Theory of Greens）是于20世纪70年代末产生的，随着西方环境保护、反核、寻求永续能源的诉求在民众中觉醒，绿色运动由之前的广泛的群众性活动(如环境保护运动、街头抗争、校园集会、和平运动)逐渐有组织地发展为政治运动，群众性的社会组织(如世界卫士、绿色和平组织、峰峦俱乐部、自然之友、布伦特兰委员会)也逐渐演变成一个新兴的政治组织——绿党（green party）。截至2004年2月1日，世界先后产生了芬兰绿党、意大利绿党、法国绿党、德国绿党以及比利时绿党等32个绿党组织[4]，这些绿党开始不断"向

---

〔1〕李锦宏："绿色发展：中华民族复兴宏伟大业的必要条件"，载《贵州大学学报（社会科学版）》2015年第6期。

〔2〕［德］斐迪南·穆勒-罗密尔、［英］托马斯·波古特克主编：《欧洲执政绿党》，郇庆治译，山东大学出版社2012年版，第1页。

〔3〕［英］戴维·佩珀：《生态社会主义：从深生态学到社会正义》，刘颖译，山东大学出版社2012年版，第52页。

〔4〕［德］斐迪南·穆勒-罗密尔、［英］托马斯·波古特克主编：《欧洲执政绿党》，郇庆治译，山东大学出版社2012年版，第169~177页。

制度内进军"，逐渐提出绿党的政治理论纲领、意识形态和政策主张，形成了如下四个向度的理论主张："生态可持续性、基层民主性、社会正义与非暴力"。[1]中外学者一直追踪这一股绿色思潮和绿色政治的发展趋势。费迪南·穆勒-罗密尔等认为有关西欧绿党的比较研究与学术争论主要集中在三个方面的议题："绿党的兴起与发展、绿党的组织与意识形态力量和绿党的选举成功。"[2]吕蒂希、里豪克斯等更注重对"绿党执政所涉及的政府参与战略选择、执政要求的组织变革与进一步适应需要、欧盟政治参与的改变与被改变、政府参与对其选举政治的影响"[3]等议题的研究。威利的研究兴趣在于，从城乡和社会边缘，反思生态原则、分散化和社会公正等基础性价值在绿党政治选举中的作用。[4]国内学者郇庆治出版了《欧洲绿党政治研究》（2003年），该书主要从政党政治的视角入手，从欧洲绿党的政党组织、政党纲领和政治理论三个维度进行了系统而深入的分析，为国内学者了解和研究西方绿色政治和绿色思潮提供了一个较好的视角。

（三）对马恩生态思想的研究

对于马克思、恩格斯是否具有生态思想这个问题，在西方争论得十分激烈。著名的生态马克思主义者福斯特就认为，马克思、恩格斯是最早的生态社会主义者，马克思和恩格斯的经

---

〔1〕 郇庆治、王聪聪："近十年来西方绿党政治研究述评"，载《国外理论动态》2014年第1期。

〔2〕 ［德］斐迪南·穆勒-罗密尔、［英］托马斯·波古特克主编：《欧洲执政绿党》，郇庆治译，山东大学出版社2012年版，第1页。

〔3〕 参见郇庆治、王聪聪："近十年来西方绿党政治研究述评"，载《国外理论动态》2014年第1期。

〔4〕 See R. Whaley, *How Green is the Green Party: Stories from the Margins*, Center Ossipee, N. H. : Beech Rever Books, 2007.

典著作已包含着"大量值得注意的生态思想"。[1]意大利地理学家奎尼（M. Quaini）认为："马克思……在现代资产阶级生态意识诞生之前，就已经开始指责对自然的掠夺行为。"[2]现在我们要做的就是深度挖掘、弘扬和推进马克思、恩格斯的生态理论，为中国绿色发展提供有力的理论支撑。总体看来，国内外学者对马恩经典文本生态思想进行了梳理，从《1844年经济学哲学手稿》《德意志意识形态》《反杜林论》《自然辩证法》《关于费尔巴哈的提纲》《费尔巴哈和德国古典哲学的终结》等著作中发掘出了极为丰富的生态哲学思想，西方学者也为马克思主义的生态哲学思想找到了许多证据。日本学者岩佐茂在《环境的思想》一书中提出，马克思在《资本论》这部伟大的经济学著作中阐释的"合理地调节人与自然之间的物质变换的思想"以及"自然主义"与"人道主义"的统一，证明了马克思的人类中心主义的立场；青年恩格斯在《英国工人阶级状况》中揭露了公害与环境卫生问题，在《国民经济学批判大纲》中提出了"人类同自然的和解以及人类本身的和解"的观点，在《自然辩证法》中提出了警惕对自然的"支配""胜利"导致自然的"报复"的观点。这些思想是对误读《共产党宣言》的费克斯（V. Ferkiss）、吉登斯（A. Giddens）、克拉克（J. Clark）、劳依（M. Lowy）等指责"马克思对待世界的态度总是保持着普罗米修斯一样的冲动，以人为征服自然为荣"做出的有力回应。国外学者对马克思、恩格斯的生态哲学思想发掘和阐发主要集中在以下几个方面：

---

〔1〕 ［美］约翰·贝拉米·福斯特：《马克思的生态学——唯物主义与自然》，刘仁胜、肖峰译，刘庸安校，高等教育出版社2006年版，第11页。

〔2〕 转引自［美］约翰·贝拉米·福斯特：《马克思的生态学——唯物主义与自然》，刘仁胜、肖峰译，刘庸安校，高等教育出版社2006年版，第11页。

其一，自然异化与生态危机。异化（Alienation）是马克思《1844年经济学哲学手稿》的核心概念和中心范畴。如今，理论界对这个范畴的内涵延伸非常频繁，但在文本中马克思仅讨论了"人的异化""劳动异化"，并未对"自然异化"加以讨论。福斯特在《马克思的生态学》一书中，在分析异化劳动的四个方面首次使用了"自然异化"这个范畴，并且四类异化"共同构成了马克思的劳动异化概念——都与人类对自然的异化不可分割，包括他们自身的内在自然和外在自然"；奥伊捷尔曼的关于"自然界的全部丰富性和多样性对异化的人来说都消失了"的观点就是从人与自然的关系角度提出的；拉宾认为，马克思是从人与自然界的统一来理解自然异化的。

其二，科技异化与生态危机。马克思曾对工业革命发出过赞叹，将其视为现代英国各种关系的基础，是整个社会发展的动力。同时，他也发现，技术的"资本主义的应用"和"工业的资本主义性质"才是导致生态失衡和产生无法消除的环境污染的真正根源。法兰克福学派继承马克思的这些思想，并指认科学技术是资本主义生态危机的主要根源。在他们看来，在私有制条件下，科学技术受制于和服务于资本，成了生产剩余价值、获取利益最大化的重要手段，甚至蜕变成了一种新的社会控制方式（Marcuse，1964）、一种社会意识形态（M. Horkheimer，1977；J. Habemas，1968）。哈贝马斯认为："技术统治论的命题作为隐形意识形态（als Hintergrundideologie），甚至可以渗透到非政治化的广大居民的意识中，并且可以使合法性的力量得到发展。"[1]

其三，资本逻辑与生态危机。生态马克思主义者认定，造

---

〔1〕〔德〕哈贝马斯：《作为"意识形态"的技术与科学》，李黎、郭官义译，学林出版社1999年版，第63页。

成当前资本主义生态危机的主要原因是资本逻辑和资本主义积累。只要资本逻辑还主宰生产、生活、消费，只要一切生产还是为了获取更多的利润，人类就不可能完全消除生态危机。高兹认为，资本的增殖原则以及由此带来的后果，导致资本主义社会生产抛弃勤俭节约的新教伦理精神，转而信奉"越多越好"的原则，进一步为攫取自然资源和征服自然扫清道德上的障碍。福斯特把生态危机的矛头指向资本的无限积累。他认为，资本主义经济"急如星火追求增长一般地说总是意味着迅速消耗能源和原材料，总是意味着与此同时把越来越多的弃物堆积到环境之中，从而也总是意味着环境退化的日益加剧"。[1]奥康纳甚至认为，20世纪90年代之后，以美国为首的资本主义国家所发动的战争都是作为资本主义积累的逻辑延伸和扩张的结果。

（四）关于生态殖民主义（Eco-Colonialism）的研究

第二次世界大战之后，尤其是在全球化背景下和互联网时代，资本主义世界市场体系一改过去对境外土地和资源赤裸裸的掠夺方式，而是通过对外贸易这种表面"文明""平等"的市场方式，"在平等的表象下进行不平等的剥削与掠夺原殖民地、半殖民地国家的能源、资源和其他财富"，[2]把高污染、高消耗、高浪费的初级制造放在发展中国家，实际上是变相地掠夺了他国的资源、破坏了当地的生态环境，把当地变成一个巨大的"垃圾场"。显然，这就是一种不折不扣的"生态殖民主义"（Eco-Colonialism）。系统梳理国内外对于生态殖民主义的研究，不难发现以下几个方面是研究比较聚焦的地方：

其一，对生态殖民主义的界定。张剑把"生态殖民主义"

---

〔1〕　J. B. Foster, "Ecology Against Capitalism", *Monthly Review*, 2001, 10, Vol. 53, No. 5, pp. 2~3.

〔2〕　张剑："生态殖民主义批判"，载《马克思主义研究》2009年第3期。

界定为："在不平等的国际秩序框架内，西方发达国家针对发展中国家和落后国家的、在生态环境问题上带有明显剥削与掠夺性质的经济、政治行为的总称。"[1]郑湘萍、田启波则认为，所谓生态殖民主义，"指的是第二次世界大战之后，发达国家为了保护国内的资源和环境而对不发达国家进行资源掠夺与破坏的一种新殖民主义政策"。[2]在这种经济贸易秩序和环境之下，资本主义市场法则支配生产，资本家不是牺牲企业利润去保护环境，而是推行生态殖民主义，利用资本主义世界市场将其转接给其他发展中国家，是一种带有明显的剥削与掠夺性质的经济与政治行为。

其二，生态殖民主义的本质属性。以生态马克思主义为代表的一些西方学者认为，生态殖民主义本质上是在新的国际形势下出现的没有殖民地的一种生态侵略。佩珀一针见血地指出了生态殖民主义的本质。他说："环境质量是与社会物质财富的丰裕或贫困紧密联系在一起的，西方资本主义国家也正是通过对第三世界国家的掠夺来维系和改善自身的环境，使自己成为全世界羡慕的对象。一些新建的绿色生态区就是一些特权区，在那里毒气、废气相对比较少，土壤和树木相对保护比较好些。"[3]同时，他进一步论述了以"第三世界""人口过剩原因论"为核心的生态殖民主义。当今世界许多欧美发达国家的富饶、美丽和良好的生态环境都是建立在其他发展中国家的"不发达"的基础之上的，其城市的生态化转型和建设同样离不开对更多的发展中国家的城市隐性的强迫性污染。由此看来，生

---

〔1〕 张剑："生态殖民主义批判"，载《马克思主义研究》2009年第3期。

〔2〕 郑湘萍、田启波："生态学马克思主义视阈中的生态殖民主义批判"，载《岭南学刊》2009年第6期。

〔3〕 D. Pepper, *Eco - Socialism: From Deep Ecology to Social Justice*, London and New York: Routledge, 1993, p. 96.

态殖民主义无非是一种"新欧洲中心论"。发达资本主义国家凭借其先进的科技、经济以及军事实力，通过一些隐性的、非法的和非道德的生态侵略以维持和满足其无限的欲望。在此过程中，生态侵略不仅使得一些发展中国家在表面上的经济高速发展中不知不觉地沦为生态殖民地，而且第三世界国家往往盲目地陷于眼前利益而被继续掠夺财富、破坏生态环境。拉比卡在《生态学与阶级斗争》一文中对发达国家这种道貌岸然的生态殖民主义行为给予了强烈批判，指出不发达国家生态危机和环境恶化的罪魁祸首就是发达国家对它们的"援助式"掠夺和剥削。

其三，生态殖民主义的实施策略。在资本增值性和效率性的推动下，生态殖民主义必然会演化为一种生态帝国主义。生态殖民的方式和策略主要表现为如下几种：一是赤裸裸的直接掠夺。通过战争手段、经济手段、技术手段、贸易规则等不平等的方式，对发展中国家的资源、能源进行掠夺性开发，并源源不断地廉价收购发展中国家的森林资源、矿产资源、生物资源，输送到发达国家。[1]所以，在福斯特看来，生态殖民主义已经"形成一个新的凌驾于生态之上的经济帝国———一种取代不再奏效的旧殖民主义的新殖民主义"。二是环境污染的间接转移。西方发达资本主义国家把科学技术发展瞄准高、新、尖领域，在国内从事技术研发，而把大部分高污染的低端生产放到了发展中国家，既节约了发达国家的人力资源成本，又避免了发达国家的环境污染。陶权、肖生鹏的研究表明："20世纪90年代仅美国就把90%的电子垃圾废物转移到了中国；苹果、松下和三星等纷纷在中国建厂，生产大量电子产品并形成电子垃

---

[1] 李祥："环境殖民主义批判"，载《南京农业大学学报（人文社会科学版）》2010年第4期。

圾污染，电子废物以每5年16%~28%的速度增长。"[1]对于生态殖民主义的这种行径，奥康纳给予了十分严厉的批判："最糟糕的人类和生态灾难通常发生在南部国家以及北部的那些'内陆殖民地'。生态恶化的人类牺牲品往往是那些乡村的穷人。"[2]三是对环境污染进行"漂绿"（greenwashing）。美国著名马克思主义者哈维（D. Harvey）发现："生态系统由资本与自然的矛盾统一构成。"[3]在资本主宰的世界，自然演化成一种"积累策略"，一种政治统治的手段，一种意识形态的"表演道具"，身披"为了人类福祉"外衣的"所有生态和环境计划"其实都是"社会经济计划（反之亦然）"。所以，在资本主义的诸多政治实践中，存在许多"将追逐利润的计划"[4]伪装成目的在于提升人类福祉的"漂绿"行为。譬如，当年美国副总统戈尔响应环保人士号召，尝试为应对全球气候变暖有所作为，创造了一个碳交易市场，表面看起来是为了应对环境问题，结果却给对冲基金带来了投机获利的机会，对抑制碳排放和生态环保几乎不起作用。这是在诸多资本主义国家均可见的"漂绿"行径之一。

（五）关于生态社会主义（Eco-Socialism）的研究

由于生态危机不断加重，环境污染、气候异常、生物灭绝、疾病横行越发严重。一些有识之士经过深入、系统的反思，最

---

〔1〕 陶权、肖生鹏："中国承接国际产业转移所引发的环境污染及改善途径"，载《对外经贸实务》2015年第6期。

〔2〕 ［美］詹姆斯·奥康纳：《自然的理由——生态学马克思主义研究》，唐正东、臧佩洪译，南京大学出版社2003年版，第306页。

〔3〕 ［美］大卫·哈维：《资本社会的17个矛盾》，许瑞宋译，中信出版社2016年版，第275页。

〔4〕 ［美］大卫·哈维：《资本社会的17个矛盾》，许瑞宋译，中信出版社2016年版，第275页。

终认定资本主义制度才是引发生态危机的根本原因，走出生态危机的根本办法就是以新的社会制度来取代资本主义制度。社会主义（尤其是生态社会主义）再度成为焦点，被视为复兴社会主义（共产主义）的一支重要力量。国内外对生态社会主义的研究较多，择其要者，叙述如下：

首先，生态社会主义的本质和发展阶段。在奥康纳看来，生态社会主义是"一种在生态上合理而敏感的社会，这种社会以对生产手段和对象、信息等的民主控制为基础，并以高度的社会经济平等、和睦以及社会公正为特征"。[1]徐崇温认为："西方的生态社会主义并不是一个有组织的统一流派，而是由一些学者、理论工作者各自表述自己的观点，因其相近或类同而形成的思潮。"[2]胡建认为，生态社会主义"是以马克思主义观点思考和解决当代生态问题的社会主义流派，本质上是以生态批判为切入点的当代资本主义社会批判理论"。[3]生态社会主义的产生和发展同绿色生态运动息息相关，其发展大致经历了三个阶段：一是"从红到绿"阶段（20 世纪 70 年代），代表人物是巴罗（R. Bahro）和沙夫（A. Schaff）；二是"红绿交融"阶段（20 世纪 80 年代），代表人物是莱斯（W. leiss）、阿格尔（B. Agger）、高兹（A. Gorz）等；三是"绿色红化"阶段（20世纪 90 年代），代表人物是拉比卡、格伦德曼、佩珀、克沃尔（J. Kovel）等。

其次，生态社会主义的主要理论主张。奥康纳认为："生态

---

〔1〕　[美]詹姆斯·奥康纳：《自然的理由——生态马克思主义研究》，唐正东、臧佩洪译，南京大学出版社 2003 年版，第 439 页。

〔2〕　徐崇温："当代西方社会的生态社会主义思潮评析"，载《马克思主义研究》2009 年第 2 期。

〔3〕　胡建："'生态社会主义'的本质定位——析'生态社会主义'与'生态中心主义'的质底差异"，载《浙江社会科学》2011 年第 5 期。

社会主义的目标是一个基于生态理性、民主控制、社会平等和使用价值超越交换价值的新社会。"〔1〕拉比卡提出生态社会主义是对资本主义生产方式的批判、是对殖民主义的批判、是生态运动与工人运动的结合。克沃尔提出了生态社会主义的社会主义原则和生态化生产原则。徐崇温把生态社会主义的理论主张归结为五个主要方面："一是认为苏联模式、现存社会主义、共产主义已随东欧剧变一起奔溃；二是认为社会主义已丧失了它的先知的维度、物质基础和历史主体，必须把社会主义的目标扩展到自主的人的活动领域，增强个体自我实现的可能性；三是认为要把社会主义理解为对资本主义的超越，而不是把它理解为可供选择的另一种制度；四是认为社会主义现代化的关键是给予经济的发展以一个社会的、生态学的方向；五是认为社会主义左翼要同新社会运动结成联盟。"〔2〕

最后，生态社会主义地位和作用。在西方生态马克思主义和许多绿党看来，生态社会主义绝对不是一种乌托邦，社会主义只有向生态社会主义转型才有可能解开资本主义与生态危机之间的"死结"。譬如，威廉姆斯（C. Willianms）就郑重指出："生态灾难并非资本主义发展的偶然后果，而是这个体系的内在因素所决定的必然结果。"〔3〕

（六）关于绿色发展研究趋势

总的看来，当前国内外对马克思主义生态哲学思想、绿色发展思想的研究主要呈现如下几个趋势：

〔1〕［美］詹姆斯·奥康纳：《自然的理由——生态马克思主义研究》，唐正东、臧佩洪译，南京大学出版社2003年版，第331页。

〔2〕徐崇温："当代西方社会的生态社会主义思潮评析"，载《马克思主义研究》2009年第2期。

〔3〕C. Willianms, *Ecology and Socialism*, Chicago: Haymarket Books, 2010, p. 230.

　　首先，出现了一批马克思主义生态思想的学术专著。20世纪90年代以来，环境问题在我国社会主义建设中逐渐凸显出来，于是生态环境、生态文明、生态伦理、可持续发展、低碳发展、绿色发展等话题在学术界不断升温。一方面，我国学术界开始关注西方马克思主义学者群中研究生态问题的学者，对生态马克思主义、生态社会主义、生态殖民主义、绿色政治等流派做了介绍和比较研究。其代表性的研究成果有刘仁胜的《生态马克思主义概论》（2007年）、郭剑仁的《生态地批判——福斯特的生态学马克思主义思想研究》（2008年）、曾文婷的《"生态学马克思主义"研究》（2008年）、王雨辰的《生态批判与绿色乌托邦——生态学马克思主义理论研究》（2009年）、倪瑞华的《英国生态学马克思主义研究》（2011年）、陈学明的《谁是罪魁祸首——追寻生态危机的根源》（2012年）等。另一方面，国内学者坚持以经典马克思主义的生态哲学思想为基础，采取既批判又建构的学术思路，产出了一批综合性的马克思主义生态思想著作。其代表性的研究成果有郇庆治的《自然环境价值的发现——现代环境哲学的一个新的思考》（1994年）、解保军的《马克思自然观的生态哲学意蕴："红"与"绿"结合的理论先声》（2002年）、邓喜道的《马克思的人化自然观及其当代意义》（2009年）、姚燕的《生态马克思主义和历史唯物主义——对九十年代以来生态马克思主义的思考》（2010年）、杜秀娟的《马克思主义生态哲学思想历史发展研究》（2011年）、王彦丽的《多维视阈：马克思的自然概念与伦理价值》（2012年）、董强的《马克思主义生态观研究》（2015年）等。同时，国内出现了一批关于马克思主义生态思想研究的博士、硕士学位论文。值得一提的是，国内以马克思主义绿色发展为研究对象的著作目前有傅晓华的《可持续发展之人文生态——兼论马克思主义绿色发展观》（2013 年）。

其次，生态环境、绿色经济、可持续发展、绿色发展的学术论文呈爆发式增长。近十年来（2007 年至 2016 年），国内学术界关于生态环境、低碳发展、可持续发展和绿色发展的论文已超过 10 万篇（详见表 1-1）。

表 1-1　绿色发展研究的主题关注度一览表

从高到低排序	研究主题	论文数量（篇）	篇名检索关键词
1	生态环境	45 111	生态环境、环境保护、生态文明、生态伦理
2	可持续发展	42 246	可持续发展
3	低碳发展	12 448	低碳经济、低碳城市、低碳农业、低碳生活
4	绿色发展	2672	绿色发展、绿色经济、绿色增长

数据来源：CNKI 篇名检索。范围"全部期刊"；时间："2007 年至 2016 年"；匹配度"精确"。

最后，生态绿色译著大量出现。一是我国学者积极翻译引进西方马克思主义有关生态哲学、生态政治等方面的著作，如施密特的《马克思的自然概念》（*The Concept of Nature in Marx*）、高兹的《资本主义、社会主义和生态学》（*Capitalism, Socialism, Ecology*）和《生态学即政治》（*Ecology as Politics*）、格伦德曼的《马克思主义和生态》（*Marxism and Ecology*）、奥康纳的《自然的理由——生态学马克思主义研究》（*Natural Causes：Essays in*

Ecological Marxism）、莱斯的《自然的控制》（*Control of Nature*）和《满足的极限》（*The Limits to Satisfaction*）、福斯特的《马克思的生态学：唯物主义和自然》（*Marx's Ecology: Materialism and Nature*）等。二是系统翻译绿色思想和绿色政治方面的著作。在环境政治学的推介中，郇庆治教授主持翻译的由山东大学出版社出版的一系列绿色思想著作尤为突出。其先后翻译出版了佩珀的《生态社会主义：从深生态学到社会正义》（*Eco-socialism: From Deep Ecology to Social Justice*）、多布森的《绿色政治思想》（*Green Political Thought*）、穆勒-罗密尔和波古特克的《欧洲执政绿党》（*Green Parties in National Governments*）、耶内克和雅各布主编的《全球视野下的环境管治：生态与政治现代化的新方法》（*Environmental Governance in Global Perspective: New Approaches to Ecological and Political Modernisation*）、卢茨主编的《西方环境运动：地方、国家和全球向度》（*Environmental Movements: Local, National and Global*）、萨卡的《生态社会主义还是生态资本主义》（*Eco-socialism or Eco-capitalism*）、布克金的《自由生态学：等级制的出现与消解》（*The Ecology of Freedom: The Emergence and Dissolution of Hierarchy*）、《地球政治学：环境话语》（*The Politics of the Earth*）、《当代多重危机与包容性民主》（*The Multi-dimensional Crisis and Inclusive Democracy*）、《全球环境政治：权力、观点和实践》（*Global Environmental Politics: Power, Perspectives and Practice*）、《绿色国家：重思民主与主权》（*The Green State: Rethinking Democracy and Sovereignty*）、《环境与公民权：整合正义、责任与公民参与》（*Environment and Citizenship: Integrating Justice, Responsibility and Civic Engagement*）等。三是我国学者还翻译了大量的西方生态学、环境伦理学著作。吴国盛教授主持翻译出版了绿色经典文库，由吉林人民出版社出版发行，如梭

罗的《瓦尔登湖》(*Walden*)、利奥波德的《沙乡年鉴》(*A Sand County Almanac*)、卡逊的《寂静的春天》(*Silent Spring*)、沃德和杜博斯的《只有一个地球》(*Only One Earth*)、康芒纳的《封闭的循环》(*The Closing Circle*)、杜宁的《多少算够》(*How Much is Enough*)等。此外，还翻译出版了大量的生态哲学、环境伦理著作。如泰勒的《尊重自然：一种环境伦理学理论》(*Respect for Nature a Theory of Environmental Ethics*)、罗尔斯顿的《环境伦理学》(*Enviromental Ethics: Duties to the Value in the Nature World*)、科尔曼的《生态政治——建设一个绿色社会》(*Ecopolitics: Building a Green Society*)等。毫无疑问，这一大批译著的出现极大地推动了我国生态学和马克思主义理论的发展，同时为我国生态文明建设和绿色发展实践提供了理论借鉴。

二、几点评论

综上所述，国内外学者对马克思主义生态哲学进行了大量的研究，且颇有建树，其中不乏优秀之作，为进一步深化研究奠定了坚实的基础，研究正日益走向深入，但也存在一些不足。

首先，绿色发展理论系统建构缺乏。目前，尽管西方马克思主义、生态马克思主义以及绿党理论研究较为盛行，但是真正忠实于马克思主义基本理论、贯穿马克思主义发展的历史逻辑来建构绿色发展观的研究尚少，而且呈现出一种"碎片化"的态势。实事求是地说，当前还未形成系统的马克思主义绿色发展理论，学者在研究中往往遵循"实用"的原则，把马克思主义生态哲学思想、可持续发展理论等混搭在一起，随意应用。对于马克思主义绿色发展观的基本概念、理论基础、理论硬核、理论架构等理论体系建构的内容缺乏权威性的研究；对于马克思主义发展哲学、可持续发展观、绿色发展、绿色经济缺乏深入学理的阐释。

其次，侧重于分散的个案研究。当前，国内学术界的研究主要侧重于对代表人物的思想介绍。尤其缺乏对经典马克思主义、苏联马克思主义、西方马克思主义和中国马克思主义绿色、生态、自然等方面的会通性研究。即使有些研究成果，其研究深度也显得不够。笔者认为，当前学术界对生态马克思主义代表性人物研究得比较多。尽管个案研究是基础，但只有在充分、全面地了解西方马克思主义者的研究的基础上才能上升为系统的问题研究，才能为理论的提升夯实基础，为生态学马克思主义理论的系统研究做好准备。

再次，代表人物思想研究有失偏颇。当前代表人物研究在地域分布上主要侧重于北美，而对其他地区的学者的思想研究相对薄弱。对欧洲地区的其他生态学马克思主义者的研究（如格仑德曼和本顿）的思想只是零散地提及，对于苏联马克思主义者列宁、普列汉诺夫、布哈林等的生态哲学思想和社会发展理论进行深度研究的成果不多。尤其是在对苏联马克思主义者的研究中，"戴有色眼镜看问题"的现象也经常存在，影响对其思想的全面、中肯把握。

最后，马克思主义理论力尚需发展。马克思主义绿色发展或生态思想研究中出现了两个极端：一个极端是注重从马克思主义经典著作的文本深度挖掘其生态思想，坚持马克思主义的文本"不逾矩"；另一个极端就是着意于马克思主义理论的宏观视野，注重"碎片化"的阐释、解构、修正、补充马克思主义绿色发展理论。换言之，一个方向是把马克思主义重新推回本本主义道路，另一个方向则试图脱离马克思主义的理论硬核和根本方法，亦即断章取义地利用马克思主义。有的生态马克思主义研究本意是为马克思主义辩护，实际上却弱化了传统的马克思主义在生态环保和绿色发展上的力量。

第三节　研究思路与研究方法

一、研究思路

本书总体上沿着"是什么—为什么—怎么办"的思路推进研究，总体上回答了如下三个问题：什么是马克思主义绿色发展观？为什么要研究马克思主义绿色发展观？新时代中国特色社会主义建设怎样推进绿色发展？

具体而言，本书坚持以马克思主义生态哲学思想为指导，以中国特色社会主义生态文明建设实践为基础，广泛吸收苏联马克思主义、西方马克思主义关于生态环境的一些正确的理论因子，确定总体研究思路，回答什么是"绿色发展"和"马克思主义绿色发展观"，深入开展"马克思主义绿色发展观"的理论前提和理论来源分析，界定"马克思主义绿色发展观"的基本内涵，甄别和遴选"马克思主义绿色发展观"的理论硬核，提炼"马克思主义绿色发展观"的内在价值，总结马克思主义绿色发展观在当代中国的实践，总结中国绿色发展的基本经验、基本方案、中国模式，为走中国特色社会主义绿色发展道路和打造人类绿色命运共同体提供社会主义中国样板。主要研究思路如图1-2所示。

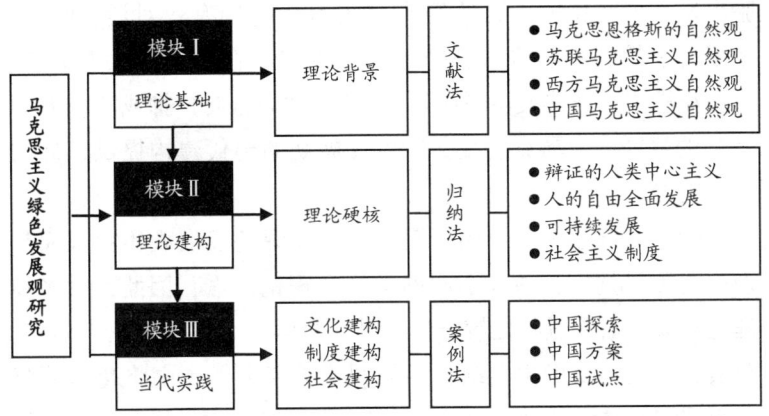

图 1-2 马克思主义绿色发展观研究思路

二、研究方法

本书主要采用如下几种研究方法：

（1）文献研究法。对马克思主义绿色发展观展开研究，离不开对已有相关研究文献的搜集、鉴别、整理，了解当前学术界对马克思主义绿色发展观研究的现状、发展趋势、存在不足，并通过对文献的研究，为分析、提炼马克思主义绿色发展观的基本内涵、基本特征、基本范畴提供支持。

（2）文本分析法。忠于文本是保证论断客观准确的有效手段。梳理马克思主义不同历史阶段关于生态哲学、绿色发展问题的论述，梳理历史上不同时期的学者关于马克思恩格斯生态哲学思想的解读，来检视马克思主义生态哲学、绿色发展观的历史发展，就会使得每一个论断都有本可依，有源可溯，有理有据。解释不外乎是历史或现实中的主体依据自身生活实践而对文本进行的一种理解活动，因此研究马克思主义绿色发展思想，不能从某种理论出发，而应当从我们的生存活动、生存体验出发，与马克思主义的经典"文本"进行有效对话。同时，运用科学的解释学方法，修正一些西方学者对马克思主义者、对马克思主义经典文本极端"臆想"（Phantasie）抑或"指鹿为马"的解释，为马克思主义绿色发展观的现代建构提供正确的理论支援。

（3）全息研究法。由于马克思主义绿色发展观历史视阈与理论资源很宽广，涉及不同的学科和理论流派，因此，对多种理论和观点需要进行比较分析，吸纳科学、合理的理论来丰富、充实、发展马克思主义绿色发展观十分必要。本书将化用邓晓芒教授课堂教学的"全息描述法"，在马克思主义绿色发展观研究中，忠实于文本的深度挖掘，同时对与绿色发展相关的观点或命题做"前联后挂"式的呈现，展示与马克思主义绿色发展观的关联意义。因为，本书的理论定位是广义上的马克思主义绿色发展观研究，必然涉及马克思恩格斯的思想、苏联马克思主义、中国马克思主义、西方马克思主义中生态哲学和绿色发展的关联性考察。譬如，在分析"自然"这个理论基础的时候，就是按照这种研究思路来展开的，力求给读者呈现一个概念发展史。

（4）案例分析法。马克思主义绿色发展观没有成熟的经验可供借鉴。尽管西方马克思主义在历史唯物主义中找到了"文化之维""生态之维"，却更多的是理论演绎。苏联马克思主义在社会主义发展道路上，其理论家（如列宁、普列汉诺夫、布哈林等）在实践上做出过一定的探索，但随着苏联解体，需要重估其对社会主义发展模式的价值。在中国共产党的领导下，中国社会主义走出了一条特色之路，绿化祖国、保护环境、生态文明、美丽中国是我们探索的结果。如今，在生态日益恶化的发展过程中，为找到一种可在全国推广的绿色发展模式，我国在江西、福建、贵州三省进行了生态文明建设试点。

第四节 研究框架与创新之处

一、研究框架

本书主要从三个层面展开：一是理论基础。主要是忠实于马克思、恩格斯的文本，从其留下的文本来寻找马克思、恩格斯这两位马克思主义创始人的生态哲学思想的蛛丝马迹，为马克思主义绿色发展观的历史演绎找到理论的生长点和理论建构的标准。二是价值理念。主要是通过分析原生态马克思主义、苏联马克思主义、西方马克思主义和中国马克思主义中有关的生态思想和绿色发展思想及实践，指认马克思主义绿色发展观的理论硬核，环绕这些理论硬核进一步抽象、建构具有一般性的马克思主义绿色发展理论判断和价值观念。三是当代建构。批判继承中西优秀的生态哲学资源，融合马克思主义生态思想，以中国特色社会主义生态文明建设试点为样本，试图从"社会发展绿色规划、文化建设绿色引领、经济建设绿色转型、城乡生活绿色转向、绿色治理制度先行"等方面呈现马克思主义绿色发展观在当代中国的实践路线，总结社会主义绿色发展的中国经验，概括绿色发展的中国模式。

围绕上述三个层次的目标，本节细分为七章。

第一章导论主要是介绍本书的选题背景及研究意义，以及确定的研究目标、研究思路、研究推进的技术路线及研究方法。在总结国内外已有研究成果的基础上，初步提出写作框架和每一章可能涉及的主要内容。

第二章重点考察马克思主义绿色发展观的理论源头。人与自然的关系是绿色发展和生态哲学反思的逻辑起点。本章主要理清广义马克思主义学者的文本中对"自然"的思考，以马克思和恩格斯的经典著作中的生态哲学思想为中心，历史地考察苏联马克思主义、西方生态马克思主义和中国马克思主义的发展观的演进，深入挖掘列宁的自然资源管理思想、普列汉诺夫的地理环境作用机制理论、布哈林的平衡论、西方马克思主义的自然概念，并进行合逻辑的整合，以期为马克思主义绿色发展观的建构提供理论支持，为当代中国推进中国特色社会主义建设提供经验借鉴。

第三章清晰、明确地提出了马克思主义绿色发展观的概念。本章主要针对当前学术界对绿色发展的概念表述含糊的问题，尤其是对马克思主义绿色发展观建立的合法性问题进行反思，从发展哲学的视角研究人类社会发展的阶段、特征、主要内容，沿着马克思主义发展理论的逻辑和社会主义发展实践中的生态政策，系统提出了马克思主义绿色发展观的概念和基本特征。

第四章通过对广义层面的马克思主义关于社会发展、人与自然关系定位、生态文明建设和绿色发展等方面的思想进行整体性梳理，试图找到马克思主义绿色发展与西方资本主义可持续发展不同的理论基因。甄别之后，我们认为马克思主义绿色发展观是一种"辩证的人类中心主义"，与"人的自由全面解放""可持续发展"和"社会主义制度"等理论共同构成马克思主义绿色发展观的理论硬核。其中，社会主义制度是基础和前提性理论硬核，辩证的人类中心主义是方法性理论硬核，可持续发展是方式性理论硬核，人的自由全面发展是目标性理论硬核。

第五章探讨马克思主义绿色发展观的价值意蕴。在批判性考察人类与自然的关系的历史演进中，本书提出了敬畏自然、尊重生命、共生发展和以人为本四条马克思主义绿色发展观的价值观。笔者认为，社会主义实践中如果严格遵循这种发展理性，转变资本主义社会资本逻辑驱策下的"越多越好"的发展理性，走"够了就好"的生态发展的道路，将成为社会主义制度超越资本主义制度的又一方面。

第六章探讨马克思主义绿色发展观的当代中国实践。一方面依据历史逻辑理清了马克思主义绿色发展中国化的各个阶段，即尝试阶段、酝酿阶段和形成阶段，并提炼出了三个阶段中国化马克思主义绿色发展的主要理论主张：绿化祖国—保护环境—生态文明；另一方面，试图运用上述绿色发展理念和实践理性精神，从政治、经济、社会、文化、制度、管理等层面提炼出马克思主义绿色发展观在当代中国实践的模式和基本经验。

结语部分主要是对在绿色发展观指导下的中国特色社会主义道路的展望，提出打造人类绿色命运共同体的命题的思路与进路，彰显中国在推动世界走向绿色发展中的地位、责任和担当。

二、创新之处

本书在以下几个方面取得了一些学术观点和方法的创新：

（1）本书初步提出了马克思主义绿色发展观的基本概念：以坚持社会主义制度和持续发展为第一要务，以人的全面自由发展为目标，遵循以人为本的发展德性，坚持自然的优先性，坚持绿色发展、低碳发展、平衡发展、共享发展，推进人与自然和谐共生现代化、打造人类绿色命运共同体。

（2）本书在论证社会历史发展的德性的基础上，从广义马克思主义的视阈系统地提出了马克思主义绿色发展观的内在价值，即敬畏自然、尊重生命、平等共生和以人为本，并分析了马克思主义绿色发展观的核心价值超越西方的普遍价值之处。

（3）本书原创性地提出了马克思主义绿色发展观的四个理

论硬核，认为社会主义制度是基础和前提性理论硬核，辩证的人类中心主义是方法性理论硬核，可持续发展是方式性理论硬核，人的自由全面发展是目标性理论硬核。

（4）本书从马克思主义的生态哲学思想出发探索马克思主义绿色发展观，明确提出了马克思主义绿色发展观的概念、典型特征、理论来源、理论硬核、内在价值，并总结了马克思主义绿色发展观在当代中国的实践与建构。

（5）本书尝试运用全息研究法，清晰地呈现马克思主义绿色发展观理论硬核的理论演进史，运用了模型法、图表法等一般哲学研究比较少用的方法，可视化展现哲学抽象过程，取得了一些意想不到的效果。

第二章 ■ 马克思主义绿色发展观的理论支援

> 这种自然宗教或对自然界的这种特定关系，是由社会形式决定的，反过来也是一样。这里和任何其他地方一样，自然界和人的同一性也表现在：人们对自然界的狭隘的关系制约着他们之间的狭隘的关系，而他们之间的狭隘的关系又制约着他们对自然界的狭隘的关系。[1]
>
> —— ［德］马克思：《德意志意识形态》

自然既是万物生长的根基，也是一种不受人干涉的规律。由于对人、自然与技术三者之间的关系的不同理解和实践，产生了许多现代哲学需要反思的问题。西方世界信奉"勘天"、征服自然、攫取自然的全新自然观，最终导致工业革命之后人与自然之间对立与冲突异常尖锐。由此，如何看待人和自然的关系便构成了生态伦理的逻辑起点。同样，理解马克思主义绿色发展观一个最好的切入口是近代西方哲学界以及西方马克思主义十分关注的一个哲学问题——自然（nature）。通过对历史文献的考证可知，"自然"一词在古希腊语中表示"使生长"或"生长于"，蕴含有生命的含义。在中国传统文化尤其是道家思想中，"自然"则意味着摆脱人为干涉的发展规律，"道法自

---

〔1〕 ［德］马克思、恩格斯：《德意志意识形态》，中央编译局译，人民出版社2003年版，第26页。

然""自然而然""顺其自然"中的自然都有此意。在斯宾格勒看来："自然是高级文化的人类在其综合和解释他直接的感官印象的一种形态（shape）。"[1]

其实，人与自然的关系问题（自然观）同样也是马克思、恩格斯长期反思的基本问题。在马克思、恩格斯批判唯心主义自然观和近代形而上学自然观的过程中，利用唯物辩证法作为有力工具，深刻揭示了人与自然之间的辩证关系，提出了自然的人本质和人的自然属性的观点，提出了自然与人的交互，即自然的人化和人的自然化。所以，马克思主义自然观抑或人与自然的和谐是马克思主义绿色发展观的主要理论来源。我们只有正确理解人与自然的关系，才能真正理解与合理构建马克思主义绿色发展观。

第一节　辩证自然观

一、自然本体论

西方古典哲学对于自然的思考从古希腊时代就已经开始，在亚里士多德的思想体系中，自然这个哲学范畴意指事物的本质而并非事物的存在，实际上是把自然置于本体化的地位，这对西方哲学产生了深远的影响。黑格尔把自然视为绝对观念的直接外化，费尔巴哈将自然看成人的本质，马克思一直强调自然对于人的优先性和先在性，也是立于本体论的视角来反思自然的地位、作用和价值。

所谓"自然本体论"，就是要充分认识自然界的客观现在

---

〔1〕［德］奥斯瓦尔德·斯宾格勒：《西方的没落》（第1卷·形式与现实），吴琼译，上海三联书店2006年版，第7页。

性、制约性。在《1844年经济学哲学手稿》中，马克思把自然界提高到了十分重要的位置甚至"优先地位"，提出并论证了"自然界的人的本质"这一命题。在他看来，人靠自然界生活，人是自然界的一部分，自然也具有人的本质，社会历史同样也是一部自然史，在人类劳动这个自然能力的中介作用下，自然、人和社会交相辉映、相互作用，推动历史发展。总之，"自然世界才是人类得以生存和绵延的根本居所，因此我们需要从根本上理解'自然世界'之为'人类生态'的'存在暨本体论'意义"。[1]

　　首先，人直接地是自然存在物。在马克思看来："自然界，就它本身不是人的身体而言，是人的无机的身体，人靠自然界生活。这就是说，自然界是人为了不致死亡而必须与之不断交往的、人的身体。所谓人的肉体生活和精神生活同自然界相联系，也就等于说自然界同自身相联系，因为人是自然界的一部分。"[2]在此，马克思谈到了自然对于动物的先在性和约束性，大自然是人类的生命之本、生命之源，并且强调，"人作为自然存在物，而且作为有生命的自然存在物，一方面具有自然力、生命力，是能动的自然存在物；这些力量作为天赋和才能、作为欲望存在于人身上；另一方面，人作为自然的、肉体的、感性的、对象性的对象，同动植物一样，是受动的、受制约的和受限制的存在物"。[3]换句话说，无论人的发展程度有多么高，理性有多么深邃，精神有多么高尚，能力有多么强大，都永远不能摆脱对自然环境的依赖性和被制约性。所以，恩格斯说：

────────

〔1〕　万俊人："美丽中国的哲学智慧与行动意义"，载《中国社会科学》2013年第5期。

〔2〕　《马克思恩格斯全集》（第42卷），人民出版社1960年版，第92页。

〔3〕　［德］马克思：《1844年经济学哲学手稿》，中共中央马克思恩格斯列宁斯大林著作编译局译，人民出版社2000年版，第105页。

"我们连同我们的肉、血和头脑都是属于自然界和存在于自然之中的。"[1]人是自然的一部分，归根结底是一种自然现象，是"主体-客体"的辩证统一体，人总是要把自然界作为自己的对象，总是要把自己的能力对象化在自然界中，亦即总是要在某种意义上"占有"自然，这是一个无法回避的客观现实。

其次，劳动是一种自然力的表现。劳动被马克思主义指认为人的本质，或人的本质力量的对象化。劳动作为人作用于客体的人类运动，扮演着联系人与自然界的中介的角色。马克思指出："劳动首先是人和自然都参与的过程，并且在这一过程中，人按照自身的协调来引起、调节和控制自身和自然之间的物质反应……通过这样作用于外部世界和改变它，人同时也改变了他自身的自然。他开发了自身的沉睡的力量，并且迫使它们按照自己的指挥而行动。"[2]在劳动过程中，人改变自然，完成物质变换和剩余价值的积累，但并非所有的剩余价值都来源于劳动，还有很关键的一部分来源于自然，来源于物质本身。即"劳动不是一切财富的源泉。自然界和劳动一样也是使用价值（物质财富本来就是由使用价值构成的！）的源泉，劳动本身不过是一种自然力的表现，即人的劳动力的表现"。[3]

最后，历史是人的真正的自然史。历史唯物主义是马克思主义天才性的发现，马克思和恩格斯洞悉人类社会历史发展的秘密和规律，破除历史偶然性论调，把自然辩证法科学引入了历史中，还原了人类历史发展的真相。马克思指出："人也有自己的产生活动即历史，但历史是在人的意识中反映出来的，因而它作为产生活动是一种有意识地扬弃自身的产生活动。历史

〔1〕《马克思恩格斯全集》（第20卷），人民出版社1957年版，第382页。
〔2〕《马克思恩格斯全集》（第23卷），人民出版社1972年版，第201页。
〔3〕《马克思恩格斯选集》（第3卷），人民出版社1995年版，第298页。

是人的真正的自然史。"[1]在此，历史也被看作是自然的延伸，是人类活动的结果，整个世界历史就是人通过自身的劳动，探索自然、改变自然的历史。所以，反过来说，对自然而言历史就是人不断赋予自然以人属性的过程，是自然人化的过程。因此，从人的角度看待历史，是人的自身诞生、存在并发展的过程，而对自然来说则是自身被人化的过程，即人的历史和自然史的统一性的体现。

因此，人作为一个自然存在物，无论是肉体、观念以及实践活动都是自然的。自然相对人而言具有本体性。首先，自然相对人而言具有先在性，人的存在本身而言就是自然的，囿于自然的制约之下，这是自然相对人的第一重本体性。人的生存发展依靠的最为重要的力量——劳动，也是建立在自然物质的存在的基础上的，这是自然的第二重本体性。而唯物史观辩证地说明人的历史就是一部自然史，提出自然史与人类史是同一事物的不同方面，将自然在历史中的被动地位变为对立的主导地位，这是自然的第三重本体性。

二、自然报复论

自 18 世纪 60 年代工业革命开始以来，人类社会的生产力得到极大发展，资本主义制度的出现让其更是如虎添翼，工业革命和资本主义制度相互耦合，以追求利润为终极目的，极大地推动了科学技术的发展，使人类无论在征服自然的能力上，还是在征服自然的广度上均取得了空前进步。同时，资本主义生产方式为获得更多的剩余价值和利润开始疯狂组织生产，这一方面加重了对工人的剥削，另一方面也严重激化了人类社会与

---

〔1〕《马克思恩格斯全集》（第 42 卷），人民出版社 1960 年版，第 362 页。

自然的矛盾，在资本主义生产方式下，自然界已经千疮百孔，由此迅速爆发了一系列环境问题。

在面对如此惨痛教训的情况下，西方的哲学家以马克思、恩格斯为代表，深刻反思了问题出现的原因，在自然本体论的前提下赋予自然以人的本质，提出了自然报复论，对人类无限制开发利用自然的行为给出了警告和理论指导。1839年3月，恩格斯在匿名发表的《乌培河谷的来信》一文中详细描述了乌培河谷因资本主义社会的工业生产所产生的剧烈变化："这条狭窄的河流……时而泛起它那红色的波浪，急速地奔过烟雾弥漫的工厂建筑和棉纱遍布的漂白工厂。然而它那鲜红的颜色并不是来自某个流血的战场……而只是流自许多使用鲜红色染料的染坊。"[1]资本主义生产加剧了城市规模的膨胀，促使城市和乡村对立，严重"破坏着人和土地之间的物质变换，也就是使人以衣食住行消费掉的土地的组成部分不能回到土地，从而破坏地上持久肥力的永恒的自然条件"。[2]

作为破坏环境的代价，自然对人类的反击接踵而至，而作为生产主体的工人却首当其冲，成了自然反击中最大的受害者。工人为了生存而不断工作，不断破坏自然，但结果却使自身的生活环境越来越差，形成一个恶性循环，而最大的受益者（资本家）受到自然的反击的影响却微乎其微。恩格斯在《英国的工人阶级状况》一书中以翔实的数据和白描的语言揭露了资本主义工业大生产带给英国工人阶级的悲惨生活状况："他们住的是潮湿的房屋，不是下面冒水的地下室，就是上面漏雨的阁楼"；"他们吃的食物是劣质的、掺假的和难消化的"；"随着流行病的每一次重新来临，不仅患者的人数增加了，而且疾病的

---

〔1〕《马克思恩格斯全集》（第1卷），人民出版社1956年版，第439页。

〔2〕《马克思恩格斯全集》（第23卷），人民出版社1972年版，第552页。

严重程度和死亡率也增高了"。[1]

在恩格斯看来，建立和谐的人与自然关系，人类必须遵循自然法则，自然的先在性说明了自然规律的正确性，人类的生产活动必需依靠自然规律，违背自然规律的生产活动必然会受到自然的报复。他曾警告人类说："我们不要过分地陶醉于我们对自然界的胜利。对于每次这样的胜利，自然界都报复了我们。每一次胜利，在第一步都确实取得了我们的预期的结果，但是在第一、二步和第三步却有了完全不同的、出乎预料的影响，常常把第一个结果又取消了……因此我们必须时时记住：我们统治自然界，绝不像征服统治异民族一样，决不像站在自然以外的人一样，相反地，我们连同我们的肉、血和头脑都是属于自然界，存在于自然界的。"[2]自然报复论在一定程度上是马克思、恩格斯在目睹资本主义生产对自然环境的破坏后对违背自然规律的人类活动的直接警告，是对资本主义生产方式的尖锐批判，但是此时还未能形成人与自然关系的理论体系，没能给人的生产实践以科学的、绿色的理论指导。之后，结合自然本体论、自然报复论和马克思主义哲学，西方生态马克思主义者提出了双重和解论。

三、双重和解论

在自然报复的论调下，自然俨然已经被摆到了人类的对立面。马克思主义十分重视人与自然的关系，认为人与自然是相互影响、相互制约、相互促进、紧密联系的不可分割的关系，并始终把人与自然视为一个和谐统一的有机整体。马克思在《1844年经济学哲学手稿》一文中提出了"两个和解"的命题，

---

〔1〕《马克思恩格斯文集》（第1卷），人民出版社2009年版，第409~422页。
〔2〕《马克思恩格斯选集》（第3卷），人民出版社1972年版，第518页。

亦即"人同自然的和解""人同本身的和解"，并给出了实现"两个和解"的必经之路。

首先，必须正视自然先在性。人与自然地位平等，人是自然的人化，是自然的一部分。马克思、恩格斯在他们合著的《德意志意识形态》中写道："全部人类历史的第一个前提无疑是有生命的个人的存在。因此，第一个需要确认的事实就是这些个人的肉体组织以及由此产生的个人对其他自然的关系。"[1]这里明确提出了第一个有生命的人诞生于自然界的观点，相当于肯定了自然的先在性。人本身是受先在的自然规律限制的存在。我们一切的改造自然、探索自然的人类活动都是建立在自然现在的基础之上，而不是我们去探索自然才存在的，否则就犯了存在主义的错误。

众所周知，人类在征服自然的能力低下时，屈服于自然的伟力，往往以宗教的方式崇拜自然。但随着生产力水平的提高，人类改造自然的能力大幅度提升，人对自然的态度发生了根本性变化，即把自然视为人类奴隶而进行非理性的攫取和开发，最终导致自然生态危机和人类生存环境危机。因此，正视自然的先在性，要求人类要从对自然的盲目敬畏和征服控制两个极端中走出来，秉持一种平等共生的道德情怀。

其次，必须要尊重自然规律。尊重自然规律是正视自然的正确途径。规律亦即法则或定律，是刻画事物本质或本质之间联系的一种关系，自然规律就是描述自然现象的本质和自然现象的本质之间的联系的一种关系。人类具有自然属性，人是自然界的一部分，因此毫无疑问，人的实践活动必定受制于自然关系。人类只有充分认识客观自然规律，才能驾驭规律，并且

---

[1]《马克思恩格斯文集》（第1卷），人民出版社2009年版，第519页。

人类尊重自然规律"不在于幻想中摆脱自然规律而独立，而在于认识这些规律，从而能够有计划地使自然规律为一定的目的服务"。并且，人类的进步实际上就体现在对自然规律的掌握程度上，人类"必须时时记住：我们统治自然界，决不像征服者统治异族一样，决不像站在自然界以外的人一样，——相反地，我们连同我们的血、肉和头脑都是属于自然界，存在于自然界的，我们对自然界的统治，是在于我们比其他一切动物强，能够正确认识和运用自然规律"。[1]

同时，我们也要意识到人与自然是对立统一的关系。人必须发挥自己的主观能动性，改造自然，进行劳动生产以满足自身的需要。相信人类能够认识自然、改造自然、驾驭自然和合理利用自然。人必须要适应自然，适应生存环境，要在改造自然环境的过程中顺从自然规律、遵从自然规律，人的一切活动必须在生态环境所能承受的范围内进行，维持好生态环境平衡。

再次，必须坚持发展循环经济。合理地调控人与自然的物质变换，实现人类的可持续发展。根据马克思的商品劳动理论，劳动过程"是人和自然之间的过程，是人以自身的活动来引起、调整和控制人和自然之间的物质变换的过程"。[2]然而，资本主义经济盲目追求利润最大化，忽略了自然规律的本质性，使物质变换链断裂，积累起物质流动受阻的矛盾。其中最主要的矛盾就体现在城市与农村的物质交换上，激发城市与农村的对立。在正常的物质变换链下，农村的劳动产品进入城市，发挥其剩余价值后变成垃圾再返回农村成为农业生产的肥料，实现完整的物质交换和能量流通。但是，在城市与农村的对立下，城乡隔绝、阻碍了这种循环，工业垃圾、城市垃圾、居民排泄物在

---

〔1〕《马克思恩格斯选集》（第4卷），人民出版社1995年版，第383~384页。
〔2〕《马克思恩格斯全集》（第23卷），人民出版社1972年版，第201页。

城市堆积，逐渐成为破坏生态环境的罪魁祸首。

因此，要发展循环经济，建立完整的物质变换链，实现城乡一体化。这既是社会发展的必然趋势，也是实现人同自然和解的有效途径。恩格斯认为："城市和乡村的对立的消灭不仅是可能的，而且已经成为工业生产本身的直接需要，同样也已经成为农业生产和公共卫生事业的需要。"[1]只有通过城市与乡村物质循环，走城乡融合一体化道路，协调人和土地之间的物质变换，将在城市中作为污染的废物收集起来，通过科学的方法转变为肥料参与农业生产，实现循环经济，城市的环境污染才能得到根治。并且，马克思、恩格斯还认为，每一种废物必定有其利用价值，发展循环经济必须依赖科学技术水平的进步，使得废物利用变成一种新资源的开发。

最后，必须根除资本主义制度。资本主义的生产方式是资本主义社会环境问题的主要根源，资本家追逐资本利益最大化最终导致生态危机。马克思在《1844年经济学哲学手稿》中批判道："工业的宦官顺从他人的最下流的念头，充当他和他的需要之间的牵线人，激起他的病态的欲望，默默盯着他的每一个弱点，然后要求对这种殷勤服务付酬金。"[2]在他看来，资本主义社会人的需要并不是自主产生的，不是产生于自己的生存和发展的需要，而是被"工业的宦官"所激起的迎合人的需要，这种需要刺激人、诱惑人、挑逗人，使人作出毫无意义的消费。

马克思深刻地揭露了资本主义的消费诱惑性的虚假面目。资本主义疯狂地宣传病态的消费观念，使人们消费的出发点从实用变成占有。在这一消费观点的主导下，自然、人都已经病

---

〔1〕《马克思恩格斯文集》（第9卷），人民出版社2009年版，第313页。
〔2〕〔德〕马克思：《1844年经济学哲学手稿》，中共中央马克思恩格斯列宁斯大林著作编译局译，人民出版社2000年版，第121页。

态地成为资本家牟利的工具。工人进行的工业生产，掠夺自然资源，得到的却是没有实用价值的无意义的商品，在这一过程中，自然和劳动的价值都被资本家榨取，工人们已然落入资本家设计好的圈套。因此，马克思和恩格斯在看到这一现象后得出结论：资本主义对人和自然的掠夺是导致生态危机的根本原因。唯一的出路就是推翻资本主义制度，建立一种人同自然以及人同人之间矛盾得以化解的社会制度，即共产主义制度。

综上所述，以马克思和恩格斯为代表的先哲，在目睹工业革命过程中自然环境迅速恶化的过程中，开始反思人与自然关系的问题。运用历史唯物主义和辩证法的观点，重新看待自然在人的生产活动中所处的位置，将其提高到对人而言具有先在性的位置，得出自然本体论。同时，在解释生态危机爆发的原因时，提出自然报复论，将自然赋予了人的属性。最后，在探索人与自然关系问题的解决之道时，综合上述两种观点，结合辩证法的指导，提出成熟的双重和解论，形成一套理论体系明晰的辩证自然观。尽管马克思和恩格斯在他们的著作中并没有明确提出"绿色发展"这个概念，但却包含了丰富的绿色发展思想。尤其是在关于绿色发展的核心内涵——人与自然的关系上，强调人的自然本质、自然人化（主体化）、自然报复、人与自然和解等思想，这是人类社会的宝贵财富、唯物历史观的重要内容以及社会主义制度建设的指南。

第二节　苏联马克思主义自然观

一、地理环境制约论

普列汉诺夫是苏联著名的马克思主义学家，即使在列宁看来，普列汉诺夫也可以称得上是俄罗斯杰出的马克思主义哲学家和"俄罗斯民族的文化巨人"。他的著作几乎涉及当时人类知识的一切领域，其对历史唯物论的一项重大理论贡献就是发展了马克思主义关于地理环境在社会发展中的作用的学说。普列汉诺夫于1907年11月至12月撰写的《马克思主义基本问题》一文较为鲜明和精确地阐发了唯物史观的一系列基本原理，特别是地理环境对社会人的制约的论述影响巨大，并由此建立了系统的地理环境制约论，为马克思主义的自然观加上了关于地理因素的讨论。

首先，地理环境是生产力发展的第一推动力。在普列汉诺夫的著述中，地理环境即围绕人的自然界。与孟德斯鸠的地理环境决定论不同，普列汉诺夫认为地理环境对社会人产生影响要经过生产力这个环节和中介，生产力在马克思主义理论体系中被解构为人、生产工具和劳动对象（包括自然界）。在他看来，工业的发展受限于自然环境，作为工业发展基础的能源、交通、人力、原材料等因素无一不受制于自然环境。换句话说，同一个人和同样的生产工具，在不同的地理环境下作用效果会有明显的差别。据此，普列汉诺夫论断："自然界本身，亦即围绕人的地理环境，是促进生产力发展的第一个推动力。"[1]

其次，地理环境的属性制约着生产力发展的速度。普列汉诺夫认为，在讨论唯物主义历史观的时候，有必要先说明社会关系发展的真实原因是什么，而地理环境制约生产力发展本质上就是社会关系受地理环境影响的体现。普列汉诺夫采用由广到专的手法，从社会关系发展的角度入手分析生产力发展的根本原因，再结合地理环境论述其对生产力发展的影响。

马克思将社会关系发展的原因归结为生产关系和生产力的

---

〔1〕《普列汉诺夫哲学著作选集》（第2卷），生活·读书·新知三联书店1961年版，第227页。

矛盾问题，认为生产力是在与生产关系矛盾的平衡中得到发展。在普列汉诺夫看来："马克思的这个回答把经济发展的全部问题归结为哪些原因制约着处于社会支配下的生产力的发展。"〔1〕这个解释固然具有真理性，但他认为生产力这个最后形式背后还受地理环境的性质的影响和制约，"地理环境的特性愈是复杂，则它对于生产力的发展愈是有利"。〔2〕而且，地理环境的特性对生产力的发展的影响、制约与它的特性有关，地理环境的属性制约着生产力发展的速度。在他看来，生产力最初的发展速度是由地理环境的属性决定的，便利的交通和便捷的能源、原料供应必然能加速生产力的发展，而恶劣的气候、崎岖的地形一般会起相反的作用。归根到底，生产力的发展受地理环境的属性制约，而生产力的发展又制约着经济关系的发展，从而也制约着其他一切社会关系的发展。

再次，地理环境与人类之间的关系是一种辩证关系。马克思的唯物主义辩证法告诉我们，万物都是运动着的，不能认为只有社会是变动不居的，而自然是静止的、不变的。并且，还应该认识到人与自然的关系也不是一成不变的。普列汉诺夫正确地指出："社会人和地理环境之间的相互关系，是出乎寻常地变化多端的。人的生产力在它的发展中每进一步，这种关系就变化一次。因此，地理环境对社会人的影响在不同的生产力发展阶段中产生着不同的结果。"〔3〕这番话深刻地告诉我们，人类要与时俱进地看待地理环境的变化，经过人类改造的地理环境，反过来会以不同的方式反作用于人类。就拿同一块土地来说，

---

〔1〕　王荫庭编：《普列汉诺夫读本》，中央编译局出版社2008年版，第190页。

〔2〕　《普列汉诺夫哲学著作选集》（第3卷），生活·读书·新知三联书店1962年版，第165页。

〔3〕　《普列汉诺夫哲学著作选集》（第2卷），生活·读书·新知三联书店1961年版，第170页。

如果想获得同样多的产出，第一年使用肥料的数量可能与第二年、第三年不一样。如果我们一成不变地看待这种关系，就会事与愿违。

最后，地理环境与人类实践活动之间是一种作用与反作用的辩证关系。地理环境通过生产力、生产关系这些中介作用于人类，但这种关系是一种辩证的关系，一方的变化会影响另一方的表现和结果。双方相互作用的结果会基于新的基础或新的解读而产生新的关系。也就是说，"地理环境对于社会人类的影响，是一种可变的量。被地理环境的特性所决定的生产力的发展，增加了人类控制自然的权力，因而使人类对于周围的地理环境发生了一种新的关系"。[1]为了论证这种辩证关系，普列汉诺夫援引了黑格尔曾经论说的观点，亦即海洋和河流使人们接近，山岳使人们分开，进一步具体分析了海洋、河流使人们既是分开也是接近的辩证关系。在他看来，"海洋使人们接近只有在生产力发展到较高的阶段上；而在生产力较低阶段上……海洋却大大地阻碍了被它隔离开来的各个部落间的关系"。[2]所以，远与近、分与合会因时、因情、因技术而不同，不能形而上地一概而论。

普列汉诺夫的地理环境制约论给我们处理人与自然的关系带来了如下几点启发：其一，需要辩证地看待地理环境的作用，地理环境既是促进生产力发展的基础，也是制约生产力发展的因素。譬如，在人类生产力水平极其低下的时期，高山、大海、河流这些因素就是制约人类改造自然的障碍。否则就不会有大

---

〔1〕《普列汉诺夫哲学著作选集》（第2卷），生活·读书·新知三联书店1961年版，第170~171页。

〔2〕《普列汉诺夫哲学著作选集》（第3卷），生活·读书·新知三联书店1962年版，第165页。

禹治水、愚公移山等历史典故所描述的人类征服自然的千辛万苦了；其二，普列汉诺夫的地理环境制约论也揭示了人与自然的相互依存性，这就为马克思主义生态伦理提出了一个基本原则：既要满足人类发展的需要，也要考虑自然的承载力；其三，不能忽视人的主观能动性的力量，虽然地理环境对人类历史的进程会产生促进或延缓的作用，但归根结底，人可以改变这种状况，化不利为有利。

二、自然资源管理说

实事求是地说，在列宁的论述中，人与自然关系的探讨抑或生态哲学理论并不多，并没有系统地讨论人与自然关系的篇章。通过总结其关于自然的零散论述，大致可以看出他的自然资源管理思想的主要观点有：

首先，批判了经验批判主义把人当作自然规律的创造者的论调。列宁在《辩证唯物主义的认识论和经验批判主义的认识论》一文中专门批判了"规律是人心的产物"的论调。他批判了那些唯心主义者把自然说成是人的统治者的论调，虽然承认自然的先在性，但却认为自然规律是人认识自然的产物，是人在生产实践的过程中归纳总结得到的。没有人这一能动的主体的总结，自然规律只能存在于必然现象的层面上，无法上升成规律。是人将规律赋予自然界，而不是自然界将规律赋予人。

其次，掌握自然规律是人类成为自然界的主人的关键。列宁认为自然规律是人们能有目的地改造自然的基础，只有规律和其蕴含的必然性才让我们能够得到既定的目标，才能使劳动的结果摆脱随机性的掌控。毫无疑问，"当我们不知道自然规律的时候，自然规律是在我们的认识之外独立存在着并起作用，使我们成为'盲目的必然性'的奴隶。一经我们认识了这种不依赖于我们的意志和我们的意识而起作用的（马克思对这点重述了千百次）规律，我们就成为自然界的主人"。[1]

最后，科学技术是解决自然危机的根本途径。与马克思恩格斯的辩证自然观一脉相承，列宁也认为科学技术的进步有助于改善环境。列宁在《一个伟大的技术胜利》中指出："在社会主义制度下，采用拉姆塞的这种能'解放'千百万矿工及其他工人劳动的方法，就能立刻缩短一切工人的工作时间……所有工厂和铁路的'电气化'，一定能使劳动条件更合乎卫生，使千百万工人免除烟雾、灰尘和泥垢之苦，能很快地把肮脏的令人厌恶的工作间变成清洁明亮的、适合人们工作的实验室。"[2]

总而言之，列宁的自然资源管理学说主体还是继承了马克思主义自然观，只是在具体的应用的层面进行了实践的指导，对之后的马克思主义自然观的实践有促进作用。

三、系统平衡论

苏联社会主义学家中，对马克思主义自然观做出重大贡献的当属尼·布哈林。布哈林在其著作《历史唯物主义理论》一书中对生态哲学和处理自然环境与人类社会的关系的思想进行了充分的论述。特别是布哈林所提出的社会与自然关系平衡论，继承和发展了马克思主义自然观，形成了系统平衡论，对后世生态马克思主义产生了重大影响。

平衡的概念一直是布哈林理论的重中之重。在布哈林看来，平衡的较为确切的概念是"某种体系如果不能自动地，即没有从外面加给它的能，改变本身的状态，人们就说它处于平衡的

---

[1]《列宁选集》（第2卷），人民出版社1974年版，第192页。
[2]《列宁全集》（第19卷），人民出版社1963年版，第42页。

状态"。[1]他认为，自然界、人类社会、自然界和人类社会之间均存在和表现出平衡关系（内部平衡和外部平衡）。也就是说，自然内部和人类社会内部的平衡属于内部平衡，自然和人类之间的平衡属于外部平衡。

内部平衡主要是指"类"内部的平衡。为了说明"类"平衡的概念，必须将一切事物都纳入体系与环境的概念。在布哈林看来："任何事物——不管是石头还是生物，是人类社会还是别的什么——我们都可以看成是由相互联系着的各个部分（要素）组成的某种整体；换句话说，我们可以把这个整体看作是一种体系。每一个这样的事物（体系）都不是存在于真空中；它周围有自然界中的其他要素，这些要素对它来说就叫做环境……在环境和体系之间存在和经常性的联系：'环境'作用于'体系'；'体系'反过来又作用于'环境'。"[2]

社会同样也是一个体系，无论是物、人、观念，还是技术装备和社会经济结构、上层建筑及其结构、社会心理和社会意识都是一个平衡的体系。作为人类活动的过程的社会既离不开自然，又不等同于社会，二者相互联系、相互区别、相互依存，也是一个平衡系统。一个系统即构成一个"类"——一系列相互联系的部分组成的整体，"类"内部的平衡指的就是相互联系的各个部分之间的平衡。

外部平衡则是"类"之间的平衡。一个体系不可能单独存在，其周围围绕的其他要素即构成环境。显然，体系与环境是一个相对的互补的概念，体系相对于环境而言就是"环境"的

---

〔1〕 ［苏］尼·布哈林：《历史唯物主义理论》，何国贤等译，李光谟等校，东方出版社1988年版，第76页。

〔2〕 ［苏］尼·布哈林：《历史唯物主义理论》，何国贤等译，李光谟等校，东方出版社1988年版，第78页。

环境。因此，"类"之间的平衡就是"类"与环境之间的平衡，亦即与构成环境的"类"之间的平衡。将社会选为体系，则按照布哈林所言："社会是生存在自然界中的，它或多或少是'适应'自然界的，这样或那样地同自然界处于平衡状态。"[1]此即社会与自然的平衡，属于"类"之间的平衡。

在布哈林看来，根本不存在绝对的、静止的平衡。平衡并不是绝对、静的平衡，我们之所以看到的是一种平衡，主要是参照不同的参照物而已。正如人置身于地球，周围的山川河流都是静止的、平衡的，如果从宇宙来看同一个存在物，结果都是动态的平衡。所以"平衡一经确立，随即就被破坏，如此循环往复"[2]。从这里可以看出布哈林的平衡论已经从动态和联系的角度看待平衡，具有了浓厚的辩证法色彩。世界是处于不断运动之中的，在体系内部、体系与环境之间建立的平衡自然也就不可能是恒定不变的，即动态平衡的思想。由于整个世界的各个部分都是相互联系的，某处平衡的扰动势必会引发一系列连锁的反应，改变整个世界的平衡状态。

平衡与不平衡之间的转化构成发展。社会变化中的阶级斗争、社会变革、社会革命组成推动社会系统平衡的动力系统。不过，无论是自然界、社会内部抑或是自然和社会之间的平衡都是一种短暂的状态，动态平衡才是常态。

布哈林认为："第一，平衡状态；第二，平衡的破坏；第三，平衡在新的基础上的恢复。接着历史又重演：新的平衡成为它重新遭到破坏的起点，然后又是新的平衡，依此以致无穷。总

---

〔1〕 [苏] 尼·布哈林：《历史唯物主义理论》，何国贤等译，李光谟等校，东方出版社 1988 年版，第 75 页。

〔2〕 [苏] 尼·布哈林：《历史唯物主义理论》，何国贤等译，李光谟等校，东方出版社 1988 年版，第 76 页。

体而言，这就是我们所看到的运动的过程，它的基础就是内在矛盾的发展。"[1]从布哈林对平衡发展的分析中，我们似乎看到了马克思主义唯物辩证法分析矛盾的影子。在布哈林的分析中，平衡是短暂的，平衡的破坏是常有的，伴随着平衡的破坏必然有平衡的重新建立，而这一过程就是事物发展的根源。

四、苏联马克思主义自然观及其启示

在社会主义发展的过程中，苏联无疑为之添上了浓墨重彩的一笔，作为第一个成功的社会主义国家，苏联拥有宝贵的成功经验。苏联的社会主义学家将此成功经验结合经典的马克思主义并将之发扬光大，对马克思主义的进步和发展做出了巨大贡献，对全世界的社会主义理论都产生了深远的影响。师承马克思主义关于人与自然关系的论述，苏联马克思主义者在继承马克思恩格斯理论的基础上又结合自身实际和特色，提出了一些颇具苏联特色的马克思主义自然观。

列宁提出的对自然资源的管理思想极具前瞻性和战略性。此外，普列汉诺夫的地理环境制约论和布哈林的系统平衡论继承了马克思和恩格斯生态哲学思想和唯物辩证法的衣钵。普列汉诺夫的地理环境制约论主要论证了地理环境对人与自然关系的影响，考察了生产力发展受地理环境属性制约、地理环境与社会相互影响等基本现象；列宁的自然资源管理学说则在实践的层面为我们提供了掌握自然规律的途径；布哈林的自然平衡论则在系统的论述平衡理论的基础上，将人与自然的关系视为一种平衡而加以分析，得出了人与自然平衡的必要性和平衡动态的、不断发展的特点。苏联诞生的诸多马克思主义学家留下

---

[1]　[苏]尼·布哈林：《历史唯物主义理论》，何国贤等译，李光谟等校，东方出版社1988年版，第76~77页。

了许多隽永的理论，值得我们学习。这些都为我们构建马克思主义绿色发展观提供了理论支持。

然而，在苏联的社会主义建设实践中，由于国内外种种原因的交织，苏联的领导人偏离了列宁、普列汉诺夫、布哈林等提出的自然观和生态哲学思想，导致苏联的生态环境遭到破坏。例如，20世纪50年代初，赫鲁晓夫当选为总书记上台执政，为摆脱国家农业严重落后的现状，增强社会主义苏联的国际话语权，其提出了"垦荒、扩种玉米与畜产品产量赶超美国的政策"。而且，认定垦荒是一条捷径。于是，在1954年1月22日，赫鲁晓夫致信苏共中央主席团，力排众议地提出了通过垦荒，增加种植面积来增加粮食产量的建议，并在苏共二月全会上作了《关于进一步扩大苏联谷物产量和开垦生荒地和熟荒地》的报告，提出在1955年至1956年这两年期间通过垦荒扩大谷物种植面积1300万公顷的计划。推进的速度出乎意料，仅1954年就开垦了1900万公顷，次年又开垦了1400万公顷，大大超出了原计划。这种大肆进攻大自然、破坏生态植被的做法受到了一些学者的批判。当时，哈萨克斯坦各州领导人就建议在垦荒地上留出18%的休闲地。结果遭到了赫鲁晓夫的严厉批评："只有蠢货才会要休闲地！"这种违背自然规律的做法立刻遭到了大自然的报复，被开垦荒地由于疏于管理到后期遭到风沙侵蚀。据统计，1962年干旱，"风化侵蚀波及了几百万公顷土地，仅在巴芙洛达州一地，就有150万公顷土地被风'刮走了'"。[1]同时，苏联社会主义推崇的粗放的经济增长方式消耗了大量的自然资源资产，严重破坏了生态环境。苏联虽然是一个自然资源资产十分丰富的国家，但这种无节制的粗放式发展，很快便消

---

〔1〕 陆南泉：《苏联经济体制改革史论》，人民出版社2007年版，第169页。

耗了大量资源。据悉，进入20世纪70年代，苏联集中工业生产能力达80%的西部地区资源"已近于耗尽"，特别是经济发展中资源浪费现象尤为严重。据当时报刊披露：能源的有效利用率为43%，损失率达57%；每年因锈蚀而吞掉2000万吨至2500万吨金属；每年有15%~20%的工业产品要报废或降价处理；每年浪费谷物3500万吨~4000万吨。[1]

　　苏联马克思主义自然观及其在社会主义实践中的运用启示我们：第一，社会主义的生态危机虽然不是内生性的，在社会主义道路模糊了其根本价值——以人民为中心的发展——的时候，同样也会误入歧途，掠夺自然资源和资产来进行杀鸡取卵式的发展；第二，社会主义无论如何发展都必须恪守马克思主义所定下的基本原则，即坚持共产党的领导，坚持公有制，坚持走各国特色发展道路，唯有如此，才能正确处理好利用资本和促进社会发展的关系，处理好社会发展和环境保护的关系；第三，社会主义制度的最大优越性在于能调动所有力量控制生态危机。与此同时，一个十分棘手且值得我们反思的问题出现了，即社会主义制度如何才能走绿色发展的道路？这个问题留待在第四章关于马克思主义绿色发展观的理论硬核中加以阐释。

第三节　西方马克思主义自然观

一、从"两类自然"到"三个自然"

　　早期西方马克思主义理论家卢卡奇（G. Lukács）对于自然的基本观点是，"自然是一个社会的范畴"[2]，离开了人与社

---

　　〔1〕　陆南泉：《苏联经济体制改革史论》，人民出版社2007年版，第401页。
　　〔2〕　[匈]卢卡奇：《历史与阶级意识》，杜章智、任立、燕宏远译，商务印书馆1999年版，第325页。

会，自然界没有任何意义。对此，卢卡奇指出："在社会发展的一定阶段上什么被看作是自然，这种自然同人的关系是怎样的，而且人对自然的阐明又是以何种形式进行的，因此自然按照形式和内容、范围和对象性应意味着什么，这一切始终都是受社会制约的。"[1]在他看来，自然的形式、内容、范围和客观性无不为社会所决定，进入主体活动范围的自然终归要被打上人的烙印，无论在社会发展的那个阶段，任何被视为自然的东西都必然与人有关。

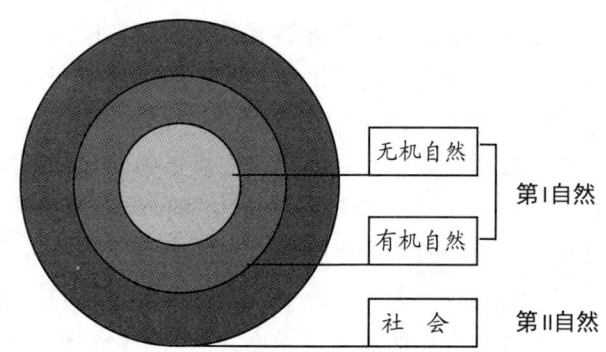

图 2-1　卢卡奇两类自然图示

资料来源：作者自行绘制。

在将自然归为社会的范畴之后，卢卡奇从三个角度界定自然。其一，他认同康德、开普勒和伽利略等对自然的界定，即自然是"事件规律的总和"。[2]其二，自然法学家所理解的自然，即规律和价值意义上的自然。自然成了一个"价值概念"，

---

〔1〕［匈］卢卡奇：《历史与阶级意识》，杜章智、任立、燕宏远译，商务印书馆 1999 年版，第 325 页。

〔2〕［匈］卢卡奇：《历史与阶级意识》，杜章智、任立、燕宏远译，商务印书馆 1999 年版，第 214 页。

即异化意义上的自然，人们只看到这种自然的可利用性和对自己的有用性。其三，艺术哲学家和文学家视阈中的自然。在这三个角度之上，卢卡奇还对自然的人的属性进行了分析，认为自然还意味着脱离了社会形式对人的约束之后真正的人的本质，即人的本质是自然的。这种自然实际上是指人的社会存在，一种没有被异化、物化的人的本真存在。

根据人类对自然的交互的程度，卢卡奇又把自然归结为两类：第一类自然是指无机自然和有机自然，即未与人类产生交互的、未成为人的生产资料的自在自然。第二类自然则是指社会，是与人类深度交互的，通过人类的劳动和物质变换已经成为人类社会一部分的自然，即"人类对第一自然改造后的自然"，[1]或者说"人化自然"。

通过对自然属性的深入分析，卢卡奇从三个角度界定自然，并将自然分为两类，通过分析得出"自然是一个社会的范畴"这一重要概念，把主客二分的外在的自然从人的对立面、客体的征服对象中拯救出来，纳入了社会的范畴，赋予人的属性。把与自然对立的资产阶级意识形态纳入批判对象，开启了西方马克思主义政治批判的新视角，对后来的西方马克思主义产生了巨大而深远的影响。

进入 20 世纪，俄国革命退化为斯大林主义，群众革命在西方不断失败，无产阶级群众丧失了革命觉悟，资本主义社会发生了许多变化，变得更为有组织，这一切现象都说明有必要对经典马克思主义进行重建。作为西方马克思主义法兰克福学派第二代的中坚人物，哈贝马斯在对马克思历史唯物主义进行重建的过程中，立足当时的社会实际，对马克思的自然、人和社

---

〔1〕　董强：《马克思主义生态观研究》，人民出版社 2015 年版，第 110 页。

会关系进行了新的批判和建构。

哈贝马斯对马克思历史唯物主义的批判主要集中在《作为意识形态的技术与科学》(1968 年)、《重建历史唯物主义》(1976 年)、《现代性的哲学话语》(1985 年) 等著作中。在哈贝马斯看来，马克思理想社会的核心，是一个劳动共同体的观念。马克思通过劳动的调和过程，在三个不同层面上与自然发生了关系，从而形成三种不同维度的自然：主体亲身体会到的需求自然；作为对象加以把握和加工的客观自然；最后还有在劳动过程中被设定为视阈和基础的自在自然。哈贝马斯使用"交往行为"和"生活世界"两个概念代替了马克思主义政治经济学中"劳动"和"自然"的概念，将分析问题的方式从社会生产范式转变为社会交往范式，提供了全新的批判角度。

与卢卡奇不同的是，哈贝马斯把人这个主体的自然需求或欲望看成一种自然，坚持主客体二分逻辑，把个体之外的且与主体相关联的存在客体视为另一种自然。特别是他在讨论自然时站在马克思主义实践论的立场，突出了劳动的作用，为理解三个自然的转化提供了一个很好的切入点。

二、从"自然反抗"到"解放自然"

作为法兰克福学派的创立者，霍克海默致力于恢复马克思主义的批判性，对现代资本主义进行了彻底的批判，在霍克海默和阿多诺（中文翻译有时候翻译成"阿道尔诺"，故而，参考文献只能根据中译本确定）合著的《启蒙辩证法》中，二者从西方的父权崇拜传统入手，揭露了资本主义控制自然的真正目的，将马克思主义的"自然本体论"和"自然报复论"推演成"自然的反抗"论，从生态伦理层面对马克思主义自然观进行了拓展。

　　第一，分析了西方父权崇拜传统给自然危机埋下的祸根。他们认为，人与自然的危机肇始于启蒙运动时期，启蒙文化在促进科技发展的同时也确立了人对自然的统治，破坏了人类与自然之间原有的和谐，制造了人与自然的对立与冲突。在他们看来，现代工业社会挖空心思想出来的整个机制，也不过是相互残杀的自然界。西方社会一直是一个推崇"父权文明"的社会，崇尚侵犯、征服、攫取。人们往往只看到父权文明和人类理性所带来的荣耀和成就，却忽视了理性把人类导向自负和残忍的一面。他们用女人隐喻被人类不断施暴的自然。他们说："女人本身是有代表所有被利用的自然，才能在男权世界获得一席之地，然而，她却始终是支离破碎的。在女人自发产生的逆来顺受之中，赤诚的奉献替代了失败，高贵的灵魂替代了绝望，漂亮的胸脯替代了被强暴的心灵，在她的身上，始终反映着她的征服者凯旋得胜的荣耀。同样，自然也从积极活动中完全脱离了出来，被抛入到严丝合缝的圈子里去，自然只有以此为代价，才能在造物主那里赢得自己的尊严。"[1]

　　第三，揭露了控制自然与政治统治之间的关系。在霍克海默和阿多诺的社会批评理论中，自然概念往往是与社会问题、科学技术紧密联系在一起的。这也是他们社会批评理论的一个重要切入点，当把自然问题与科学技术、人的问题和社会问题勾连起来，一个长期被遮蔽的问题就突然显现出来了，亦即人对自然的控制和人对人的控制实际上是联系在一起的。正如霍克海默所说的那样："追求控制自然进行得越主动，个人所得报偿就越被动；占有自然的能力越强大，个人力量与压倒一切的

　　〔1〕〔德〕马克斯·霍克海默、西奥多·阿道尔诺：《启蒙辩证法：哲学断片》，渠敬东、曹卫东译，上海人民出版社2006年版，第232页。

社会现实相比就更弱小。"[1]对此，阿多诺用一个简单的公式深刻揭露了这种状况：真理成了管理。

第三，从生态伦理层面提出尊重生命的价值观念。霍克海默和阿多诺从生态伦理的层面分析了人类破坏自然的伦理学原因。他们认为，动物虽然具有一定的生存本能，但却始终无法意识和控制自己的命运。科学技术的发展使得人类主宰这个世界的广度和深度都今非昔比。所以，"当征服自然成为真正的目的时，生物的低贱性就变成了一种醒目的印记，自然赋予生物的脆弱性也变成了引起侵犯行动的关键因素"。[2]尤其是西方的父权主义崇拜激发了人类对自然的占有欲，人们总是梦想获得对自然的绝对占有权，而近世工业革命和资本主义制度的出现极大地发展了生产力，使人类占有自然的梦想有机会成为现实。动物界乃至整个自然都变成了人类征服和掠夺的对象。然而，从伦理学角度看，动物"没有舒适感，并不保证动物就能够消除恐惧感；意识不到幸福也不能保证它们就可以减轻痛苦和伤痛"。[3]

第四，用诗化的语言形象呈现了被人类糟蹋的自然。霍克海默和阿多诺形象地描绘了被人类破坏的自然，并通过反讽的手法表现了对资本主义生产方式的强烈批判。他们描述说："在今天，哈巴狗那张布满皱褶的脸，就像是一幅古老的绘画一样，令他们回想起了被进步的脚步碾过了的宫廷小丑。同样，这张小鼻子小眼的狗脸，也像突然隆起的驼峰一样，勾勒出了自然

---

〔1〕 ［加］威廉·莱斯：《自然的控制》，岳长龄、李建华译，重庆出版社1993年版，第135~137页。

〔2〕 ［德］马克斯·霍克海默、西奥多·阿道尔诺：《启蒙辩证法：哲学断片》，渠敬东、曹卫东译，上海人民出版社2006年版，第231页。

〔3〕 ［德］马克斯·霍克海默、西奥多·阿道尔诺：《启蒙辩证法：哲学断片》，渠敬东、曹卫东译，上海人民出版社2006年版，第230页。

残破不全的轮廓。"〔1〕"在这个理性的地球上，已经不再需要审美的反思了。非妖魔化成为人类的一个典型特征。支配不再需要神秘的图像了；它只要以大规模工业为基础，就可以生产出这些图像，并把它们作为赢得大众的更可靠的手段。"〔2〕通过诗化的语言，霍克海默和阿多诺勾勒出了一副资本主义社会荒谬的图像，病态的理性沦落为资本家控制社会的工具，对大众的支配不再建立在薄弱的神权崇拜上，而是建立在扭曲的理性论述中，资本主义社会以大规模的工业生产营造出一个假象，并将之作为控制大众的手段，自然则沦落成了满足人类无限欲望的对象，自然仅存的价值就只有满足人的欲望。

霍克海默和阿多诺发现了现代资本主义制度把斗争引向自然界的苗头，制造人与自然的紧张；而马尔库塞则进一步把自然危机直接擢升为一种政治，认为自然危机的根源在于资本主义制度，把人的解放和自然的解放熔铸成一个整体。

在法兰克福学派，马尔库塞素以"否定"和"反抗"著称，主张个体的爱欲解放、自然的审美解放。马尔库塞以马克思《1844 年经济学哲学手稿》为根据，拓展了马克思提出的"自然界的人的本质"性，提出了源于资本主义制度和"总体异化"的生态危机，揭露并批判了发达工业社会的攻击性和借助控制自然达到控制人的目的的隐秘逻辑，指出"自然的解放"为当代工业社会生态危机救赎之道，为以后的整个生态马克思主义树立了一个理论纲领和预制了一个生态危机的救赎方案。他在《反革命和造反》《新左派和 60 年代》等文章中着重分析

---

〔1〕　［德］马克斯·霍克海默、西奥多·阿道尔诺：《启蒙辩证法：哲学断片》，渠敬东、曹卫东译，上海人民出版社 2006 年版，第 234 页。
　　〔2〕　［德］马克斯·霍克海默、西奥多·阿道尔诺：《启蒙辩证法：哲学断片》，渠敬东、曹卫东译，上海人民出版社 2006 年版，第 234 页。

了资本主义社会生态危机的本质。资本主义社会的生态危机就是生存危机，从根本上来看是资本主义的政治危机、制度危机。

首先，资本统摄下的商业社会把人的攻击性引向自然，以达到为了追逐利润疯狂破坏自然的目的，这样势必会引发生态危机。其次，资本主义对人的统治要借助于对自然的统治才能得以实现。不能孤立地看待生态危机，其深层次的原因在于资本主义制度本身。最后，资本主义与经济危机的斗争反过来加重生态危机。资本主义的基本矛盾必将累积成资本主义生产相对过剩的经济危机。在资产阶级看来，摆脱资本主义生产相对过剩的经济危机的唯一出路就是扩张消费。消费被资产阶级视为化解经济危机的一剂良药，但这种延缓经济危机的举措反而加重了生态危机。

马尔库塞清醒地看到了资本主义制度、异化的科学技术、消费主义对自然危机产生的根源性，呼吁"解放自然"。他在《历史唯物主义的基础》一文中提出"人就是自然界。自然界就是人的'表现'"[1]的命题，强调自然与社会的相互渗透、自然的人化或社会化、自然的主体性。这是马尔库塞对马克思自然概念的"修正"和"改造"，是对马克思《1840年经济学哲学手稿》的人道主义理论本身的改造。其言说人与自然、历史与自然的互化，重估自然与人的关系和价值，意图超越西方世界的"人类中心主义""自然中心主义"的生态伦理，开创了自然"主体-客体"互化的生态伦理，亦即"解放自然"。

在马尔库塞看来，"解放自然主要是指：①解放属人的自然（人的本性）：即作为人的理性和经验基础的人的原初冲动和感

---

[1] ［美］赫尔伯特·马尔库塞："历史唯物主义的基础"，载上海社会科学院哲学研究所外国哲学研究室编：《法兰克福学派论著选辑》（上卷），商务印书馆1998年版，第294页。

觉；②解放外部的自然：即人的实存的环境"。[1]具体而言，马尔库塞细化了"解放自然"的概念，赋予了自然解放以多重意蕴。

第一重意韵在于重建自然主体性。马克思主义强调主客体分殊，把主体之外的一切当作客体。也就是说，自然界起初是作为一种完全异己的、有无限威力的和不可制服的力量对立于人的。"自然主要也是一个客体，是人在自然的'斗争'中的一个对手，是不断合理地发展生产力的一块场地。"[2]承认自然是主体，将自然从单纯物质化的概念中剥离出来，上升到具有人属性的有机的层面，对生命的追求构成人与自然共同的本质。自然不再是被动地接受人类改造的物质集合，而是有生命的、具有人属性的活的对象。马尔库塞认为："'自然的解放'并不是回到技术前状态，而只是推动它向前，以不同的方式利用技术文明的成果，以达到人和自然的解放，和将科学技术从为剥削服务的毁灭性滥用中解放出来。"[3]这种从服务于毁灭与剥削中解放出来的新技术将不再仅仅把自然当作一个被控制与操纵的纯粹客体，而是把自然当作一个具有自身权利、共生于这个世界中的主体。在此，马尔库塞试图在重建人与自然的关系中，重光自然主体性，消解西方文明中长盛不衰的"人类中心主义"的持续影响，转变人类的征服、盘剥、攫取、唯我独尊的"勘天"价值取向，使人与自然在相互尊重、和谐共存的伦理秩序中实现"美的还原"。

---

〔1〕［美］H. 马尔库塞：《审美之维》，李小兵译，广西师范大学出版社 2001年版，第 121 页。

〔2〕［美］H. 马尔库塞等：《工业社会和新左派》，任立编译，商务印书馆1982 年版，第 129 页。

〔3〕［美］H. 马尔库塞等：《工业社会和新左派》，任立编译，商务印书馆1982 年版，第 128 页。

第二重意韵在于重塑人的自然观。改变人类的思想和价值观，人道地对待自然。重塑自然观首先需要个体感性的"解放"（liberation）。马尔库塞在《历史唯物主义的基础》一书中指出："在马克思那里，正是感性（作为对象化）这一概念，导致了从德国古典哲学到革命理论的决定性的转折，因为它把实践的和社会的存在这一根本的特征引入关于人的本质的存在的定义之中。作为对象，人的感性实质上是实践的对象化，并且正是因为他是实践的，所以他实质上又是社会的对象化。"[1]他进一步指出了"感觉的解放"的两条途径：一条是消极的途径，亦即自我，他人和对象世界不再在对财产的攻取、竞争和保卫的情况下来经营；另一条途径是积极的方式，马尔库塞称之为通过对自然的"人道的占有"，"通过把自然变为对人的本质（作为类存在）来说是一个环境世界（媒质）的方式，而人的本质就是自由地发展人的创造性的、美的特殊禀赋……"[2]

三、从"支配自然"到"适应自然"

经典的马克思主义自然观将自然看作是先在的，作为一个人的生产活动的客体而存在，在马克思提倡人的主观能动性的过程中，逐渐形成了"支配自然"的思想。格伦德曼是"支配自然"（domination of nature）思想的铁杆支持者。他不仅肯定马克思的"支配自然"思想，而且还进行了最有力的论证，积极回应了学术界对马克思自然观的生态学非难，赋予了"支配自然"观以积极意义。

---

[1] 复旦大学哲学系现代西方哲学研究室编译：《西方学者论〈一八四四年经济学-哲学手稿〉》，复旦大学出版社 1983 年版，第 113 页。
[2] ［美］H. 马尔库塞等：《工业社会和新左派》，任立编译，商务印书馆1982 年版，第 132 页。

一方面，格伦德曼有理有据地回应了马克思自然观的生态意识缺失的问题。他指出："马克思对自然的目的结构的反对并没有忽视生态问题，在他的把自然看成是人的无机身体的通常立场中包含着生态关怀。如果人想要获得繁荣，那么自然这个无机身体也必须得到繁荣。"[1]另一方面，格伦德曼赋予"支配自然"以积极的意义，在格伦德曼看来，其使用的"支配"（domination）和"控制"（mastery）是同义词。在英语中，"mastery"有两种含义：①征服、统治；②精通、熟练掌握。如果我们把二者结合起来就是熟练掌握加以控制。在这种意义上看来，支配自然并非是主人对奴隶可以为所欲为的支配，人对自然的支配应该是在熟练掌握自然规律的情况下，对自然现象进行符合自己目标的熟练运用。

另一方面，格伦德曼还认为，马克思是在人类解放的意义上讨论支配自然的，所以，支配自然的观念具有解放的意蕴。马克思在《1844年经济学哲学手稿》中提出："共产主义，作为完成了的自然主义=人道主义，而作为完成了的人道主义=自然主义。"[2]其实际上是说："只有一个能够控制它在自然环境中自身活动的社会才配称为共产主义。"[3]

英国生态马克思主义家本顿（T. Benton）在分析马克思主义历史观的时候，认为历史唯物主义内在蕴含着一种"生产主义""支配自然"的技术乐观主义倾向，读出了人类中心主义的意涵，尤其是在马克思常用的词的"改造"上体现了马克思强烈的"支配自然"意志。在他看来，马克思、恩格斯均对科学

---

〔1〕　R. Grundmann, *Marxism and Ecology*, Oxford Universiry Press, 1991, p. 62.

〔2〕　〔德〕马克思：《1844年经济学哲学手稿》，中共中央马克思恩格斯列宁斯大林著作编译局译，人民出版社2000年版，第81页。

〔3〕　R. Grundmann, *Marxism and Ecology*, Oxford Universiry Press, 1991, p. 11.

技术寄予厚望，人类最终可以通过科学技术的发展来缓解、解决人与自然的矛盾危机。据此，本顿认定"控制自然"的思想在马克思那里也可以找到蛛丝马迹，而且"控制自然"的观念是导致生态危机的深层思想根源，走出自然危机泥淖的唯一出路是摈弃"控制自然"的思想观念。本顿认为抛弃"控制自然"的观念绝不能采取激进主义的态度，即人类碌碌无为地"回到自然"，而是要采取比较中道的方式，即"适应自然"（adaptation of nature），人类应该在自然面前既有所为，又有所不为。

同样从古典马克思主义自然观"支配自然"的思想出发，莱斯把自己的研究兴趣主要锁定在与环境和生态问题有关的哲学、社会学问题上，并把它与对发达资本主义社会的批判结合起来，另辟蹊径，提出导致资本主义社会生态危机的根本原因不是科学技术的发展，也不是马尔库塞所指认的资本主义制度，而是人类控制自然的观念。[1]

莱斯对"控制自然"思想进行了最为激进的批判，这在他的代表作《自然的控制》（1972年）和《满足的极限》（1978年）中都有显著体现。在莱斯看来，环境问题和生态危机的终极根源并不在于科学本身，而在于一种意识形态，现代科学技术只不过是控制自然这一更大谋划的工具而已。"人征服自然是通过科学和技术手段实现的。只有通过仔细评估这一论题，才有可能表明人控制自然的全部意图已经被它遮蔽了，因为通过考察共同的理解揭示出许多含糊不清的前提。这样的做法是必要的，这是为了讨论包含在下面问题中的具体问题扫清思路：在控制自然中人追求的特殊目标是什么？常规的答案——控制

---

〔1〕 ［加］威廉·莱斯：《自然的控制》，岳长龄、李建华译，重庆出版社2007年版，第33页。

环境，增加人在世界中的力量，'解除人的处境的不便'，等等——不再是充分的了。它们的过分含混有助于掩盖一系列基本的社会矛盾。"[1]科学技术只是生态环境危机的征兆而不是根源，其根源是对自然进行控制的意识形态，科学技术只是实施控制自然的"意识形态"的工具罢了。控制自然似乎不是人类的伟大事业，而是维护特殊统治集团利益的手段，资本主义制造了人与自然激烈冲突的假象，将人类的矛头导向自然，从而达到它们控制自然进而控制人民的目的。

四、西方马克思主义自然观及其启示

西方马克思主义是 20 世纪 20 年代由西方共产党人[2]表达对列宁主义的某些观点的质疑而兴起的一个理论思潮。西方马克思主义是一个既没有形成统一的国际组织，也没有形成一致观点的复合体。其中，比较有影响的流派主要是法兰克福学派、存在主义的马克思主义、新实证主义的马克思主义、结构主义的马克思主义、分析的马克思主义等。在此，我们批判地继承各流派中合理的自然观"因子"，为从总体上构建马克思主义绿色发展观找寻理论基础。

马尔库塞对于资本主义的批判揭示了资本主义的本质，指出资本主义生态危机的根源在于其内在制度的矛盾，为我们现在的制度改革提供了非常好的借鉴。同时，从古典马克思主义"支配自然"的观点出发，格伦德曼对马克思主义"支配自然"的生态内涵做了有力的论证，将支配自然的概念纳入生态的框

---

〔1〕 [加] 威廉·莱斯：《自然的控制》，岳长龄、李建华译，重庆出版社 2007年版，第 91 页。

〔2〕 20 世纪 20 年代，捷克斯洛伐克首任总统马萨里克提出了"西方马克思主义"这个概念。他提出要创造一种"西方"马克思主义与列宁主义相抗衡。[参见王怀超主编：《社会主义通史》（第 6 卷），人民出版社 2011 年版，第 393 页。]

架之下。英国生态马克思主义学家本顿则将重点放在人类支配自然的行为方式——劳动之上，本顿将带有主观能动性的劳动变为生态制约型劳动，在解释支配自然的生态伦理性方面起到了一定作用，但是却不免退回到"回到自然"的消极观点中去了。莱斯结合对资本主义社会的批判，将支配自然引申到对"控制自然"的批判，揭示了资本主义意图控制自然的目的。此三者对支配自然实现了全方位的剖析，为我们改造自然的实践提供了系统的理论指导。

第四节 小结

本章重点梳理了马克思主义绿色发展观的理论基础，达成了几点共识：

第一，在马克思、恩格斯的辩证自然观中，自然相对于人具有现在性，自然具有社会性，离开人类，自然的存在就将毫无价值。人类必须善待自然，必须在自然承载能力之内合理利用和开发自然，控制自然实属人类的狂妄和无知，无休止地攫取自然必然会遭受自然的反抗和报复。人类应该把外在自然视为自身的一部分，将其视为人类解放的前提。在自然面前，人类既不能采取积极进攻的态度，也不能秉持消极的"回到自然"的碌碌无为的态度，而是要辩证地看待人与自然的关系。这既是马克思主义生态发展的基本理论，也是马克思主义绿色发展的先在性理论基础和未来进行绿色发展观建构时不能偏离的方向。

第二，苏联马克思主义对人与自然的关系作出了有益的探索。列宁、普列汉诺夫、布哈林等均给出了各种对于人与自然观念的辩证理解。如重视地理环境因素对生产力发展影响的地理环境制约论；重点立足于人与自然规律论述的自然资源管理学说；结合系统的平衡与运动理论，辩证地论述自然环境与社会平衡过程的系统平衡论。然而，纵观苏联的马克思主义自然观，不难发现，整个苏联的自然观体系缺乏关于人这一主体的论述，主要将重点放在地理环境因素对社会生产力发展的影响方面。换言之，缺乏对人与自然之间生态伦理关系的探讨，讨论的主体是经济人而非伦理人。过于关注生产力的发展而忽略伦理探讨导致苏联产生了一系列环境问题和社会问题，最终解体，这也是人与自然、社会与自然矛盾激化的表现。

第三，西方马克思主义尤其是生态马克思主义对自然观、资本主义社会的基本矛盾以及自然危机的根源等问题进行了一系列深刻的反思和理论创新，提出了许多颇具真知灼见的思想观点。如肯定历史唯物主义的生态立场、自然危机的资本主义制度根源性、适应自然、资本主义双重矛盾说等。但也存在一些明显的理论局限性：一方面，看到了资本主义社会发展的经济矛盾和生态矛盾，却未能分清主要矛盾和矛盾的主要方面，看到了经济危机和生态危机的并存，却没有分清资本主义的根本危机和次要危机，以生态矛盾取代经济矛盾，夸大生态危机的社会功能，以生态革命补充经济革命，最终弱化了其理论的批判张力和社会变革的物质力量；另一方面，在坚持以社会主义制度代替资本主义制度的同时（生态社会主义代替资本主义），却偏离了科学社会主义的轨道，最终走上了一条"绿色乌托邦"之路。

第三章 马克思主义绿色发展观的基本内涵

> 一般说来，熟知的东西所以不是真正知道了的东西，正因为它是熟知的。有一种最习以为常的自欺欺人的事情，就是在认识的时候先假定某种东西是已经熟知的了，因而就这样地不去管它了。这样的知识，既不知道它是怎么来的，因而无论怎样说来说去，都不能离开原地而前进一步。[1]
>
> —— ［德］黑格尔：《精神现象学》（上卷）

社会发展是历史唯物史观得以科学创立的基石。马克思主义创立以前，人们在相当长的一段时期内未能认识到社会发展的规律性，涌现出了诸如宗教神学发展观、唯心主义发展观、空想社会主义发展观、后现代主义发展观等五花八门的发展观。这些社会发展观如果不加以清理和纠正，往往容易误导人们。在清理这些发展观的同时，高扬马克思主义社会发展观及其未来走向对于本书而言意义十分重大。所以说，正是唯物史观"发现了决定人类历史运动和发展的基本规律"，[2]才使人类走出历史偶然性的泥淖，使得发展哲学找到了科学的理论基石。理论界目前出现了一些对绿色发展观进行阐释的文本，我们发

---

〔1〕［德］黑格尔：《精神现象学》（上卷），贺麟、王久兴译，商务印书馆1981年版，第20页。

〔2〕《马克思恩格斯全集》（第19卷），人民出版社1963年版，第372页。

现了一个十分有趣的现象：这些文本对于绿色发展观的内容虽然进行了大量的解读，但是存在一些模糊、似是而非和马克思主义"缺席"的解读，尤其是对绿色发展中蕴含的两个核心概念——"绿色"和"发展"——的含义缺乏深度的历史逻辑和实践逻辑解析，几乎是把它们置于一种不证自明的状态。为避免这种状态，我们必须弄清楚以下一系列的理论问题，才能真正把讨论引向深入：是否存在马克思主义绿色发展观？（这恐怕是我们必须首先回答的问题。）如果答案是肯定的，我们接下来还必须回答什么是马克思主义绿色发展观？绿色发展观与其生态哲学之间是一种什么样的关系？

第一节　若干非马克思主义发展观

一、宗教神学发展观

自人类社会诞生之日起，人们似乎从未间断过对"发展"这个主题的探索。宗教神学发展观把社会发展归结于上帝的意旨抑或天命。西方有上帝创世说；古中国有盘古开天辟地、女娲造人的传说；古巴比伦《恩利尔开天辟地》记载着"安"和"启"结合生下空气之神恩利尔（Enlil）创造宇宙的传说；古印度典籍《梨俱吠陀》中的《水胎歌》传唱着在天、地、神和阿修罗（Asura）之前的水胎孕育生命的故事。奥古斯丁（Augustinus）在他的《教义手册》中论述了"一切存在都是上帝创造的"观点。他训诫众基督教徒说："我们基督徒，不必追求别的，只要无论是天上的或地上的、能见的或不能见的。宇宙间除了因创造主（他是唯一的神）的仁慈而受造，那就够了。宇宙间除了上帝以外，没有任何存在者不是由上帝那里得

到存在。"〔1〕

二、唯心主义发展观

主观唯心主义者用人的主观意志和精神来解释社会历史发展。如，我国宋代哲学家、心学开创者陆九渊就说："宇宙便是吾心，吾心即是宇宙。"《象山年谱》记载："先生自三四岁时，思天地何所穷际，不得，至于不食，宣教公（象山父）呵之，遂姑置，而胸中之疑终在。后十余岁，因读古书至宇宙二字，解者曰：四方上下曰宇，往古来今曰宙。忽大省曰：元来无穷。人与天地万物，皆在无穷之中者也。乃援笔书曰：宇宙内事，乃己分内事；己分内事，乃宇宙内事。又曰：宇宙便是吾心，吾心即是宇宙。"〔2〕也就是说，宇宙、人类历史发展归根结底是人内心的想象和构造。

客观唯心主义者则把社会历史发展看成是绝对精神或绝对理念在现实中的展开。如，黑格尔（Hegel）的历史哲学就把人类的历史描绘成一个不断运动、变化和发展的过程，并且认为这种过程具有内在的必然性，即规律性。但遗憾的是，他并不是从历史的本身去找寻历史发展的必然性和规律性，而是把这种必然性看成是绝对精神的显现。一方面，黑格尔认为历史属于客观精神。他在《历史哲学讲演录》中指出："首先我们要注意，我们所研究的对象——世界历史——是属于'精神'的领域。'世界'这一名词包括物理的自然和心理的自然两方面。物理的自然也包含在世界历史中间，而且这样牵涉到的各种根本的自然的关系，也有注意的必要。不过'精神'和它的发展的过程却是

---

〔1〕 北京大学哲学系外国哲学史教研室编：《西方哲学原著选读》（上卷），商务印书馆 2002 年版，第 219 页。

〔2〕 转引自张岱年：《中国哲学大纲》，江苏教育出版社 2005 年版，第 86 页。

实体的东西……我们在世界历史的舞台上观察'精神'——'精神'在这个舞台上表现了它自身最具体的现实。"〔1〕换句话说，人类历史、社会发展无外乎"精神"的自我表现而已。另一方面，黑格尔也把历史看作一个合理的过程。在他看来，"哲学用以观察历史的唯一的'思想'，便是理性这个简单的概念"；"理性"是"万物的无限的内容，是万物的精华和真相"，是"世界的主宰，世界历史因此是一种合理的过程"。〔2〕显然，黑格尔这种社会历史观和发展观虽然谈规律，但其却是一种被"绝对精神"或"理性"主导和左右的必然性，从而抹杀了历史的辩证逻辑和人的主观能动性，扼杀了历史和发展的丰富性和多样性。

三、空想社会主义发展观

空想社会主义（utopian socialism）是建立在唯心史观基础之上的社会主义学说。空想社会主义盛行于 16 世纪至 19 世纪中叶，企图脱离现实而建立一个没有阶级对立、阶级压迫和阶级剥削的新社会。空想社会主义的代表人物主要有莫尔（T. More）、康帕内拉（T. Camlanella）、梅叶（J. Meslier）、摩莱里（Morelly）、马布利（G. B. Mably）、欧文（R. Owen）、圣西门（Claude-Henri de Rouvroy）和傅里叶（Charlesfourier）。代表著作有莫尔的《乌托邦》、康帕内拉的《太阳城》、欧文的《新社会观》、圣西门的《一个日内瓦居民给当代人的信》和傅里叶的《新的工业世界和社会事业》。他们对社会发展理论持以下观点：

---

〔1〕　北京大学哲学系外国哲学史教研室编：《西方哲学原著选读》（下卷），商务印书馆 2002 年版，第 444 页。

〔2〕　北京大学哲学系外国哲学史教研室编：《西方哲学原著选读》（下卷），商务印书馆 2002 年版，第 446~447 页。

第一，人类社会发展具有客观必然性。圣西门认为英雄人物推动了社会的发展，预言了"现代技术统治主义"的思想。他强调经济因素在社会发展中的重要性，认为对人类而言关系重大的不是政治而是财富的生产，但经济的变化是科学发明的后果，而人类发展的根源在于科学知识的发展，因而伟大的发明家就是历史的主要创造者。[1]空想社会主义者布雷（J. F. Bray）坚信人类的进步是必然的，初步提出了社会发展的动力理论，亦即历史发展的过程是同人类生产力的发展相适应的，是不断前进的，尽管有时会出现足以毁灭全部历史文明的逆流。

第二，阶级斗争是社会发展的直接动力。梅叶看到了阶级斗争推动社会变革的力量，认为人民只有靠自己的暴力革命来实现理想社会，并提出"消灭私有制，建立公有制"等社会发展理论。布雷论证了阶级斗争是社会发展的直接动力机制，但却认为阶级斗争学说同基本的伦理观并不是互不相容的。显然，这些思想对马克思产生过重要影响。诚如科尔所说："布雷虽然远远不是一个马克思主义者，但是给了马克思很多教益。"[2]

第三，社会发展应该走向公有制。空想社会主义者隐约发现，私有制是导致社会阶级分裂、剥削和压迫的根源。莫尔在《乌托邦》这部著作中对贵族和资产阶级生活奢华、贪得无厌、无情剥削等行为进行了严厉的批判，并提出了实行公有制的社会主义的想法。莫尔在揭露资本主义社会不平等时如此描述："有大批贵族，这些人像公蜂一样，一事不做，靠别人的劳动来养活自己，即是说，靠在他们田地上做工的那些佃农。为了扩

〔1〕［英］G. D. H. 科尔：《社会主义思想史》（第1卷），何瑞丰译，商务印书馆1977年版，第52~53页。

〔2〕［英］G. D. H. 科尔：《社会主义思想史》（第1卷），何瑞丰译，商务印书馆1977年版，第138页。

大收入，他们对这些佃农敲骨吸髓，重重剥削……他们养着一大批毫无一技之长专事吃闲饭的侍卫，只要主人一死，或者自己生病，这些侍卫立刻被赶出大门之外。"[1]所以，他主张废除私有制，并提出了一套废除私有财产之后如何组织生产的方法。康帕内拉设想的"太阳城"是一个没有等级，在经济上、政治上平等的社会。太阳城的居民没有私有财产，他们居住在共有的建筑物中，在公共食堂用膳。

四、后现代主义社会发展观

后现代主义（postmodernism）是当代西方最具影响力的文化思潮，其核心理论主张是反理性主义。尼采（F. W. Nietzsche）和海德格尔（M. Heidegger）是促使后现代主义转折的主要推手。后现代主义盛行于20世纪80年代，主要代表人物和理论有伽达默尔（Gadamer）的诠释学、德里达（Derrida）的解构主义、格里芬（Griffin）的建设性后现代主义、罗蒂（Rorty）的新实用主义等。代表著作有伽达默尔的《真理与方法》（1960年）、罗蒂的《语言学的转向》（1967年）、格里芬主编的《后现代科学》（2004年）、凯尔纳等的《后现代理论》（2001年）等。后现代主义建设性向度主要表现为推崇创造性活动，鼓励多元的思维风格，倡导对世界的关心爱护。

关于社会发展，后现代主义主要从人的发展、文化发展、经济发展和政治发展等几个方面加以解构和分析。他们关于社会发展的主要理论观点是：第一，解构人类中心主义、解构人的等级关系。在人与自然的关系上，后现代主义者主张改变人的征服者的姿态，克服不断向大自然索取的旧观念，提出人应

---

[1]　[英] 托马斯·莫尔:《乌托邦》，戴镏龄译，商务印书馆1957年版，第34页。

当成为自然的守护者、牧羊人。在人与人的关系上，强调人与人之间的平等。第二，反对理性精神，反对中心性、整体性和统一性，鼓励文化发展多元化。第三，反对一味地强调经济增长，提倡稳态经济，可持续发展。第四，倡导对世界的关心爱护，其中一个重要价值导向是强调对生态环境的保护。格里芬指出："后现代思想是彻底的生态学。它为生态运动所倡导的持久的见解提供了哲学和意识形态方面的根据。"〔1〕在建设性后现代主义看来，要走绿色发展的道路必须克服如下六大障碍："来自西方不合适的经验；贫困问题；机械世界观；低密度城市；对技术的迷信；为保持生产性经济所受到的地缘政治压力。"〔2〕克服生态危机、推进绿色发展不能单独就某一个问题进行处理，或分别处理，这种做法只能是"头疼医头，脚疼医脚"，治标而不能治本，关键是整体、综合地辩证治理。

五、非马克思主义发展观的缺陷

前面对若干非马克思主义发展观，即宗教神学发展观、唯心主义社会发展观、空想社会主义社会发展观、后现代主义社会发展观等作了一番初步的梳理，大致可以得出如下结论：一是宗教神学发展观、唯心主义社会发展观和空想社会主义发展观归根结底是"半截子"的社会发展观。这些社会发展观由于没有真正弄清楚人类社会历史的物质性，在人类社会发展这个问题上，纷纷倒向唯心主义，把社会发展的动力归结于上帝的力量、绝对精神、理念等虚幻的存在。由于这些理论的前提出

---

〔1〕［美］大卫·雷·格里芬编：《后现代精神》，王成兵译，中央编译出版社1998年版，第227页。

〔2〕［美］克里福·柯布："克服绿色发展在中国的障碍——从建设性后现代主义的视野看"，载赵建军、王治河主编：《全球视野中的绿色发展与创新——中国未来可持续发展模式探寻》，人民出版社2013年版，第26~40页。

现了问题，是一个颠倒的世界观，呈现给人类的也是一种错误的社会历史发展观，必须将其重新再颠倒过来。这个任务在马克思主义那里被科学地解决了。二是非马克思主义社会发展观未能洞悉人类社会的本质，没有找到社会发展的真正动力源泉和社会发展的规律性，往往把社会发展方向归结为由偶然性因素所决定。所以，它们是一种非科学的社会发展观。三是后现代主义社会发展观，有其合理的成分，如提倡对世界的关心爱护，提倡生态环保，但其试图颠覆一切、解构一切、瓦解传统的做法，"试图把社会进步性、人性、理性、主体性置于死地"，〔1〕最终撕毁了人类社会的理想和未来，抛给人类的是一个"冷酷无情、残忍凶狠、陌生疏远、令人绝望、愤世嫉俗和模棱两可为特征"〔2〕的时代和社会。

第二节 发展观的多学科阐释

一、经济发展

人类主体性的自信在 18 世纪中叶产生了一次飞跃，产业革命（The Industrial Revolution）彻底改变了经济社会发展方式，科学技术进步使得人与自然的关系发生了根本性变化，即人类从依附自然到改造自然，使得"人定胜天"的世界观成了西方世界的主流。毋庸讳言，产业革命完全改变了人类的生产方式、生活方式，极大地促进了社会、经济、文化和科学技术的进步。遗憾的是，人们刚刚摆脱了上帝、理念、心等形而上观念对发

---

〔1〕 薛天山："后现代主义的社会发展观探析"，载《生产力研究》2011 年第 1 期。

〔2〕 ［美］波林·玛丽·罗斯诺：《后现代主义与社会科学》，张国清译，上海译文出版社 1998 年版，第 19 页。

展的误导，却又走进了另外一个"迷局"——纠结于经济、社会、政治发展等细枝末节形而下的单方面的凸显。在这一困惑中，人们对于寻求发展道路的诉求声势愈烈，因此，我们需要简单地介绍一下当代经济学和政治学对"发展"这个范畴的解读。

经济学视阈的社会发展更多关注经济质量的提高。马约尔将发展视为复杂的多元化，即"经济的、社会的、科学的、文化的……它必须具有一种综合的特点，即包括社会生活的多种表现形式，并符合根植于各国人民的历史财富和道德的文化的目的"。[1]在西尔斯看来："调查一国发展情况应提出的问题是：贫困状况怎么样？失业状况怎么样？不平等状况怎么样？如果这三方面都已不是很严重了，那么就这个国家而言，无疑已处于一个发展的阶段了。倘若这三个中心问题的一个或两个更加严重，特别是三方面都更为恶化，那么把这种结局称作'发展'就是一件怪事，即使人均收入业已大幅度提高。这方法当然也适用于将来。一个没有包含减少贫困、失业和不平等现象诸目标的'计划'，难以被认为是'发展计划'。"[2]斯特里登指出："发展必须重新下定义，应叫做向当今世界主要'敌人'：营养不良、疾病、文盲、贫民窟、失业和不平等开战。若按总增长率来衡量，则发展已取得了显著成绩，但若是按工作、公平和消除贫困来衡量，发展则是失败的或仅仅取得了局部成功。"[3]阿玛蒂亚·森认为："发展可以看作是扩展人们享有的真实自由

〔1〕［西］费德里科·马约尔：《不要等到明天》，吕臣重译，社会科学文献出版社1993年版，第29页。

〔2〕［美］塞缪尔·亨廷顿等著，罗荣渠主编：《现代化：理论与历史经验的再探讨》，张景明译，上海译文出版社1993年版，第51页。

〔3〕［美］迈克尔·P. 托达罗：《经济发展与第三世界》，印金强、赵荣美译，中国经济出版社1992年版，第50~51页。

的过程。聚焦于人类自由的发展观与更狭隘的发展观形成鲜明的对照。"〔1〕总之，从经济学的角度来看，经济发展与经济增长存在本质上的差别，经济增长看重经济变化的量的增加，亦指一个国家或地区在一定时期内的产品和劳务数量的增加。而发展注重经济质的提高，是在经济增长的基础上，经济结构优化、社会文明进步和制度更加完善。

二、政治发展

政治学视阈的社会发展主要是指政治发展，更多地看重的是自由、平等、民主、公平等价值在社会发展中得到提升，或者是政治世俗化和分化的过程和结果。

首先，政治发展意味着落后状态的转变。在美国政治学家亨廷顿（S. P. Huntington）看来："落后社会是贫穷的、不公平的、压制性的、粗暴的依附于人的。发展就是从后者转变为前者的过程。"〔2〕通常而言，发展应该包括五大目标，即增长（growth）、公平（fair）、民主（democracy）、稳定（stability）、自主（autonomy）。

其次，政治发展意味着世俗化和分化增进。在美国另一位政治学者阿尔蒙德（G. A. Almond）看来，政治发展一方面是世俗化的过程，世俗化导致人们对政治的态度发生改变，尤其是"在世俗文化中，个人往往自信他们拥有改变环境的能力，并选定有助于自己改变环境的行动方案"；〔3〕另一方面，政治发展在

〔1〕　［印］阿玛蒂亚·森：《以自由看待发展》，任颐、于真译，刘民权、刘柳校，中国人民大学出版社 2002 年版，第 1 页。

〔2〕　［美］塞缪尔·亨廷顿等著，罗荣渠主编：《现代化：理论与历史经验的再探讨》，张景明译，上海译文出版社 1993 年版，第 333 页。

〔3〕　［美］加布里埃尔·A. 阿尔蒙德、小 G. 宾厄姆·包威尔：《比较政治学：体系、过程和政策》，曹沛霖等译，东方出版社 2010 年版，第 21 页。

结构方面主要表现为分化。他指出："在分化中角色发生变化，变得更加专门化或自主化。"〔1〕所以，分化会进一步提高公共部门的行政效率，增强公共部门的认同度和合法性，增进公共部门的政治动员能力。

再次，政治发展意味着政府能力和政治参与度提高。阿尔蒙德认为："政治经济增长、发展、现代化、进步，不管我们如何称呼，内在必然都包含着四个因素支配的积极和向前发展的运动，亦即包括以下四个变量：两个政治变量，两个经济变量……两个政治变量是：①政府能力（或权力），②人民参政情况（或民主化）。这两个变量也叫做两个'P'（因为权力（power），参政（participation）这两个词以字母'P'开头）……两个经济变量是指经济的增长和分配或者是财富和福利。它们叫做两个'W'（因为财富（wealth），福利（welfare）都以字母'W'开头）。"〔2〕不难看出，阿尔蒙德把政治发展的衡量标准放在政治过程中政府的能力和效率、公众政治参与度以及这种政治导致的结果上。也就是说，政治的最终职能是分配。可以把政治过程中社会财富、权力、资源分配作为政治发展的一个衡量标准。只要政治过程导致了财富分配不公和贫富差距扩大，就是一种政治衰退。反之，如果是增进社会福利，降低贫富差距，就意味着政治发展。

最后，政治发展意味着国家建构、法治与民主之间的平衡。美国政治学家福山（F. Fukuyama）认为："构成政治秩序有三种基本类型的制度：国家、法治和负责制。国家是中央集权且

〔1〕［美］加布里埃尔·A.阿尔蒙德、小 G. 宾厄姆·包威尔：《比较政治学：体系、过程和政策》，曹沛霖等译，东方出版社 2010 年版，第 21 页。

〔2〕［美］阿尔蒙德："发展中的政治经济"，载［美］塞缪尔·亨廷顿等著，罗荣渠主编：《现代化：理论与历史经验的再探讨》，张景明译，上海译文出版社1993 年版，第 365~366 页。

等级分明的组织，在界定领土上享有合法的武力垄断……法治为一套行为准则，反映社会中的普遍共识，对每个人都具有约束力，包括最强大的政治参与者，如国王、总统和总理……负责制，是指政府关心社会整体的利益——亚里士多德所谓的共同利益——而不是狭隘的自身利益。"[1]他之前在《政治秩序的起源》中提出了一个著名的判断：真正的政治发展是国家建构（state-building）、法治（rule of law）与民主（democracy）之间的平衡。实现国家富强、民主、安全、治理良好，而且只有低水平的腐败，是称职的国家、强有力的法治和民主负责制三者平衡的逻辑结果，也是政治发展的最终表现。

三、社会变迁

社会学家和人类学家往往把社会发展看成是社会变迁的一个方面。所以，分析社会学视阈的社会发展需要从社会变迁理论入手。在他们看来，社会变迁至少包括前进和倒退两个向度。社会变迁的主要诱发因素有七种："物质环境、人口、技术、非物质文化、文化进程、经济发展和促进变迁的有目的努力。"[2]而社会发展指整个社会向前运动的过程，亦即构成社会的各种要素（非经济部分）前进的、上升的变迁过程。

社会变迁理论主要有社会文化进化论（sociacultural evolutionary theory）、循环论（cyclical theory）、功能论（structure functionalism）和冲突论（conflict theory）。社会文化进化论认为，社会和文化随着时间的不断推移而逐渐发展，从较为简单

---

〔1〕〔美〕弗朗西斯·福山：《政治秩序与政治衰败：从工业革命到民主全球化》，毛俊杰译，广西师范大学出版社 2015 年版，第 19~20 页。

〔2〕〔美〕戴维·波普诺：《社会学》（第 11 版），李强等译，中国人民大学出版社 2010 年版，第 672 页。

的形式向比较复杂和高级的形式演进。当代社会文化进化论者看重论述三个进化趋势对社会发展的特殊意义：一是技术发展（technological developments）提高了社会控制环境的能力；二是群体、组织和社会设置的进一步专门化的过程；三是社会构成要素的功能性相互依赖，每个社会的构成单位都要更加依赖于其他构成单位的帮助而得以执行自己的任务。循环论者认为，人类社会并非单线性进化，而是要经历一系列无方向性的、连续的成长、衰落、挑战和反应的变化。德国历史学家斯宾格勒（O. Spengler）在其名著《西方的没落》（*The Decline of the Wset*）中提出，社会是一个活的有机体，而且任何社会都要经历出生、童年、成熟、衰退和瓦解的过程。英国历史学家汤因比（A. Toynbee）在《历史研究》（*A Study of History*）一书中指出："迄今有历史记录的各个文明，都是已经发生过了的客观真实，在不同的历史时期，它们大多数的发展程度也有所不同。其中有些已经夭折，有些在经过了一段蜕变的过程后，以解体而告终。"[1]在汤因比看来，历史上的各个文明（civilizations）都经历了起源、成长、衰落和解体几个阶段。由此可见，社会是循环发展的，而且这种循环是可以重复多次的。功能主义者帕森斯（T. Parsons）认为，社会是一个各部分之间相互依存的体系，社会变迁既源于一个特定体系的外部，也可以产生于体系内部的张力和紧张关系（strain）。社会冲突论的开山鼻祖是马克思。这一派社会学理论认为，社会变迁主要是由社会冲突引起的，造成社会冲突的根本原因是权力和权威的不平等分配。

---

〔1〕［英］阿诺德·汤因比：《历史研究》（插图本），刘北成、郭小凌译，上海人民出版社 2005 年版，第 21 页。

第三节 马克思主义社会发展理论

一、基本命题

英文词典显示，动词"develop"在英语中包含三层含义，即"改变""显现"和"显影"（摄影冲洗胶片专用术语）。正是在这三重意蕴中，蕴含着深刻的哲学意涵。任何发展都意味着改变性运动，是事物不断前进的过程，是由小到大，由简到繁，由低级到高级，由旧物质到新物质的运动变化过程。马克思主义的发展哲学，是"理论化、系统化的发展观，是对经济、政治、文化、社会、生态以及人的发展知识的概括和总结"，[1]主要包含以下基本命题：发展是前进运动；发展过程存在自在过程（自然运动）和自为过程（社会运动）两种既相互联系又相互区别的过程，两种发展过程都是符合规律的运动；社会发展过程是决定性和选择性的统一；社会发展过程是同一性和多样性的过程；社会发展的基本动力是生产力和生产关系的矛盾运动，直接动力是阶级斗争；人民群众是历史的创造者。[2]本章讨论的重点是社会发展，主要研究"人的有目的的活动"。[3]通过对马克思主义社会发展哲学的梳理，不难看出人类的经济活动（占主导地位的生产关系）在马克思主义社会发展理论中的核心地位，以至于西方许多学者把历史唯物主义学说所蕴含的发展观肤浅地称为"经济决定论"。

---

〔1〕 邱耕田："发展哲学的五大前沿课题"，载《人民日报》2016年3月21日。

〔2〕 李秀林、王于、李淮春主编：《辩证唯物主义和历史唯物主义原理》，中国人民大学出版社1995年版，第235~276页。

〔3〕 《列宁全集》（第55卷），人民出版社1990年版，第158页。

二、基本向度

马克思主义的社会发展观可以从宏观与微观两个方面来理解。从宏观上来看，"它既包括马克思主义关于社会存在与社会意识、人的社会行动、社会结构、社会形态与社会演进、阶级斗争的学说，也包括权力、统治、官僚制，以及国家与社会的关系等问题"；从微观方面来看，社会发展"指的是马克思主义的社会演进与社会形态的学说"。[1]通常意义上的马克思主义的发展观，主要是从微观层面来思考人类社会的阶段性的发展和社会演进的主体、目标和动力三个维度的运行机制（如图 3-1 所示）。

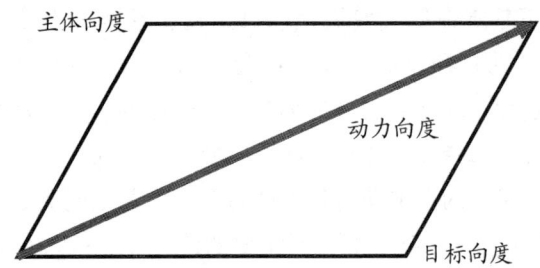

图 3-1　马克思主义社会发展观的三个向度

资料来源：作者自行绘制。

（1）主体向度。社会发展离不开人的活动。马克思和恩格斯在《德意志意识形态》中把人的存在作为"全部人类历史的第一个前提"，[2]在《路易·波拿巴雾月十八日》中明确提出

---

〔1〕　鲍宗豪主编：《当代社会发展导论》，华东师范大学出版社 1999 年版，第 85 页。

〔2〕《马克思恩格斯文集》（第 1 卷），人民出版社 2009 年版，第 519 页。

"人们自己创造自己的历史"。[1]在马克思主义看来，人民群众是社会发展的真正主体，即人民"是经济、政治、文化、利益价值主体的具体内容；人民为主体的经济、政治、文化条件构成人民主体思想的主要逻辑系统。马克思人民主体思想以实现人民主体目标为旨归，实现人类解放是充分实现人民主体目标的条件"。[2]"在这个共同体中每个人都是作为个人参加的。它是每个人的这样一种联合（自然是以当时发达的生产力为前提的），这种联合把个人的自由发展和运动的条件置于他们的控制之下。"[3]特别地，马克思、恩格斯在《神圣家族》这篇著作对鲍威尔的英雄史观的批判中，表达了人民群众是历史的创造者和推动者的观点。他们指出，历史是"人的活动"，而"人的活动"就是群众创造历史的活动，因为"思想本身根本不能实现什么东西，思想要得到实现，就要有使用实践力量的人"，[4]而使用实践力量的人，就是人民群众。不是意识决定历史和群众，而是群众决定意识和历史，"群众给历史规定了它的'任务'和它的'业务'"。[5]群众不仅创造了物质财富，也创造了精神财富，"历史活动是群众的活动，随着历史活动的深入，必将是群众队伍的扩大"。[6]不可否认，人民群众是社会发展的主体力量。

（2）目标向度。在马克思主义看来，发展的最终目标是实现人的"自由而全面发展"。1894 年，恩格斯在答朱泽培·卡内帕的信中写道："除了《共产党宣言》中的下面这句话，我再

---

〔1〕《马克思恩格斯文集》（第 2 卷），人民出版社 2009 年版，第 470 页。

〔2〕刘真金："马克思人民主体思想研究"，中南大学 2012 年博士学位论文。

〔3〕《马克思恩格斯文集》（第 1 卷），人民出版社 2009 年版，第 573 页。

〔4〕《马克思恩格斯文集》（第 1 卷），人民出版社 2009 年版，第 320 页。

〔5〕《马克思恩格斯文集》（第 1 卷），人民出版社 2009 年版，第 285 页。

〔6〕《马克思恩格斯文集》（第 1 卷），人民出版社 2009 年版，第 287 页。

也找不出合适的了：'代替那存在着阶级和阶级对立的资产阶级旧社会的，将是这样一个联合体，在那里，每个人的自由发展是一切人的自由发展的条件。'"[1]阿玛蒂亚·森在《以自由看待发展》一书中更是全力支持马克思主义的观点。他说："自由不仅是发展的首要目的，也是发展的主要手段。"[2]不同类型的自由可以相互增强，反之亦然，不同类型的不自由会加剧不自由，"经济不自由可以助长社会不自由，正如社会或政治不自由也会助长经济不自由一样"。[3]所以，有学者将马克思主义发展观概括为："社会发展是由社会内部矛盾所推动的包括经济、政治和文化发展在内的阶段性和整体性的变迁过程，其根本目标是为了促进人的全面而自由的发展。"[4]所以，佩鲁说："发展越来越被看作是社会灵魂的一种觉醒。"[5]

（3）动力向度。任何社会的发展和发展目标的实现均离不开人的参与和努力，而人的行为选择和实践意志往往取决于动力机制，马克思主义发展哲学的动力机制就是基于人的需要的利益机制及社会矛盾机制。发现社会发展的两个动力机制是马克思、恩格斯天才般的成就。从此，人类真正揭开了社会发展的神秘面纱。马克思主义认为，"现在的社会不是坚实的结晶体，而是一个能够变化并且经常处于变化过程中的有机体"，[6]而

---

〔1〕《马克思恩格斯选集》（第4卷），人民出版社1995年版，第730~731页。

〔2〕［印］阿玛蒂亚·森：《以自由看待发展》，任颐、于真译，刘民权、刘柳校，中国人民大学出版社2002年版，第7页。

〔3〕［印］阿玛蒂亚·森：《以自由看待发展》，任颐、于真译，刘民权、刘柳校，中国人民大学出版社2002年版，第5~6页。

〔4〕张昌林："科学发展观：对马克思主义发展观的继承与创新"，载《广西社会科学》2004年第12期。

〔5〕［法］弗朗索瓦·佩鲁：《新发展观》，张宁、丰子义译，华夏出版社1987年版，第112页。

〔6〕《马克思恩格斯全集》（第23卷），人民出版社1972年版，第12页。

且，人类社会的变化和发展具有一定的规律性，其运动发展根源于事物的内部矛盾。历史唯物主义把生产力和生产关系、经济基础和上层建筑视为社会最基本的矛盾。毛泽东指出："唯物辩证法的宇宙观主张从事物的内部、从一事物对他事物的关系去研究事物的发展，即把事物的发展看做是事物内部的必然的自己的运动，而每一事物的运动都和它的周围其他事物互相联系着和互相影响着。事物发展的根本原因，不是在事物的外部而是在事物的内部，在于事物内部的矛盾性。"[1] 所以，社会发展就是社会内部两对基本矛盾运动的结果。

马克思在《〈政治经济学批判〉序言》中进一步分析了社会矛盾推动社会发展的具体过程。他认为："社会的物质生产力发展到一定阶段，便同它们一直在其中活动的现存生产关系或财产关系（这只是生产关系的法律用语）发生矛盾。于是这些关系便由生产力的发展形式变成生产力的桎梏，那时社会革命的时代就要到来了。随着经济基础的变更，全部庞大的上层建筑也或慢或快地发生变革。"[2] 通俗地讲，人类社会历史的发展是生产力和生产关系矛盾运动的结果，而社会生产力是社会发展的决定性力量和终极动因。当生产关系与生产力相适应的时候，社会就会向前发展，一旦占主导地位的生产关系不能适应生产力的发展、落后于生产力的发展，就会束缚、禁锢生产力的发展。这时，社会革命将被迫产生，生产力将打破、挣脱旧的生产关系和上层建筑的枷锁，促进社会发展，产生新的与之相适应的生产关系。

之前，学术界主要把马克思主义关于社会发展的矛盾动力系统定位在经济领域、政治领域，亦即把目光聚焦在生产领域

---

〔1〕《毛泽东选集》（第1卷），人民出版社1991年版，第301页。

〔2〕《马克思恩格斯选集》（第2卷），人民出版社1972年版，第82~83页。

的经济危机和政治领域的阶级斗争对社会发展的推动作用上，而对系统作用于这两大基本矛盾的因素以及因素之间的矛盾关注不够。在马克思看来，社会是一个有机体，在《德意志意识形态》中，马克思提出了社会有机体的前提性构成要素，即自然环境和人口因素。马克思指出："全部人类历史的第一个前提无疑是有生命的个人的存在。因此，第一个需要确认的事实就是这些个人的肉体组织以及由此产生的个人对其他自然的关系。当然，我们在这里既不能深入研究人们自身的生理特性，也不能深入研究人们所处的各种自然条件——地质条件、山岳水文地理条件、气候条件以及其他条件。任何历史记载都应当从这些自然基础以及它们在历史进程中由于人们的活动而发生的变更出发。"[1]在马克思看来，社会有机体主要包括物质资料生产方式、社会上层建筑、社会意识等要素。具体而言，社会有机体以人和自然环境为前提，以经济形态为质的规定性，以基于经济、政治、文化各要素的相互作用的整体性为其运行规律。[2]由此可知，社会有机体的各个构成要素之间在一定的条件下均可能产生矛盾，引发、促动、加速社会基本矛盾发展，从而推动社会发展。在马克思生活的资本主义早期，经济领域，尤其是生产领域的矛盾尤为突出，使得生产过剩的经济危机周期性爆发，经济危机加剧阶级分化和阶级矛盾，导致社会革命。之后，依次出现消费领域的矛盾和生态危机、意识形态领域的矛盾和技术危机等。

---

〔1〕《马克思恩格斯文集》（第1卷），人民出版社2009年版，第519页。

〔2〕徐子棉："马克思社会有机体理论对当代中国现代化全面启动的实践效应"，载《甘肃理论学刊》2012年第4期。

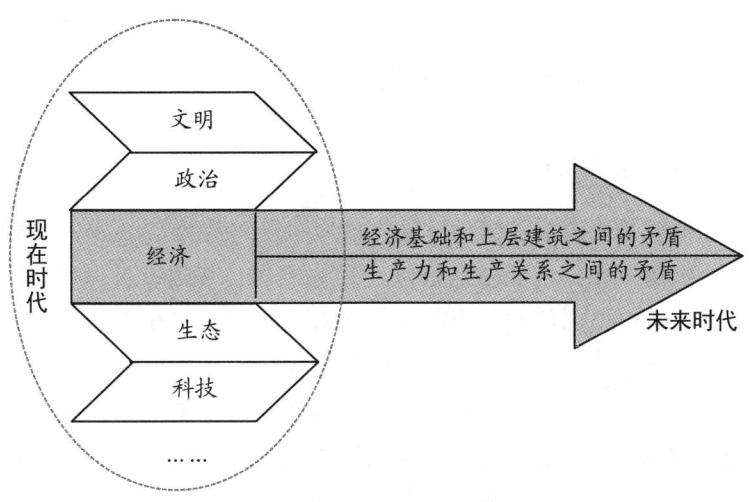

图3-2 马克思主义发展哲学矛盾动力系统

资料来源：作者自行绘制。

由此，我们可以得出如下结论：社会发展是一个由社会有机体中构成要素之间的矛盾所推动的过程。只不过在不同的时期和不同的条件下会出现不同的主要矛盾，这些矛盾通过不同的途径和方式引发社会基本矛盾运动（如图3-2所示）。所以，摒弃自然与生态危机、文化与文明冲突、思想与意识形态冲突、科技与技术危机等诸多因素的构成的矛盾体统的作用，孤立、片面地看待马克思主义的社会发展规律，亦即局限于政治领域和经济领域来看待社会矛盾是对马克思主义的曲解和阉割。而前者正是后来生态马克思主义者在历史唯物主义中找寻到的生态火花。美国生态马克思主义者福斯特和英国生态马克思主义者佩珀就认为，历史唯物主义本身就蕴含着丰富的生态思维方式，本质上就是一种生态唯物主义哲学。

第四节　马克思主义绿色发展观

一、概念辨析

研究马克思主义绿色发展观的第一要务是准确界定这个概念，廓清概念的内涵与外延以及相关概念。查阅资料，我们发现了一个突出的问题：当前学术界对马克思主义生态哲学、生态世界观、可持续发展、环境保护与绿色发展观的边界区分仍然比较模糊且缺乏广泛的认同，许多研究甚至未做任何区分便随意使用这些概念，这不利于研究的进一步展开。在此，笔者将对有关马克思主义绿色发展观的许多概念进行订正明晰，以便进行理论叙述。

（1）生态哲学与绿色发展。生态哲学（ecological philosophy），亦即生态学的世界观，是人类运用生态学的基本观点、基本方法来观察现实事物和理解现实世界的理论，以人与自然的关系为基本研究方向，从人与自然的相互作用的角度去认识世界和解释世界。[1]绿色发展（green development）是传统发展模式基础上的一种发展模式创新，更多是动态地指向经济社会发展方式。绿色发展是建立在生态环境容量和资源承载力的约束条件下，将环境保护和经济社会可持续发展协同推进的一种新型发展模式。

（2）生态文明与绿色发展。生态文明建设必须以绿色发展和经济繁荣为基础。党的十八大把生态文明建设同中国特色社会主义经济建设、政治建设、文化建设和社会建设提高到同等重要的位置，构成"五位一体"的总体布局，并明确提出"建

---

〔1〕　余谋昌：《生态哲学》，陕西人民教育出版社 2000 年版，第 33~37 页。

设生态文明，是关系人民福祉、关乎民族未来的长远大计。面对资源约束趋紧、环境污染严重、生态系统退化的严峻形势，必须树立尊重自然、顺应自然、保护自然的生态文明理念"。生态文明（eco-civilization）是人类为保护和建设美好生态环境而取得的物质成果、精神成果和制度成果的总和。生态文明是人与自然、人与人、人与社会和谐共生，形成资源节约、环境保护和经济增长的状态。生态文明已然成为社会实践的一个重要价值目标，而绿色发展作为强调生态保护与经济发展相结合的经济发展模式将成为社会发展的一个基本理念，成为实现生态文明的一种发展方式（详见表3-1）。

表3-1 绿色发展观相关概念比较

相关概念	内涵	关系
生态哲学	理论化的生态世界观和方法论，运用生态学的基本观点、基本方法来观察现实事物和理解现实世界的理论	生态哲学是绿色发展和可持续发展的哲学基础
可持续发展	既满足当代人的需求，又不对后代人满足其需求的能力构成危害的发展	连接生态哲学和绿色发展中观层次的发展理念
绿色发展	建立在生态环境容量和资源承载力的约束条件下，将环境保护和经济社会可持续发展协同推进的一种新型发展模式	绿色发展是实现可持续发展的有力途径
生态文明	生态文明是人类为保护和建设美好生态环境而取得的物质成果、精神成果和制度成果的总和	可持续发展、绿色发展的成果

二、概念释义

马克思主义绿色发展观是一个十分具有中国特色、中国气派和中国风格的理论范畴，是马克思主义真正意义上的"自然界的复活"，是历代中国马克思主义者在应对全球化生态危机、应对中国发展资源环境瓶颈、探索中国特色社会主义发展道路过程中的理论创新。以上对马克思主义社会发展观和生态哲学等相关概念和理论的分析，给笔者界定马克思主义绿色发展观提供了思路。笔者认为，准确地界定马克思主义绿色发展观最起码要考虑如下因素：唯物史观、广义的马克思主义理论体系、社会主义制度、经济发展、环境保护和可持续发展。其中，社会主义制度是讨论马克思主义绿色发展观的制度基础和基本底色，因为资本主义也追求绿色发展，但与马克思主义绿色发展观有本质区别，因此一旦离开这个约束性条件，就失去了研究的意义与价值。资本主义制度下的绿色发展，无法超越资本逻辑的控制，终归是一种临时性策略，这就是马克思主义绿色发展观与其他绿色发展的本质区别。据此，可以将马克思主义绿色发展观总结如下，即始终坚持社会主义制度和持续发展为第一要务，以人的全面自由发展为目标，遵循以人为本的发展德性，坚持自然的优先性，坚持绿色发展、低碳发展、平衡发展、共享发展和可持续发展，建设绿色家园和打造人类绿色命运共同体。

三、特征解析

马克思主义绿色发展观作为一种超越资本主义制度的发展观，内生于社会主义制度，具有以下几个方面的特征：

首先，马克思主义绿色发展观脱胎于其生态哲学，马克思、恩格斯的著作中蕴含丰富的生态哲学思想。诚如毛泽东所说："马克思这些老祖宗的书，必须读，他们的基本原理必须遵守，这是第一。但是，任何国家的共产党，任何国家的思想界，都要创造新的理论，写出新的著作，产生自己的理论家，来为当前的政治服务，单靠老祖宗是不行的。"〔1〕毛泽东同志的指导性发言确定了以马克思主义基本原理为纲，以创新为宗旨的当代马克思主义绿色发展观建构的基本道路。

其次，马克思主义绿色发展观的理论前提是尊崇自然。有学者提出了"绿色马克思主义"的概念。他们认为，通过对马克思恩格斯的自然观、人与自然的关系以及如何通过马克思主义来理解当代生态问题这三个层面问题的系统解读，可以建构一种当代绿色马克思主义。〔2〕2015 年 9 月 28 日，习近平总书记在第 70 届联合国大会一般性辩论时指出："我们要构筑尊崇自然、绿色发展的生态体系。人类可以利用自然、改造自然，但归根结底是自然的一部分，必须呵护自然，不能凌驾于自然之上。"〔3〕只有充分认识到地球和人类是一个命运共同体，处理好人类社会发展和理性开发自然的关系，确保大自然的生态自我修复能力不被损伤，才能实现绿色发展和推进生态文明。

最后，马克思主义绿色发展观的根本方法是辩证发展。辩证发展就是要在经济社会发展和生态环境保护之间找到恰当的"度"，既不能因为发展而伤及生态环境，也不能因为生态环境建设而放弃发展。显然，绿色发展观的方法论与中国传统智慧——中庸——有着异曲同工之妙。儒家"执两用中"的中庸

---

〔1〕《毛泽东文集》（第 8 卷），人民出版社 1999 年版，第 109 页。

〔2〕 黄瑞祺、黄之栋："绿色马克思主义的抽象与具体：马克思恩格斯思想的生态轨迹总结篇"，载《鄱阳湖学刊》2010 年第 3 期。

〔3〕 习近平："携手构建合作共赢新伙伴，同心打造人类命运共同体"，载《人民日报》2015 年 9 月 29 日。

就蕴含着人类发展把握度和分寸的深刻思想。众所周知，对于"中庸"的解释最权威的有郑玄、程颐、朱熹三家。郑玄说："名曰'中庸'者，以其记中和之为用也，庸，用也。"程颐说："不偏谓之中，不易之谓庸。中者天下正道，庸者天下之定理。"朱熹说："中者，不偏不倚，无过不及之名，庸，常也。"（《中庸章句》）用现在的话说，"中庸"就是恰到好处，既不多、不过头，也不少、不差火候。无论是马克思主义生态哲学，还是西方的生态社会主义，还是各种各样的反对消费主义的思潮，都反对铺张浪费、过度消耗自然、过分攫取自然，反对高消费、高污染的发展理念，奉行"够了就好"的理念。这种发展理念在中国文化中可以找到丰富的思想资源。回到发展观上来反思"中庸"方法，一方面是要不浪费资源能源、物尽其用，以最少的资源实现最大的发展，充分发挥各种资源的效益；另一方面，绿色发展观的第一要义同样也是发展，所以我们不能因考虑到生态问题、环境问题而畏首畏尾、裹足不前，不敢合理改造自然、利用自然。

第五节　小结

生态哲学和绿色发展是两个不同的概念。有时在使用上甚至会出现重叠和混淆，因此，厘清二者的概念具有十分重要的学术价值。生态哲学是运用生态学的基本观点和方法观察现实事物和理解现实世界的理论，以人与自然的关系为基本研究方向，从人与自然相互作用的角度去认识世界和解释世界。[1]在这一章中，笔者试图对马克思主义绿色发展观作一个界定，就

---

〔1〕　余谋昌：《生态哲学》，陕西人民教育出版社2000年版，第33~37页。

必然涉及社会发展观和如何发展的问题。发展是人类社会永不厌倦的话题。从蒙昧时代开始，人类就开始思考人类社会发展以及人类未来命运等问题，产生了各种各样的发展观，如神学发展观、唯心主义发展观、空想社会主义发展观、机械唯物主义发展观等。在这些发展观的指导下，我们有过辉煌，但更多的是被导向了错误的方向。历史唯物论的出现，揭开了历史的秘密，给人类社会的发展指明了正确的方向。对于马克思主义绿色发展观，有几个问题需要进一步强调：

第一，马克思主义对人与自然关系的理解构成其绿色发展观的理论源泉。无论是普列汉诺夫的"地理环境制约论"、布哈林的"系统平衡论"，还是卢卡奇的"自然是一个社会范畴"、哈贝马斯的"三个自然"（需求自然、客观自然、自在自然）都可以在青年马克思的著作《1844 年经济学哲学手稿》中找到雏形。霍克海默和阿多诺的"自然反抗"和马尔库塞的"解放自然"思想则是在发达工业社会时期对马克思主义辩证自然观的发展。如此等等。所以，从广义的马克思主义视域来看，它们的理论统一和交汇于马克思和恩格斯的自然观。当然，对于有些自封为马克思主义却又包含反马克思主义内容的观点则被屏蔽在了本书的研究范围之外。

第二，马克思主义生态哲学、绿色发展观与科学发展观、可持续发展观相辅相成，侧重各异。四者之间存在天然的联系：一方面，四者的研究对象相同，都是人与自然的关系；另一方面，四者的理论基础有着必然的联系，都是直接或间接地以马克思主义理论为基础，西方马克思主义者一贯主张对马克思主义进行发展、补充或修正，并没有否认它们属于马克思主义阵营的地位。区别主要是，研究的角度有所差异。马克思主义生态哲学注重宏观解释，科学发展观和可持续发展观是中观理论，着眼于目标，而绿色发展观则着眼于微观阐释，更多地指向方法和手段。

第三，马克思主义绿色发展观的内在价值与普遍价值的关系。研究表明二者是一种辩证的关系，存在共同的性质，但是差别是明显的，其区别主要表现为是否坚持马克思主义的指导地位，是否坚持马克思主义的科学立场和方法论。

理论的魅力在于它的真理性、完备性和自洽性。由此，找到马克思主义绿色发展观的理论硬核就显得尤为重要。所以，我们将在下一章中引入拉卡托斯的"科学研究纲领方法论"，梳理唯物主义历史观在生态问题上的表达，彰显历史唯物主义与生态学的关系，探讨马克思主义绿色发展观的理论硬核及其相关问题。

第四章　马克思主义绿色发展观的理论硬核

> 历史唯物主义可以为针对威胁和危害当今社会的环境问题所提出的政治发展对策提供一个解释性和规范性的框架。[1]
>
> ——［英］乔纳森·休斯：《生态与历史唯物主义》

> 事实上，由于"全球化"正在带来的经济、社会和环境威胁，社会主义和共产主义理论与实践变得比以往任何时候都更需要。[2]
>
> ——［美］戴维·佩珀：《生态社会主义：从深生态学到社会正义》

英国哲学家拉卡托斯（I. Lakatos）的精致的证伪主义——"科学研究纲领方法论"为科学研究提出了一个十分具有启发性的理论构建范式（paradigm）。[3]一方面，拉卡托斯的研究纲领

---

〔1〕［英］乔纳森·休斯：《生态与历史唯物主义》，张晓琼、侯晓滨译，铁省林校，江苏人民出版社 2011 年版，第 1 页。

〔2〕［美］戴维·佩珀：《生态社会主义：从深生态学到社会正义》，刘颖译，山东大学出版社 2012 年版，第 1 页。

〔3〕"范式"（paradigm）这个概念和理论是美国著名科学哲学家库恩（T. Kuhn）在《科学革命的结构》（*The Structure of Scientific Revolutions*）（1962）中提出并系统加以阐述的。库恩的范式论主要是针对逻辑实证主义和波普尔的证伪主义而提出来的，指的是一个共同体成员所共享的信仰、价值、技术等的集合。在库恩看来，每一个

是一个开放结构，"由若干方法论规则构成：有些告诉我们应该避免哪些研究途径（反面启发法），另一些告诉我们应该遵循哪些研究途径（正面启发法）"。[1]另一方面，拉卡托斯提出，每一个纲领都有一个"硬核"，亦即作为该研究纲领的基础的基本假设。在一个研究纲领建构的过程中，反面启示禁止把矛头指向这个硬核，也就是说，规定反面启示不得摈弃或修改硬核。一旦对理论硬核进行修改就意味着放弃了这个研究纲领。此外，拉卡托斯认为，在每个理论硬核周围均有一个由各种辅助假设、初始条件等组成的"保护带"，以防这个研究纲领被证伪。当研究纲领与观察、实验资料乃至其他理论相抵触时，就有必要调整"保护带"的辅助假设以保护硬核，避免整个理论大厦倒塌。上一章探究了马克思主义绿色发展观的基本内涵，为进一步深度研究马克思主义绿色发展观打下了理论基础。笔者认为，为确保马克思主义在未来的绿色发展的道路上不偏离正确航向，需要找准其理论硬核。本章的主要任务就是从历史唯物主义的理论视野，考察广义马克思主义绿色社会发展观的理论硬核，为走出当前全球性生态危机和自然危机提供坚定的方向性指导。

（接上页）科学发展阶段都有特殊的内在结构，而体现这种结构的模型即范式，通常是指常规科学所赖以运作的理论基础和实践规范，是从事某一科学研究的研究者群体所共同遵从的世界观和行为方式，开展科学研究、建立科学体系、运用科学思想的坐标、参照系与基本方式，科学体系的基本模式、基本结构与基本功能。（参见全增嘏主编：《西方哲学史》（下册），上海人民出版社1994年版，第703~706页。）

　　　[1]　转引自全增嘏主编：《西方哲学史》（下册），上海人民出版社1994年版，第699页。

第一节　理论硬核甄别

一、文本证据

在马克思、恩格斯的文本中可以找到许多关于历史理论中对人类依赖自然的论述。《德意志意识形态》在一开始就有这样一段论述："全部人类历史的第一个前提无疑是有生命的个人的存在。因此，第一个需要确认的事实就是这些个人的肉体组织以及由此产生的个人对其他自然的关系。当然，我们在这里既不能深入研究人们自身的生理特性，也不能深入研究人们所处的各种自然条件——地质条件、山岳水文地理条件、气候条件以及其他条件。任何历史记载都应当从这些自然基础以及它们在历史进程中由于人们的活动而发生的变更出发。"[1]我们从这段文字可以看出马克思主义生态哲学的几个重要理论命题：其一，人类是自然的一部分；其二，人类依赖于自然环境；其三，人与自然的关系是具体的历史的统一。在《关于费尔巴哈的提纲》中，马克思指出："关于环境和教育起改变作用的唯物主义学说忘记了：环境是由人来改变的，而教育者本人一定是受教育的……环境的改变和人的活动或自我改变的一致，只能被看做是并合理地理解为革命的实践。"[2]在此，我们可以读出人与环境的互动性，亦即人创造环境，环境也反过来创造人。在《1844年经济学哲学手稿》中，马克思把自然纳入异化的范围，并强调自然通过劳动产品而直接进入人类历史，揭示了"私有财产制度与自然的对立"的普遍性以及自然异化的私有财产制

---

〔1〕《马克思恩格斯选集》（第1卷），人民出版社1995年版，第67页。

〔2〕《马克思恩格斯文集》（第1卷），人民出版社2009年版，第500页。

度的根源性。在《共产党宣言》中，马克思和恩格斯提出，解决生态问题有赖于超越资产阶级社会。《资本论》揭示了资本价值观内在地蕴含效用优先和无尽增殖的逻辑，加之与自由市场结合必然把自然界和人类社会引向毁灭。由于本书篇幅有限，未能对马克思和恩格斯的生态哲学的文本一一进行列举，他们主要的文本与生态哲学思想如表 4-1 所示。

表 4-1　马克思恩格斯经典文本中的生态哲学思想

作者	文 本	生态哲学核心思想
马克思	中学毕业论文	人神合一论：自然本身给动物规定了它应该遵循的活动范围；神也给人指定了共同的目标——使人和他自己趋于高尚
	博士论文	无神论：人同自然环境的相互关系的辩证性
	《1844 年经济学哲学手稿》	实践观：自然异化；实践的人化自然观；人是自然界的产物
	《关于费尔巴哈的提纲》	人创造环境，环境也创造人
	《资本论》	资本主义生态学批判；自然生产力；循环经济；合理控制人与自然之间的物质变换；新陈代谢理论
恩格斯	《乌培河谷的来信》	关注生态环境污染
	《英国工人阶级状况》	近代环境污染类型、危害及对工人的悲惨处境的人道关怀
	《政治经济学批判大纲》	生产过程就是自然和人这两个对立要素的辩证统一；土地和人类的生产力的关系
	《劳动在从猿到人转变过程中的作用》	生产意味着人对自然界进行改造的反作用
	《反杜林论》	人与自然和谐共处

作者	文　本	生态哲学核心思想
合著	《自然辩证法》	警惕自然界对人类的报复
	《家庭、私有制和国家的起源》	人类文明起源的生态前提
	《神圣家族》	自然物质存在是人的劳动和生产能力得以实现的前提
	《德意志意识形态》	人类历史的物质前提；人与自然关系是具体的历史的统一

资料来源：作者根据《马克思恩格斯全集》（第1、2、20、23、25、40、42、45卷）；《马克思恩格斯选集》（第1、3卷）等文本整理。

通过对马克思恩格斯主要著作的简要分析我们可以得出如下结论：历史唯物主义并不缺乏生态向度。由于马克思和恩格斯在《共产党宣言》中流露出了对资本主义制度的创造力、资产阶级文明的赞美和对"自然力的征服"的向往，表达过对"整个大陆的开垦"的称颂，所以常常被一些人断章取义地误读成一个"反生态的"文本，甚至认为历史唯物主义没有给生态文明建设和绿色发展留下理论空间。事实并非如此，美国生态马克思主义者福斯特和英国生态马克思主义者佩珀等考证的结果是：历史唯物主义内在地包含了生态学思维方式，它本质上就是一种生态唯物主义哲学。在福斯特看来，唯物主义和生态思维并无二致。奥康纳在历史唯物主义中嵌入了"文化维度"和"自然维度"，凸显了自然因素和文化因素对人类历史活动的行为规范的作用。事实也如此，马克思主义始终看重地理环境在人类社会历史发展中的作用。正如美国生态马克思主义者佩珀所说，当今比以往任何时候都更需要马克思的生态理论。

二、硬核指认

现在最重要的问题是依据什么样的标准遴选理论硬核及其保护带。通过拉卡托斯的"科学研究纲领方法论"对马克思主义的社会发展理论和生态哲学思想进行梳理，有助于我们找到其绿色发展观的理论硬核。环绕马克思主义与绿色发展这两个关键词，我们从社会发展的关系层面、方式层面、制度层面和目标层面等四个层面进行了理论梳理，提出了马克思主义绿色发展观的四个理论硬核，分别是辩证的人类中心主义、可持续发展、社会主义制度和人的自由全面发展（见表4-2、图4-1）。考虑到可持续发展在国内外讨论得已经十分充分，在此不再赘述，而是把研究和分析的重点放在其他三个硬核上面。

表4-2　马克思主义绿色发展观理论硬核甄别

遴选思路	代表人物	主要观点	硬核指认
关系层面	马克思恩格斯	发展既是为了人，也是为了物。为了人就必须为了物，为了物是为了人更好存在。也就是说，人既是主体，也是客体。物并不是纯粹的客体，而是主体-客体。人与自然相互区分，相互依存，相互作用，相互促进	辩证的人类中心主义 dialectical anthropocentrism
方式层面	罗马俱乐部 江泽民	既满足当代人的需要，又不损害后代人满足其需要的发展；人口增长与社会生产力的发展相适应，使经济建设与资源环境相协调，实现良性循环	可持续发展 sustainable development

遴选思路	代表人物	主要观点	硬核指认
制度层面	马克思 恩格斯 奥康纳 佩珀	共产主义作为完成了的自然主义＝人道主义，而作为完成了的人道主义＝自然主义；生态危机"内生"于资本主义制度，具有必然性，而对社会主义来说是"外生的"；生态与资本必然对立，要进行自然的社会主义式的重建	社会主义制度 socialist system
目标层面	马克思 恩格斯	社会的每一个成员都能完全自由地发展和发挥他的全部才能和力量，并且不会因此而危及这个社会的基本条件	人的自由全面发展 freedom and all-around development of human beings

资料来源：作者自行整理。

第二节　理论硬核说明

马克思主义绿色发展观的理论硬核（the theory programme of green development outlook of Marxism）的基本意涵主要表现在如下几个方面：其一，"马克思主义"表明其是对广义的马克思主义社会发展观的批判继承，受辩证唯物史观的宰制，并彰显社会主义和中国特色。其二，"绿色发展"是一个极具中国风格、中国气派的学术范畴，意指绿色经济与经济发展相互结合、环境保护与经济增长辩证统一、协同互动的经济发展模式，"发展"是其核心要义，"绿色"是其不逾铁律。其三，"马克思主义绿色发展观"除了说明其与马克思主义社会历史发展观相通之外，更多地是进一步把研究视阈转向历史唯物主义与生态的耦合，其主要内容聚焦于社会主义制度在工业化大生产中化解人与自然矛盾的优势、社会主义经济发展转型路径、经济发展新的推动力等方面，涵盖可持续发展、低碳发展、循环发展，依靠绿色产业、绿色产品、绿色消费、绿色文化，促进人与经济、社会、资源环境协调发展。其四，"硬核"旨在说明，本章所讨论的还不是体系化的理论，主要是试图抽象出马克思主义绿色发展观独特的"理论硬核"，为将来的理论体系建构奠定理论基石。

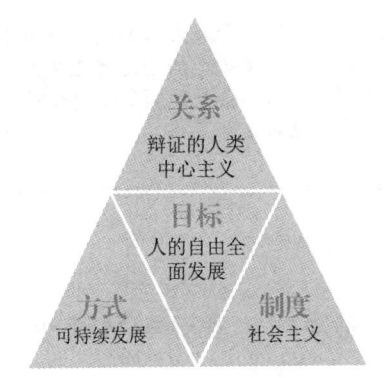

图4-1　马克思主义绿色发展观理论硬核

资料来源：作者自行绘制。

第三节　理论硬核解析

一、辩证的人类中心主义

人类中心主义的思想可谓源远流长，古希腊哲学家普罗泰戈拉提出的"人是万物的尺度"的命题标志着这种思潮的萌芽。康德提出的"人为自然立法"为这种思想奠定了理性的基础。

英国人培根提出"知识就是力量",洛克认为"对自然的否定就是通往幸福之路",这些思想最终把人类中心主义推向实践。毫无疑问,"人类中心主义是一种伟大的思想",在凸显人的独特存在价值和反抗中世纪的神学统治、恢复人的主体性等方面具有十分重要的价值——"它的产生是人类认识的伟大成就。它的实践建构了整个现代文明"。[1]然而,随着人与自然关系日益紧张、环境不断恶化,人类中心主义被形而上学地理解为绝对地以人为尺度,一切从人的利益出发,逐渐成为当前生态危机的思想层面的罪魁祸首。其实,这种论调本身是站不住脚的。正如余谋昌教授所说,"人类中心论是对人类价值的信仰以及对人的伟大创造力的理解",[2]也是人类利益的自觉意识显现和对人的生物本能超越的标志。

尽管在马克思、恩格斯的文本中,我们可以看到大量有关生态的论述,但一些西方学者仍然给马克思主义贴上了人类中心主义的"标签",把马克思主义与生态危机"绑定"在一起。在他们看来,马克思主义唯物史观以生产力与生产关系构成的生产方式为基础,且生产力最为能动且处于生产方式的中心地位,就为人类攫取自然、暴力征服自然提供了理由。众所周知,生产力在马克思主义那里被指认为人类征服自然和改造自然使其适应社会需要的客观物质能力。生产力的概念被西方学者误读出了人类支配自然的表象,读出了人的主体性和实践中改造客观世界的倾向和冲动。马克思主义因此被打上了一种生产力主义的印记,被冠以"反生态的人类中心主义",更被视为生态危机的"始作俑者"。英国生态马克思主义者本顿就认为,马克思和恩格斯未能看到自然的极限,把生产力和科技的发展看作

---

〔1〕　余谋昌:"走出人类中心主义",载《自然辩证法研究》1994年第7期。
〔2〕　余谋昌:"走出人类中心主义",载《自然辩证法研究》1994年第7期。

是无限的，把生产工具看作是衡量社会进步的标尺，是一种典型的"生产力主义""技术乐观主义"和"强人类中心主义"。此外，他们指认马克思主义是人类中心主义的另一个理由就是马克思主义强调主客二分，人是主体，人之外的一切存在都是客体。一切主客体的关系都隐含客体满足主体所需，为了主体的关系。从这一点出发，"主体对客体的作用是与满足自己的需要有关的"观点与人类中心主义的主张基本一致。

　　一些生态马克思主义者力求为传统马克思主义的人类中心主义立场辩护。格伦德曼试图重构马克思主义是人类中心主义的立场。他在《马克思主义与生态学》（*Marxism and Ecology*）一书中，就专门以"马克思的人类中心主义"为标题表达了自己的观点。在格伦德曼看来，相较于生态中心主义方法（eco-centric approach），人类中心主义方法（anthropocentric approach）能为评估生态问题提供更好的参考点，更能够确立一个清晰的标准以供我们判断现存的生态现象和解决生态问题。[1]马克思不是一个生态中心主义者，"明显具有一种人类中心主义的世界观，而且也没有给人探索自然设置什么障碍"。[2]格伦德曼认为，在理解自然、社会以及生态关系的问题时，其是一个人类中心主义者。其实不难看出，格伦德曼对人类中心主义给予了赞美，并重构了马克思主义的人类中心主义立场，但效果并不理想，在客观上弱化了传统马克思主义对资本主义制度和生态危机的分析。佩珀认为马克思是一种"弱人类中心主义"，当今比以往任何时候都更需要马克思的生态理论。在他看来："马克

---

〔1〕 R. Grundmann, "The Ecological Challenge to Marxism", *New Left Review*, 187, 1991, p. 112.

〔2〕 R. Grundmann, *Marxism and Ecology*, Clarendon：Oxford University Press, 1991, p. 58.

思主义确实以一种虽然比较含蓄但颇具意义的方式包含了足够的生态学观点。"[1]表面上看来，马克思的著作中存在大量有关控制自然的观点，但是这些思想并没有构造一种"专横的主仆关系"，客观上是"给予人类追求合法需求的过程中明智地改变自然能力的一种技巧和才智"。[2]休斯把马克思主义解读为一种宽泛的或扩展的人类中心主义。可以说，生态马克思主义所辩护的人类中心主义是一种真正意义上的人道主义或人本主义。

　　马克思主义无疑是人类中心主义，但绝不是中外学者所界定的五花八门的人类中心主义。无论是强化马克思主义人类中心主义的思潮，还是弱化其人类中心主义的理论，都不符合马克思主义的本真意涵。所以，要想清楚解释马克思主义对人与自然的关系及其理论的定位，引导人类走出生态危机的困境，实现人的自由而全面的发展，第一要务是要对人类中心主义的概念简史作一番清理（详见表4-3）。

表4-3　人类中心主义概念简史

划分视角	类　型	相关学者
人类在宇宙中的地位	宇宙人类中心主义、神学人类中心主义、生态人类中心主义	托勒密
人与自然关系的历史变迁	古代人类中心主义、近代人类中心主义、现代化人类中心主义	——
进化论	前达尔文式的人类中心主义、达尔文式的人类中心主义、现代的人类中心主义	墨迪

〔1〕　D. Pepper, *Eco-Socialism：From Deep Ecology to Social Justice*, London and New York：Routledge, 1993, p. 61.

〔2〕　D. Pepper, *Eco-Socialism：From Deep Ecology to Social Justice*, London and New York：Routledge, 1993, p. 62.

续表

划分视角	类　型	相关学者
范围广狭	狭义的人类中心主义、广义的人类中心主义	休斯 （J. Hughes）
人的主体利益的强弱	强式的人类中心主义、弱式的人类中心主义	叶平

资料来源：作者自行整理。

　　如果不加区分地肯定或否定人类中心主义，要么会造成理论上的混乱，要么会在实践上带来麻烦。马克思主义虽然强调主客二分，但在生态上主张把功利主义与超功利主义辩证统一起来，把人道主义和自然主义辩证统一起来。据此，笔者认为马克思主义绿色发展观的理论硬核是辩证的人类中心主义。其一，自然和人类之间没有绝对的边界和直接的分离，它们彼此是对方的一部分，人与自然不能排除一方与另一方的相互联系。物并不是纯粹的客体，而是主体-客体。其二，人与自然在一种循环的、相互影响的关系中不断地相互渗透和相互作用。[1]其三，辩证的人类中心主义的一个重要方面就是强调"社会-自然辩证法"，亦即"当人类通过生产改变自然时，也改变人类的自然即他们自己"。[2]马克思主义绿色发展观作为一种辩证的人类中心主义思想，包含着发展既是为了人，也是为了物的意涵。为了人就必须为了物，为了物是为了人更好的存在。人既是主体，也是客体。人与自然相互区分，相互依存，相互作用，相

　　　〔1〕　〔美〕戴维·佩珀：《生态社会主义：从深生态学到社会正义》，刘颖译，山东大学出版社 2012 年版，第 123 页。
　　　〔2〕　〔美〕戴维·佩珀：《生态社会主义：从深生态学到社会正义》，刘颖译，山东大学出版社 2012 年版，第 127 页。

互促进。总而言之，就是要处理好如下几个关系：一是人的类本性与自然性的辩证统一关系；二是以人为本和生态环保的辩证统一关系；三是工具理性和价值理性的辩证统一关系。同时，在推进绿色发展的过程中辩证处理好发展中的深层难题，即利用和限制资本、发展和驾驭科技、扩大和改变生产、刺激和引导消费等。[1]事实如此，过分强调人类中心和过分强调物中心，都与马克思主义的本质不相符，最终会导致一种形而上学的人类中心主义（绝对的人类中心主义）。只有持辩证的观点看待人与自然的关系，持中庸的态度，才能正确抽离出马克思主义辩证人类中心主义的理论硬核。

二、可持续发展

可持续发展（sustainable development）的理论最早在 20 世纪 80 年代由西方学者提出。中国在经过几十年粗放型经济发展之后实现了举世瞩目的经济增长，与此同时，资源消耗也十分明显，环境问题逐渐凸显出来，引起了党和人民的高度重视。1997 年，党的十五大把可持续发展战略确定为我国"现代化建设中必须实施"的战略。2002 年，党的十六大进一步把"可持续发展能力不断增强"列为全面建设小康社会的目标之一。2015 年 9 月 26 日，习近平总书记在联合国发展峰会上发表了题为《谋共同永续发展，做合作共赢伙伴》的演讲，明确提出了中国化马克思主义绿色发展的基本内涵。他指出："发展的最终目的是为了人民。在消除贫困、保障民生的同时，要维护社会公平正义，保证人人享有发展机遇、享有发展成果。要努力实现经济、社会、环境协调发展，实现人与社会、人与自然和谐

---

〔1〕　陈学明：《谁是罪魁祸首——追寻生态危机的根源》，人民出版社 2012 年版，第 595~608 页。

相处。"〔1〕资本主义经济畸形增长造成生态环境不断恶化，导致了人与自然关系的异化，科学技术的进步反而使人的生命化为愚钝的物质力量，使得人类不断地丧失"生态家园"和"精神家园"。〔2〕

可持续发展是马克思主义绿色发展观的理论硬核，与科学发展观一脉相承，共同书写了马克思主义发展观的中国新篇章。可持续发展的理论前提是，"人类只有一个地球，各国共处一个世界"。〔3〕人类社会发展的物质基础是地球的自然资源，许多自然资源不具有可再生性，所以，"要彻底改变以牺牲环境、破坏资源为代价的粗放型增长方式，不能以牺牲环境为代价去换取一时的经济增长，不能以眼前发展损害长远利益，不能用局部发展损害全局利益"，〔4〕要始终树立理性消费观念，杜绝透支子孙后代的生存资源的情况。习近平总书记指出："大家一起发展才是真发展，可持续发展才是好发展。"〔5〕"建设生态文明关乎人类未来。国际社会应该携手同行，共谋全球生态文明建设之路，牢固树立尊重自然、顺应自然、保护自然的意识，坚持走绿色、低碳、循环、可持续发展之路。"〔6〕可持续发展遵循公平性原则、持续性原则和共同性原则，是以保护自然资源环境为

---

〔1〕 习近平："谋共同永续发展，做合作共赢伙伴"，载《光明日报》2015 年 9 月 27 日。

〔2〕 鲍宗豪等：《科学发展论》，上海社会科学院出版社 2007 年版，第 24 页。

〔3〕 习近平："迈向命运共同体，开创亚洲新未来"，载《人民日报（海外版）》2015 年 3 月 30 日。

〔4〕 中共中央文献研究室编：《十六大以来重要文献选编》（上），中央文献出版社 2006 年版，第 853 页。

〔5〕 习近平："携手构建合作共赢新伙伴，同心打造人类命运共同体"，载《人民日报》2015 年 9 月 29 日。

〔6〕 习近平："携手构建合作共赢新伙伴，同心打造人类命运共同体"，载《人民日报》2015 年 9 月 29 日。

基础，以激励经济发展为条件，以改善和提高人类生活质量为目标的发展理论和战略。它是一种新的发展观、道德观和文明观。绿色发展与可持续发展之间的关联是对绿色发展关键点的深刻理解。毋庸置疑，绿色发展和可持续发展不能画等号，绿色发展强调经济活动过程和结果的"绿色化"，而可持续发展强调经济社会发展的可持续，不管采取什么样的手段和方法，是经济社会发展的目标性概念。所以，绿色发展是实现可持续发展的有力途径。

三、人的自由全面发展

马克思认为，实现人的自由全面发展和共产主义是同一个过程。共产主义社会是以"每个人的全面而自由的发展为基本原则的社会形式"，[1]"在那里，每个人的自由发展是一切人的自由发展的条件"。[2]恩格斯表达了与此类似的看法。他认为，人的自由全面发展要"使社会的每一个成员都能完全自由地发展和发挥他的全部才能和力量，并且不会因此而危及这个社会的基本条件"。[3]因此，人的自由全面发展应当被视为社会主义的最高价值观、社会主义核心价值的核心以及马克思主义人学思想的本质要求和最高的境界。

众所周知，马克思主义发展观是一种始终关注人的发展的宏大叙事，始终把人这个主体置于发展的中心地位，追求每个人自由而全面的发展，力求构造一种能让每个人自由而全面发展的社会。"在那里，每个人的自由发展是一切人的自由发展的

〔1〕《马克思恩格斯全集》（第23卷），人民出版社1995年版，第649页。
〔2〕《马克思恩格斯选集》（第1卷），人民出版社1995年版，第294页。
〔3〕《马克思恩格斯全集》（第42卷），人民出版社1995年版，第373页。

条件。"〔1〕"任何人都没有特殊的活动范围，而是都可以在任何部门内发展，社会调节着整个生产，因而使我有可能随自己的兴趣今天干这事，明天干那事，上午打猎，下午捕鱼，傍晚从事畜牧，晚饭后从事批判，这样就不会使我老是一个猎人、渔夫、牧人或者批评者。"〔2〕显然，马克思所设想的人的自由而全面发展已经超越了劳动、职业、分工的羁绊，每个人都可以"从心所欲不逾矩"地享受无拘无束的生活，享受牧歌式的自然生活，享受思想创造的愉悦，享受社会大家庭带来的快乐……毫无疑问，人在追求全面发展的道路上必然会遭遇各种各样源自自然和社会的困难。农业文明时期，人类的生产劳动对自然的破坏性比较有限，但随着工业文明的到来，尤其是资本时代的到来，人类征服自然的能力极大提高，对自然的威胁越来越大，消耗自然资源越来越多。马克思、恩格斯在《共产党宣言》中说："资产阶级在它不到一百年的阶级统治中所创造的生产力，比过去一切世代创造的全部生产力还要多，还要大。自然力的征服，机器的采用，化学在工业和农业中的应用，轮船的行驶，铁路的通行，电报的使用，整个大陆的开垦，河川的通航……"〔3〕工业化初期野蛮的生产力发展和现代化推进是以自然生态的大量消耗为代价的，睿智的马克思主义者对这种发展态势早就开始警觉，并提出了各种解决方案。从"人与自然和谐相处"到"管理资源"，从"自然的解放"到"人性的解放"，从"科学发展"到"绿色发展"，从"美丽中国"到"打造人类命运共同体"等，这些发展理念无处不闪烁着马克思主义的理论光芒，无不为人类解放和人的自由全面发展贡献着智慧。

---

〔1〕《马克思恩格斯选集》（第1卷），人民出版社1995年版，第294页。

〔2〕《马克思恩格斯选集》（第1卷），人民出版社1995年版，第85页。

〔3〕《马克思恩格斯文集》（第2卷），人民出版社1995年版，第36页。

正如习近平总书记所说："绿色发展和可持续发展的根本目的是改善人民生存环境和生活水平，推动人的全面发展。"〔1〕"我们要解决好工业文明带来的矛盾，以人与自然和谐相处为目标，实现世界的可持续发展和人的全面发展。"〔2〕既然人的全面自由发展是人类社会的终极目标和社会制度最高的善，那么所有阻碍人的自由全面发展的东西就都应逐渐地消除。人类社会发展到今天，除了阶级矛盾、经济危机、种族歧视、饥饿贫困、社会不公等全球性发展困境之外，沙尘暴、沙漠化、雾霾、废水、气候变暖等生态环境问题越来越成为发展的阻碍力量，不断侵犯、剥夺人的自由发展空间和多样性可能。

笔者认为"人的自由全面发展"是马克思主义绿色发展观的理论硬核，主要是基于以下几点理由：一方面，人的自由全面发展具有超越资本制度反生态性的张力。马克思恩格斯对于资产阶级的赞叹至今令人记忆犹新："资产阶级在它不到一百年的阶级统治中所创造的生产力，比过去一切世代创造的全部生产力还要多，还要大。"〔3〕从这番话我们可以深刻体会到资产阶级和资本主义制度在解放生产力上的作用，实际上就是在解放人自身中的积极作用。资本主义对封建主义的超越，是人类社会发展的一个更高级的阶段和人类社会更高级的社会形态。然而，资本主义发展到一定阶段就暴露出了其着意隐蔽的基本矛盾性：生产的社会化和生产资料私人占有之间的矛盾。生产力的扩张性和资本的增殖性，相互作用演化为一种源源不绝的征服自然的冲动。资本逻辑主导的社会化大生产以无穷无尽地攫

〔1〕 习近平："携手推进亚洲绿色发展和可持续发展"，载《人民日报》2010年4月11日。

〔2〕 习近平："携手构建合作共赢新伙伴 同心打造人类命运共同体"，载《人民日报》2015年9月29日。

〔3〕 《马克思恩格斯文集》（第2卷），人民出版社2009年版，第36页。

取剩余价值为目标，为维系源源不断的剩余价值不断的扩大生产，人类最终只能把自然作为榨取的对象，生态危机愈演愈烈。日益严重的社会危机和生态危机导致社会总体性异化，最终变成人的自由全面解放的枷锁，所以只有超越资本制度才能实现人的自由全面发展。

另一方面，人的自由全面发展是共产主义社会的终极目标。对于这一点，马克思在《1844年经济学哲学手稿》中作出过论述。他说："人对自身的关系只有通过他对他人的关系，才能为对他来说是对象性的、现实性的关系。"〔1〕1894年1月，恩格斯给正在筹办《新纪元》周刊的意大利社会主义者朱泽培·卡内帕写信，对人的自由全面发展的社会做出了描绘。在他看来："除了《共产党宣言》中的下面这句话，我再也找不出合适的了：'代替那存在着阶级和阶级对立的资产阶级旧社会，将是这样一个联合体，在那里，每个人的自由发展是一切人的自由发展的条件'。"〔2〕资本主义制度以及之前的一切社会制度都是人的自由全面发展的羁绊和枷锁，人要挣脱宗教神学、物质需求、社会文明等方方面面的束缚，只有在社会主义和共产主义社会才能真正实现。因为，公有制主导下的社会主义和共产主义社会将从根本上解决资本逻辑所催生的剥削、压制、贪婪、攫取等一切不友好的关系，必然促使人与社会、人与自然、人的身心的协调发展。从这点上来看，马克思主义绿色发展观与辩证唯物史观和科学社会主义一脉相承。

---

〔1〕［德］马克思：《1844年经济学哲学手稿》，中共中央马克思恩格斯列宁斯大林著作编译局译，人民出版社2000年版，第60页。

〔2〕《马克思恩格斯文集》（第10卷），人民出版社2009年版，第666页。

四、社会主义制度

发达资本主义抑或发达工业社会是一个充满经济危机、政治危机、社会危机和生态危机的社会，是一个总体异化和理应被推翻的社会。在马尔库塞看来，替代资本主义社会的不是苏联模式的社会主义，而应当是一种"经济高速发展的，实行计划生产的，消除一切贫困的，高度民主、平等的、人道的，工人阶级真正当家做主的"[1]总体社会主义。但笔者认为，代替资本主义社会的社会主义必然是马克思主义与各国实际相结合的特色社会主义道路。因为，马克思历来反对用历史发展的同一模式去衡量、去预言一切民族或国家的发展道路。在承认社会发展的一般规律的基础上，他始终重视不同民族、不同国家具体的社会主义道路探索，亦即对社会主义发展的特殊规律的探索。

众所周知，社会主义运动经历过 20 世纪中叶的辉煌，也经历了长时间的低潮。但是，在今天资本主义制度看起来依然充满活力、资本主义社会基本矛盾看起来依然可控、工人阶级被不断消弭阶级意识的时刻，社会主义制度愈发引起理论界的重视，是一个十分耐人寻味的现象。可以肯定的是，马克思、恩格斯当年对资本主义的预言依然有效。如马克思和恩格斯曾预言的生态问题已然变成了我们这个时代与经济危机一样具有破坏性的危机。只不过是偶尔出现一些表现方式和形式上的变化而已。所以，佩珀指出："事实上，由于'全球化'正在带来的经济、社会和环境威胁，社会主义和共产主义理论与实践变得比以往任何时候都更需要。"[2]社会发展的客观实际和这番话向

---

〔1〕　王怀超主编：《社会主义通史》（第 6 卷），人民出版社 2011 年版，第 410 页。

〔2〕　［美］戴维·佩珀：《生态社会主义：从深生态学到社会正义》，刘颖译，山东大学出版社 2012 年版，第 1 页。

我们诠释了一个道理：只有社会主义制度才能克服生态危机。

首先，资本主义制度下人类无法消除生态危机，只有社会主义制度才是避免生态危机和推进绿色发展的必由之路。离开社会主义制度谈走出生态危机要么是一种"绿色乌托邦"，要么是一种意识形态策略。对于这一点，马克思主义理论者基本认同。譬如，在奥康纳看来，生态危机对于资本主义社会来说具有"内生性"，也就是说，具有内在的必然性，而对于社会主义社会来说则是"外生的"，不具有产生的必然性。理论的分叉在于何种社会主义才是救赎生态危机之途的问题。所以，应当把社会主义纳入马克思主义绿色发展观的制度层面的硬核。

其次，人类历史正反经验证明，我们这个时代更需要社会主义和共产主义理论。英国生态马克思主义者佩珀则认为，只有生态社会主义才是绿色发展所能依凭的制度基础。生态社会主义就是在社会主义的视角下对生态环境问题进行的理论阐释与研究。它是传统社会主义理论对现代生态学的吸纳内化。具体而言，就是马克思主义的基本理论视角和无政府主义观点等的有机结合，可以成为发展一种独立的生态社会主义理论的起点。

最后，社会主义高级阶段与自然是协调发展的。马克思将共产主义和人道主义、自然主义画上等号。他指出："共产主义作为完成了的自然主义=人道主义，而作为完成了的人道主义=自然主义，它是人和自然界之间、人和人之间的矛盾的真正解决，是存在和本质、对象化和自我确证、自由和必然、个体和类之间的斗争的真正解决。"[1]马克思和恩格斯认为社会主义社会必然代替资本主义社会，主要是他们针对资本主义制度的基本矛盾和致命弱点进行了全新设计。其中，最为重要的是，马

---

〔1〕〔德〕马克思：《1844年经济学哲学手稿》，中共中央马克思恩格斯列宁斯大林著作编译局译，人民出版社2000年版，第81页。

克思、恩格斯为社会主义制度设计的经济模式："公有制"和"中央计划"。这种制度设计"可以使国家减少资源损耗、'消耗的外在性'以及对环境的宜人性质的破坏"。[1]公有制和计划经济体制对于环境保护和社会发展的绿色化是积极的，只要是真正的社会主义制度，就能凭借内禀体系走出生态危机，走好绿色发展的道路。

第四节　小结

受拉卡托斯精致的证伪主义——"科学研究纲领方法论"的启发，本章在梳理马克思主义生态哲学和绿色发展的实践基础上，"反打"和指认马克思主义绿色发展观的理论硬核。社会发展通常要涉及主体、动力、目标、制度等因素，由此，笔者从这四个层面来遴选马克思主义绿色发展观的元理论。其中，社会主义制度是基础和前提性理论硬核，辩证的人类中心主义是方法性理论硬核，可持续发展是方式性理论硬核，人的自由全面发展是目标性理论硬核。由于篇幅所限，在此不能对这些问题展开详细的讨论，但有几个特别值得注意的地方还需要再次强调：

第一，历史唯物主义理论体系中蕴含着生态向度。马克思和恩格斯的理论无所不及，以至于其生态哲学思想往往被其经济学思想和科学社会主义思想所遮蔽。特别是，在当时社会阶级矛盾和冲突十分剧烈的情况下，马克思和恩格斯在《共产党宣言》中流露出了对资本主义制度的创造力、资产阶级文明的赞美和对"自然力的征服"，表达过对"整个大陆的开垦"的称颂，被一些断章取义的人误读成一个"反生态的"文本，甚

---

〔1〕 J. O'Connor, *Natural Causes: Essays in Ecological Marxism*, The Guilford Press, 1998, p. 259.

至认为历史唯物主义没有给生态文明建设和绿色发展留下理论空间。客观事实表明，面对当前的生态危机，西方的生态理论无法指导人类走出危机，解决问题还得依靠马克思主义。可以说，我们这个时代比以往任何时候都更需要马克思主义。

第二，马克思主义绿色发展观是一种辩证的人类中心主义。破解社会主义与资本共存状态需要对人类中心主义做辩证解读，即推进绿色发展要处理好人的类本性与自然性的辩证统一关系、以人为本和生态环保的辩证统一关系、工具理性和价值理性的辩证统一关系。尤其是要在推进绿色发展的过程中辩证处理好发展中的深层难题，即利用和限制资本、发展和驾驭科技、扩大和改变生产、刺激和引导消费等。

第三，社会主义制度是可持续绿色发展的基石。在马克思主义看来，资本主义无法消除内生的扩张性，要么破坏国内的生态环境来维系发展，要么转化为"生态殖民主义"，掠夺全球资源来维系发展。围绕人的自由全面发展这个终极目标，控制发展所需要的资源，确保发展的可持续性，离不开社会主义和共产主义的理论和实践。也就是说，只有在一定的社会主义制度环境下才能确保绿色发展。一方面，社会主义的本质属性——公有制——天然决定自然资源的国家所有，可以通过计划统筹自然资源的开发利用，避免资本主义制度下的自然资源被资本所控制。另一方面，社会主义国家政治模式主要针对资本主义的基本矛盾所设计，可以既利用又限制资本，既发展又驾驭科技，既扩大又改变生产，既刺激又引导消费。

第五章 马克思主义绿色发展观的价值意蕴

> 有两样东西，人们越是经常持久地对之凝神思索，它们就越是使内心充满常新而日增的惊奇和敬畏：我头上星空和我心中的道德律。[1]
>
> —— ［德］康德：《实践理性批判》

> 善是保存和促进生命，恶是阻碍和毁灭生命。如果我们摆脱自己的偏见，抛弃我们对其他生命的疏远性，与我们周围的生命休戚与共，那么我们就是道德的。只有这样，我们才是真正的人；只有这样，我们才会有一种特殊的、不会失去的、不断发展的和方向明确的德性。[2]
>
> —— ［法］阿尔伯特·史怀泽：《敬畏生命》

笔者在上一章讨论了作为广义马克思主义（在此意指广义的马克思主义，包括正统的马克思主义、中国马克思主义、西方马克思主义），即建立在历史唯物主义基础上的绿色发展观的理论硬核。通过阅读马克思主义的经典著作，发掘出了一些具有马克思主义理论特征且具有普遍意义的绿色发展的价值理念。

---

〔1〕 ［德］康德：《实践理性批判》，邓晓芒译，人民出版社2016年版，第220页。

〔2〕 ［法］阿尔贝特·施韦泽著，［德］汉斯·瓦尔特·贝尔编：《敬畏生命》，陈泽环译，上海社会科学院出版社2003年版，第19页。

由此推断，当代马克思主义应该关心"种内—种间—环境—地域间—代际"这五大绿色议题，并将这五个领域最终呈现出如下静止立体关系构筑模式（图5-1）。[1]在此基础上，我们初步提出了马克思主义绿色发展观的价值体系。从环境方面来看，应该"敬畏自然"（revering the nature）；从"种内"方面来看，应该遵循"平等"（equality）的价值观；从"种间"和"地域间"来看，应该遵循"共生"（co-existing）原则；从"代际"方面，应该坚持"以人为本"（putting people first）的价值理念。

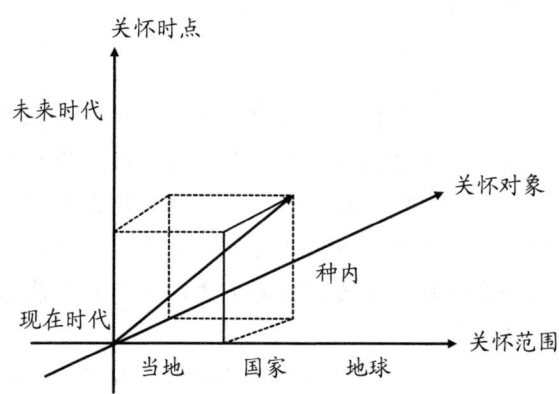

图5-1　马克思主义绿色发展观的伦理学坐标

资料来源：黄瑞祺、黄之栋："绿色马克思主义：马克思恩格斯思想的生态轨迹"，载郇庆治主编：《当代西方绿色左翼政治理论》，北京大学出版社2011年版，第63页。

---

〔1〕　黄瑞祺、黄之栋："绿色马克思主义：马克思恩格斯思想的生态轨迹"，载郇庆治主编：《当代西方绿色左翼政治理论》，北京大学出版社2011年版，第41～63页。

第一节　敬畏自然

在马克思之前，康德在《实践理性批判》一书的结语中表达了对自然和道德永久的敬畏之情。他说："有两样东西，人们越是经常持久地对之凝神思索，它们就越是使内心充满常新而日增的惊奇和敬畏：我头上星空和我心中的道德律。"〔1〕由此可见，敬畏自然并不是恐惧自然，实际上就是对人类主体自身的敬畏。敬畏自然，就是怀着一种神圣、圣洁的心去热爱自然，就像热爱我们自己的身体和灵魂一样热爱自然，热爱我们生存的环境。归根结底，是一种通往崇高的生态伦理道德的通途。

历史唯物主义视阈的发展理论促使人们站在科学和规律的立场来讨论"敬畏自然"，不涉及任何形形色色的宗教。马克思主义认为，人是一种自然存在，自然界具有优先地位。马克思在《1844 年经济学哲学手稿》中如是表述："人直接地是自然存在物。人作为自然存在物，而且作为有生命的自然存在物，一方面具有自然力、生命力，是能动的自然存在物；这些力量作为天赋和才能、作为欲望存在于人身上；另一方面，人作为自然的、肉体的、感性的、对象性的存在物，同动植物一样，是受动的、受制约的和受限制的存在物。"〔2〕在此，马克思把人的存在摆到与动植物相同的层面来考察，人是一种感性的、对象性的存在有其独特的天赋（其他动植物也各具天赋，如马能奔跑、鱼能水中游、鸟能天上飞），但每个物种天生具有局限性，一个物种的局限也许就是另外或其他物种存在的理由。

---

〔1〕［德］康德：《实践理性批判》，邓晓芒译，人民出版社 2016 年版，第 220 页。

〔2〕［德］马克思：《1844 年经济学哲学手稿》，中共中央马克思恩格斯列宁斯大林著作编译局译，人民出版社 2000 年版，第 105 页。

其实，人靠自然界生活，人是自然界的一部分，自然也具有人的本质。不过，在马克思看来："自然界的人的本质只有对社会的人来说才是存在的；因为只有在社会中，自然界对人来说才是人与人联系的纽带，才是他为别人的存在和别人为他的存在，只有在社会中，自然界才是人自己的人的存在基础，才是人的现实的生活要素。只有在社会中，人的自然的存在对他来说才是自己的人的存在，并且自然界对他来说才成为人。因此，社会是人同自然界的完成了的本质的统一，是自然界的真正复活，是人的实现了的自然主义和自然界的实现了的人道主义。"〔1〕人作为一个自然存在物，无论是肉体、观念以及实践活动都是自然的，"人对自然的关系直接就是人对人的关系，正像人对人的关系直接就是人对自然的关系，就是他自己的自然的规定"。〔2〕恩格斯也对把人类和自然对立起来的观点进行了驳斥。他指出："特别自本世纪自然科学大踏步前进以来，我们越来越有可能学会认识并从而控制那些至少是由我们的最常见的生产行为所造成的较远的自然后果。而这种事情发生得越多，人们就越是不仅再次感觉到，而且也认识到自身和自然界的一体性，那种关于精神和物质、人类和自然、灵魂和肉体之间的对立的荒谬的、反自然的观点，也就越不可能成立。"〔3〕对于马克思的"人对自然的关系直接就是人对人的关系"这一观点，卢卡奇说得更为明白。他认为："自然是一个社会范畴。也就是说，在社会发展的一定阶段上什么被看作自然，这种自然同人的关系是怎样的，而且人对自然的阐明又是以何种形式进行的，因此自然按照形

〔1〕［德］马克思：《1844年经济学哲学手稿》，中共中央马克思恩格斯列宁斯大林著作编译局译，人民出版社2000年版，第83页。
〔2〕［德］马克思：《1844年经济学哲学手稿》，中共中央马克思恩格斯列宁斯大林著作编译局译，人民出版社2000年版，第80页。
〔3〕《马克思恩格斯文集》（第9卷），人民出版社2009年版，第560页。

式、内容范围和对象性应意味着什么，这一切始终是受到社会制约的。"[1]马尔库塞继承上述观点，作出了"人就是自然界。自然界就是人的'表现'"[2]的论断。但是，在马克思看来："人不仅仅是自然存在物，而且是人的自然存在物，就是说，是自为地存在着的存在物，因而是类存在物。他必须既在自己的存在中也在自己的知识中确证并表现自身。"[3]显然，马克思从来没有把人这个主题置于被动的地位，而十分看重和关注人的主观能动性，亦即赋予人属于自然而又高于自然的客观属性。

正如施特劳斯所说："自然乃是万祖之父，万母之母。自然比之任何传统都更古久，因而它比任何传统都更令人心生敬意。认为自然事物比之人创造的事物更加高贵的观点，不是来自于什么对神话的秘密的或无意的借用，也不是基于神话的残余，而是基于自然本身的发现。人工（art）以自然为前提，而自然并不以人工为前提。比之他们的任何产物都更让人敬佩的人类的'创造'能力，本身并不是人所创造的：莎士比亚的天才并不是莎士比亚的成就。自然不仅是为所有的人工提供了材料，而且也提供了模型。"[4]在此，敬畏自然并不是要宣扬一种万物有灵的非理性主义，而是一种本体论意义上的自我尊重，"一种人直面本体时产生的混杂敬重、仰慕、恐惧、怵惕、讶异等多种

〔1〕〔匈〕卢卡奇：《历史与阶级意识》，杜章智、任立、燕宏远译，商务印书馆 1999 年版，第 214~215 页。

〔2〕〔美〕赫尔伯特·马尔库塞："历史唯物主义的基础"，载上海社会科学院哲学研究所外国哲学研究室编：《法兰克福学派论著选辑》（上卷），商务印书馆 1998 年版，第 294 页。

〔3〕〔德〕马克思：《1844 年经济学哲学手稿》，中共中央马克思恩格斯列宁斯大林著作编译局译，人民出版社 2000 年版，第 106 页。

〔4〕〔美〕列奥·施特劳斯：《自然权利与历史》，彭刚译，生活·读书·新知三联书店 2003 年版，第 92~93 页。

心理成分的终极体验和形上体验"。[1]值得一提的是，多布森（A. Dobson）甚至还将自然世界的特征推演出绿色政治社会对应的特性，即从自然世界的"多样性"推出绿色政治社会的"宽容、稳定和民主"，由自然世界的"相互依赖"推导出绿色政治社会的"平等共生"，等等。[2]

敬畏自然归根结底是敬畏规律。人类之所以要敬畏自然是因为在人与自然的相互交往中，自然表现出的破坏力量令人无法想象和预料。人类狂妄无知地征服自然以及控制自然，最后往往会遭受自然无情的教训。人们常常把人与自然对立起来，宣称要征服自然，这种观点有其合理的一面，但若走向极端则会违背自然规律，破坏自然，导致自然界的惩罚。恩格斯在《自然辩证法》一书中详细地论证过令人敬畏的自然辩证法运动规律和人类惨遭自然报复的事实。其警告人类："我们不要过分陶醉于我们人类对自然界的胜利。对于每一次这样的胜利，自然界都对我们进行报复。每一次胜利，起初确实取得了我们预期的结果，但是往后和再往后却发生完全不同的、出乎预料的影响，常常把最初的结果又消除了。"[3]显而易见，纵观目前地球上所有的物种，唯独人类已经不再被局限为食物链上的一个环节，在工业化伟力的加持之下，人类早已跻身于控制甚至制造食物链的创造者之列，对自然形态系统施加前所未有的影响，甚至扮演控制自然的角色。核武器、基因与克隆技术、大数据信息技术等都绝不是以人类目前的实力能控制的沉睡巨兽，任何一项技术灾难性后果的爆发都将足以使我们赖以生存的地球

---

〔1〕 杨卫华："论'敬畏自然'的正当性"，载《道德与文明》2013年第1期。

〔2〕 〔英〕安德鲁·多布森：《绿色政治思想》，郇庆治译，山东大学出版社2012年版，第22页。

〔3〕《马克思恩格斯文集》（第9卷），人民出版社2009年版，第559~560页。

生命系统毁灭。当人类陶醉于技术的进步时，人类也正不知不觉地加剧自身与自然的冲突，而这种冲突最终也将会殃及人类自身。例如，最受公众关注的大气、水、土壤污染状况依然令人忧虑，长江、黄河、珠江等十大水系被严重污染，有些城市一年中雾霾天气多达 145 天。我国每年约有 20 万人因室外空气污染死亡，10 万人因室内空气污染死亡，约 1100 万次急诊由空气污染所引起。2003 年的"非典"至今令人发怵……2015 年 9 月 17 日发表在英国《自然》杂志上的一则环境研究论文称，全球范围内室外空气污染每年导致 300 万人过早死亡。2014 年《全国环境统计公报》披露：全国废水排放总量 716.2 亿吨，废气中二氧化硫排放量 1974.4 万吨，一般工业固体废物产生量 32.6 亿吨。[1]诚如卡逊所说："人是大自然的一部分，尽管他很不愿意承认这一点。现在这一污染已经彻底地遍布于我们整个世界，难道人类能够逃脱污染吗？"[2]毫无疑问，人类正在承受破坏生态和环境恶化所带来的苦果。基于上述推理，美国生态伦理学家、生物学家、生态学家康芒纳（B. Commoner）提出"自然最有智慧"[3]。无数的天灾人祸业已证明，我们有必要重视自然的先在性，认识自然规律的指导性作用，只有认识自然的伟大，爱护自然，人类才能求得与自然的和谐发展。

马克思主义辩证法中的因果性给予了马克思主义绿色发展价值理念——"敬畏自然"——有力的逻辑论证。一次又一次因人类征服自然而得到的报复，教育人类需要"友好"地对待

---

〔1〕 中华人民共和国环保部："全国环保统计公报（2014）"，载 http://zls. mep. gov. cn/hjtj/qghjtjgb/201510/t20151029_ 315798. htm，访问日期：2015 年 10 月 29 日。

〔2〕 ［美］蕾切尔·卡逊：《寂静的春天》，吕瑞兰、李长生译，吉林人民出版社 1997 年版，第 163 页。

〔3〕 ［美］巴里·康芒纳：《封闭的循环——自然、人和技术》，侯文蕙译，吉林人民出版社 1997 年版，第 15 页。

自然。征服—报复，就是人与自然之间相互联系的运动。"我们在观察运动着的物质时，首先引起我们注意的是单个物体单个运动间的相互联系，它们的相互制约。但是，我们不仅发现某一个运动后面跟随着另一个运动，而且我们也发现，只要我们造成某个运动在自然界中发生时所必需的条件，就能引起这个运动，甚至我们还能引起自然界中根本不发生的运动（工业），至少不是以这种方式发生的运动，并且我们能赋予这些运动以预先规定的方向和范围。"[1]这一征服—报复的运动观念十分契合目前人类社会的现状，人类追求享乐的消费模式所制造的垃圾将覆盖这个星球，并提前透支子孙后代的地下资源、空间资源甚至太空资源。日益严重的环境问题，已为人类引为自豪的技术文明敲响了警钟。因此，这种人类生活实践中的自然报复绝不是宗教层面虚幻的因果报应，而是一种客观规律的作用。

第二节　尊重生命

在马克思主义看来，生命是一个独特的自然过程，而人的生命的本质是自然现象基础上的社会性。每一个生命的形成均汇聚"个别天体极为有利的"、得天独厚的环境和条件。世上也"只有人能够认识到敬畏生命，能够认识到休戚与共，能够摆脱其余生物苦陷其中的无知"。[2]尊重人类生命，也要尊重其他物种的生命是马克思主义绿色发展观的内在价值。

第一，生命是一个自然的过程。在恩格斯看来："生命是蛋白质的存在方式，这种存在形式的本质契机在于和它周围的外

---

〔1〕《马克思恩格斯文集》（第9卷），人民出版社2009年版，第482页。

〔2〕［法］阿尔贝特·施韦泽著，［德］汉斯·瓦尔特·贝尔编：《敬畏生命》，陈泽环译，上海社会科学院出版社2003年版，第20页。

部自然界的不断的物料交换，而且这种物料交换一旦停止，生命就随之停止，结果便是蛋白质的分解。"〔1〕"完全无结构的蛋白质执行着生命的一切主要机能：消化、排泄、运动、收缩、对刺激的反应、繁殖。"〔2〕"有了三大发现，自然界的主要过程就得到了说明，就被归之于自然的原因。现在只剩下一件事情还得去做：说明生命是怎样从无机自然界中产生的。在科学发展的现阶段上，这也就是要从无机物中制造出蛋白质来。"〔3〕"生命是整个自然界的一个结果，这和下面这一情况一点也不矛盾：蛋白质，作为生命的唯一的独立载体，是在自然界的全部联系所提供的特定的条件下产生的，然而恰好是作为某种化学过程的产物而产生的。"〔4〕自然以最有意义的方式产生无数的生命。"植物，动物，每一个细胞，在其生存的每一个瞬间，都和自身同一而又和自身相区别，这是由各种物质的吸收和排泄，由于呼吸，由于全部无休止的分子变化，而这些分子变化便形成生命。"〔5〕第二，生命是独特的自然奇迹。在恩格斯看来："到目前为止，化学已经能够制出它确切知道其成分的每一种有机物。一旦蛋白质的化合成分被弄清楚，化学就能够着手制造活的蛋白质。但是，要求化学在今天或明天就完成自然界本身在个别天体极为有利的环境下经过千百万年才完成的事情，这就等于要求创造奇迹。"〔6〕第三，生命是合作与斗争的过程。辩证的生命观认为："生命总是和它的必然结局，即总是以萌芽状

〔1〕［德］恩格斯：《自然辩证法》，中共中央马克思恩格斯列宁斯大林著作编译局译，人民出版社1984年版，第284页。

〔2〕《马克思恩格斯文集》（第9卷），人民出版社2009年版，第420页。

〔3〕《马克思恩格斯文集》（第9卷），人民出版社2009年版，第458页。

〔4〕《马克思恩格斯文集》（第9卷），人民出版社2009年版，第459页。

〔5〕《马克思恩格斯文集》（第9卷），人民出版社2009年版，第475页。

〔6〕《马克思恩格斯文集》（第9卷），人民出版社2009年版，第458页。

态存在于生命之中的死亡联系起来加以考虑的。辩证的生命观无非就是如此。"[1]"自然界中无生命的物体的相互作用既有和谐也有冲突；有生命的物体的相互作用则既有有意识的和无意识的合作，也有有意识的和无意识的斗争。因此，在自然界中决不允许单单把片面的'斗争'写在旗帜上。"[2]第四，人的生命是自然与社会统一。马克思认为，"人是最名副其实的社会动物"[3]，即"类存在物"的高等动物。首先，人与动物及其他物种一样是自然界长期发展的产物，这就是人的生命的自然属性。但是，人之所以成为人，光有这些自然属性明显不够，否则我们就无法解释社会关系中的人与狼孩的本质区别。在马克思主义看来，人不是孤立存在的个体，每个人都必然在生存、生产、生活中结成一定的关系，形成社会。马克思认为，人本质上是一切社会关系的总和，"他的生命表现，即使不采取共同的、同其他人一起完成的生命表现这种直接形式，也是社会生活的表现和确证"。[4]也就是说，人只有在社会生活中才能体现自己存在的价值。世界是普遍联系的、相互依赖的对象性的存在。在马克思看来："一个存在物如果在自身之外没有自己的自然界，就不是自然存在物，就不能参加自然界的生活。一个存在物如果在自身之外没有对象，就不是对象性的存在物。"[5]对人来说，"饥饿是自然的需要"，所以，绿色发展的自然"并不是鲜血淋漓的（red in tooth and claw），而是和平的、宁静的、

---

〔1〕《马克思恩格斯文集》（第9卷），人民出版社2009年版，第546页。

〔2〕《马克思恩格斯文集》（第9卷），人民出版社2009年版，第548页。

〔3〕《马克思恩格斯全集》（第12卷），人民出版社1962年版，第734页。

〔4〕［德］马克思：《1844年经济学哲学手稿》，中共中央马克思恩格斯列宁斯大林著作编译局译，人民出版社2000年版，第84页。

〔5〕［德］马克思：《1844年经济学哲学手稿》，中共中央马克思恩格斯列宁斯大林著作编译局译，人民出版社2000年版，第106页。

茂盛的和绿色的"。[1]同时，马克思主义还认为，世界是多样的统一。倘若我们的世界森林退化、物种灭绝、水系恶化、空气污染……地球上只留下人类一个物种，本来鸟语花香的春天死寂一片，人类根本无法生存。只有物种多样、生活丰富、物产富饶，才能造就一个多彩的地球。

　　所以，人类必须尊重一切生命。尊重生命的伦理强调的是"作为个体的活的有机体"。人类已经在地球上生存了千万年，逐渐主宰了地球。尤其是凭借当今科学技术的发展的支持，人类无限扩张自己的活动空间，残酷地剥削其他物种，造成物种灭绝的速度越来越快。阿多诺在《启蒙辩证法》中对人类漠视生命的冷酷的理性进行了嘲讽："只有人类才有冷酷无情的理性，而人类用于得出血淋淋结论的动物，却只知道存在一种非理性的恐怖，知道当它要被宰杀的时候，应该撒腿就跑。"[2]深度生态哲学主张把敬畏生命的边界扩大到物种、生态系统，甚至整个生物圈。塞申斯（G. Sessions）为深度生态伦理确定了如下三条基本原则："第一条原则，地球上人和非人生命的福祉和繁荣，其本身即具有价值（其同义词有：内在价值、固有价值）。这些价值与非人世界是否对人有用这一点无关。第二条原则，生命形式的丰富性和多样性有助于实现这些价值，其本身也是价值。第三条原则，除非为了满足最要紧的需要，人无权减弱这种丰富性和多样性。"[3]从这三条原则可以看出除人以外的任何生命存在的价值和意义。尽管，"没有人类，宇宙太空并

---

　　〔1〕〔英〕安德鲁·多布森：《绿色政治思想》，郇庆治译，山东大学出版社2012年版，第22页。

　　〔2〕〔德〕马克斯·霍克海默、西奥多·阿道尔诺：《启蒙辩证法：哲学断片》，渠敬东、曹卫东译，上海人民出版社2006年版，第229页。

　　〔3〕转引自〔美〕彼得·辛格：《实践伦理学》，刘莘译，东方出版社2005年版，第276页。

无美丑善恶"，[1]没有人的主体意识，一切存在都没有意义，但从另一个角度来看，丰富多彩的世界能进一步确证人存在的意义。所以，在史怀泽（A. Schweitzer）看来，人际关系的伦理学只是处理人与所有生命普遍关系的伦理学的一个特殊部分。一种完整的伦理，要求对所有生物行善，它应当促使人类关怀所有有生命的、独立自主的生物，给予所有生物以道德关心。一切生命都是神圣的，没有高低贵贱之分，人必须"敬畏生命"。

第三节　平等共生

生态正义的第一法则是物种之间的平等。正如赫拉克利特说过的一句名言："自神的眼中看来，万物都是美好（高贵）、善良而正义的，但是人们却认为，有些东西是正义的，而别的东西则是不义的。"[2]事实上，所谓的正义与不义的分别和善与恶的划分不过是人的假定或人类的习俗罢了。人类没有任何理由为了满足自己的欲望而无休止地"暴力"占有自然。在理性需求范围之内，人类从自然获取资源维系人类的延续是符合道德的，即"非暴力"占有自然。"非暴力"占有自然的关键是要实现物种间的平等（equality），特别是人类要抛弃"人类中心主义"的价值观念。为什么说"非暴力"占有需要在物种间建立平等关系呢？要回答这个问题首先得梳理平等的基本含义，特别是新人本主义视野的生态要义。

从经济学意义上来看，平等是均匀分配的原则，但它并不

---

〔1〕李泽厚、刘悦笛："李泽厚、刘悦笛 2017 年哲学对谈录（上）"，载《社会科学家》2017 年第 7 期。

〔2〕转引自［美］列奥·施特劳斯：《自然权利与历史》，彭刚译，生活·读书·新知三联书店 2003 年版，第 94 页。

意味着一致或一样。基于什么在被分配着，平等这一术语有非常不同的含义。特姆金（L. S. Temkin）非常赞同上述观点。他指出："作为公正的平等反映这样一种观点，即所有的人都要一视同仁。当然，立场的不同，会显著地影响对什么构成待人公正的看法。例如，康德的公正观就要求以人为目的而不只是手段，而功利主义者则要求追求利益最大化的时候，在有着不同利益诉求的人之间保持中立性。可以说，作为公正的平等概念，就像阿马蒂亚·森一直所据理论说的那样，所有合理的道德观是平等的，不同的是他们对于'什么是平等？'回答罢了。"[1]其认为，作为一种实质的社会和政治理想，平等（或"平等主义"）可能涉及下述四个主张中的任何一个或多个，即恪守：从体制上消除人为的不平等；社会和政治条件上的完全相同；最大限度的平等福祉；机会平等。[2]英国著名政治学学者海伍德（A. Heywood）将"平等"归纳为"根本平等""形式平等""机会平等"和"结果平等"四种类型[3]（见表5-1）。通常而言，形式平等和结果平等相对形而下、好理解。形式平等体现为平等对待、程序正义和权利平等，它以政治平等为表征。结果平等通常表现为"社会平等"，即收入、财富和其他社会物品的平均分配。在此，我们重点讨论作为基础的根本平等和机会平等。

---

〔1〕　T. Christiano & J. Christman（eds.），*Contemporary Debates in Political Philosophy*，Hong Kong：Blackwell Publishing Ltd，2009，p. 156.

〔2〕　［英］杰弗里·托马斯：《政治哲学导论》，顾肃、刘雪梅译，中国人民大学出版社2006年版，第127页。

〔3〕　参见［英］安德鲁·海伍德：《政治学核心概念》，吴勇译，天津人民出版社2008年版，第158~159页。

表5-1　西方"平等"主要理论比较

序号	平等类型	领域	主要观点
1	根本平等 foundational equality	哲学	人类是"生而平等"的，因此每个人的生命都应具有同等的伦理价值
2	形式平等 formal equality	法律、政治	个人在社会中应享有的形式上的身份平等。这是从权利和资格而言的，其最明显的形态就是法律平等（即"法律面前人人平等"）和政治平等（即普选权与"一人一票，每票等值"）
3	机会平等 equality of opportunity	社会	每个社会成员都应有相同的起点或相同的生活机会。机会平等有三个主要模式：理想的、非竞争性的、竞争性的
4	结果平等 equality of outcome	社会	收益的平均分配。结果平等通常表现为"社会平等"，即收入、财富和其他社会物品的平均分配

　　资料来源：作者根据罗尔斯的《正义论》、安德鲁·海伍德的《政治学核心概念》、杰弗里·托马斯的《政治哲学导论》等著作中相关论述整理绘制。

　　以洛克（J. Locke）为代表的近代自然法学派所提出的自然权利概念及对自由与平等的看法就是其原型。洛克在《论民治政府》中写道："虽然我们在上面说过，'人人生而平等'，但这并不是说万物一定要'平等'。年龄与德性可以使人超出同侪，熟练与功绩可以使人出类拔萃……但所有的人，都立足于平等这一基础之上，尊重彼此的法律权利与人权。"[1]卢梭

──────────

[1]　转引自［美］莫蒂默·阿德勒：《西方名著中的伟大智慧》，王月瑞译，海南出版社2002年版，第173页。

（J. J. Rousseau）在《论科学与艺术》（1750 年）这篇论文中提出，人天生是自由平等的。托克维尔（A. d. Tocqueville）经过深入考察，发现"平等"产生于"自由"之前，没有追求平等的激情，就不可能实现自由。杰弗逊（T. Jefferson）强调："所有的人都是生而平等和独立的。"由此看来，根本平等在资产阶级启蒙运动和民主革命中具有特殊的价值意义，是近代社会变革与发展的力量源泉和根本动力。

古典自由主义者罗尔斯（J. Rawls）在其著作《正义论》（*A Theory of Justice*）中提出了平等的正义要求，即"对同等情况同等对待，对人为的差别不予考虑。这便是正义和平等之间的部分内在联系"。平等可以建立在人的自然禀性基础之上，只要采纳他所谓的"域属性"。设想我们在纸上画一个圆圈，那么，圆圈内的所有各点（这就是"域"）就都拥有处于圆圈内的属性，它们都平等地拥有此属性。一些点或许更靠近圆心，而另一些点或许靠近边缘，但就它们都在圆内而言，它们是平等的。这就形象描绘了"根本平等"的基本范围。"根本平等"是人类孜孜以求的奋斗目标和其他类型平等得以建立的哲学基础。

通常，"机会平等"是指各种机会（包括工作、职位等）向所有人开放，不作任何歧视性的限制。罗尔斯所谓"机会的公平平等"（fair equality of opportunity），意指如果一个人的天资和能力相当，又都有意愿发挥自己的潜力，不管人们在社会中的初始地位如何，他们的成功前景应该无甚差别。他指出："地位开放的原则是不允许有任何限制的。它表达了这样的信念：如果某些地位不按照一种对所有人都公平的基础开放，那些被排除在外的人们觉得自己受到了不公正待遇的感觉就是对的，即使他们从那些被允许占据这些职位的人的较大努力中获利。他们的抱怨有道理，不仅是因为他们得不到职位的某些外在奖赏。

例如财富和特权，而且是因为他们被禁止体验因热情机敏地履行某些社会义务而产生的自我实现感。他们被剥夺了人类的一种基本善。"〔1〕新自由主义经济学家和政治哲学家哈耶克（F. A. Hayek）则认为，平等是法治下的在自生自发的社会秩序中的机会平等。每个人在市场竞争和其他场合的竞争中都应享有同样大小的参见机会、获胜机会和被挑选机会，每个人都像运动场上的运动员一样机会平等，谁也不应有特殊。同时，哈耶克坚决反对国家能动地通过再分配等福利制度实现所谓的"社会正义"的实质平等。

机会平等往往受人的初始条件（祖辈的财富、地位、出身、权力等）所左右。众所周知，人生来便被赋予了不同的社会出身和自然禀赋，对其后天发展将产生深刻而持久的影响。帕斯卡尔指出："贵族身份是一种极大的便宜，它使一个人在十八岁上就出人头地、为人所知并且受人尊敬，就像别人要到五十岁上才配得上那样。这就不费力地赚了三十年。"〔2〕这无疑是机会不平等的典型案例。哈耶克对于这一点深信不疑。因此，要消除（理想化）或降低机会不平等，关键是要从两个方面入手和下功夫：一是要破除物质形态的不平等存在，即代际间财富的累积、权力的转移，让新一代基本站在身份、地位差别不大的起跑线上；二是要破除可能进一步扩大不平等、限制人的本质完善和能力提高的教育系统。时至今日，作为"机会公平的平等"往往与一个人的受教育程度呈正相关。"知识等级"与现代社会的"'经济规则'和'政治法则'相契合"，〔3〕共同造就一

〔1〕［美］约翰·罗尔斯：《正义论》，何怀宏、何包钢、廖申白译，中国社会科学出版社1988年版，第84~85页。

〔2〕［法］卡斯帕尔：《思想录》，何兆武译，商务印书馆1985年版，第148页。

〔3〕万俊人：《寻求普世伦理》，北京大学出版社2009年版，第333页。

个抵制机会平等的"社会屏蔽"（social closure）体系。显然，实现教育公平是实现机会平等的另一个重要基石。

　　上述分析表明，传统哲学、政治学和经济学对"平等"的讨论，倾向于将讨论限制在主体（人）之间的一种道德关系。但是，马尔库塞提倡把平等原则推广到我们自己的物种之外（包括自然界），这是对传统平等价值的进一步拓展。这就形成了马尔库塞独特且有开创性的生态道德的范畴，亦即"同自然建立伙伴关系"。从逻辑上推论，马尔库塞把"平等"推延至自然和其他生物遵循形式逻辑的法则，其前提是他把自然纳入了主体范畴，从而适用"根本平等"的正义原则。把握马尔库塞理论视野的"自然"及人与自然关系，既是理解"自然主体"这一判断的关键所在，也是其生态理论建构所环绕的中轴。因为，"只要自然不享有不受侵犯的'特权'和得到保护，人们就将用攻击性的科学方法对待它"。[1]处于人类历史中的自然更多地呈现为一种"人化的自然"。这个自然既指称客观存在和规律意义上"物"，也指称相关于人的价值意义的"物"。据此，马尔库塞提出"人和自然一起生活在一个共同的人的世界里"的命题。马尔库塞在解读马克思《1844年经济学哲学手稿》时发现："即使在马克思主义中，自然主要也是一个客体，是人在和自然的'斗争'中的一个对手，是不断合理地发展生产力的一块场地。"[2]他提出"自然是历史的一部分，是历史的主体"的命题并指出："对象性的世界是一个历史的现实，不仅人在历史中存在，而且自然界就是它不脱离人的本质，作为人的对象

---

〔1〕〔美〕赫尔伯特·马尔库塞等：《工业社会和新左派》，任立编译，商务印书馆1982年版，第128页。

〔2〕〔美〕赫尔伯特·马尔库塞等：《工业社会和新左派》，任立编译，商务印书馆1982年版，第128页。

性而言也是在历史中形成的。"据此，马尔库塞断言："自然界是历史的一部分，是历史的主体。"[1]自然界是人的"主观性的表现"，本身也是一种主体，是一种没有目的性、没有"计划"和"意图"的主体。特别是在《反革命和造反》（1972年）这部生态马克思主义开山之作中提出：人和自然这一主体"一起生活在一个共同的人的世界里"。[2]只有站在平等的视角，把自然和人置于平等的地位，把"自然的解放"作为"人的解放"的手段，才能解决日益严重的生态危机，推动社会经济绿色发展。可以说，这部著作奠定了生态马克思主义的理论旨趣并开启了生态马克思主义的理论的方向。

首先，批判生态中心主义的平等观点观。生态学马克思主义是在重释人类中心主义价值观过程中，建立"一种技术伦理和动物多样性伦理"[3]，阐发他们的生态平等观。辛格（P. Singer）认定生态伦理学意义上的"平等"意味着"我们对于他人的关心不应该取决于他人是什么样的，或者他人具有怎么的能力（尽管准确地讲，这种关心要求我们在这样做时，也许应依我们的行动所影响的对象的特征而异）。正是基于此，我们才能够说，不能因为一些人不属于我们的种族，我们就有资格剥削他们；类似地，不能因为某些人不如另一些人聪明，他们的利益就可以被忽略。但该原则也意味着，不能因为有些生命不属于我们的物种，我们就有资格剥削它们；类似地，不能

---

〔1〕 复旦大学哲学系现代西方哲学研究室编译：《西方学者论〈一八四四年经济学—哲学手稿〉》，复旦大学出版社1983年版，第145页。

〔2〕 ［美］赫尔伯特·马尔库塞等：《工业社会和新左派》，任立编译，商务印书馆1982年版，第128页。

〔3〕 王雨辰：《伦理批判与道德乌托邦——西方马克思主义伦理思想研究》，人民出版社2014年版，第68页。

因为其他动物不如我们聪明，它们的利益就可以被忽略"。[1]美国生物学家卡逊（R. Carson）在其名著《寂静的春天》（1962年）中着重对人类缺乏远见地利用科学技术征服自然、"向自然开战""控制自然"等进行了批判，尤其是痛心疾首地批评人们为提高粮食产量而大量使用"六六六"、DTT等剧毒杀虫剂，导致其他物种迅疾灭绝，以至于曾经鸟语花香的春天现在变得万籁俱寂。这样很可能会毁掉人类生存所必需的资源，给人类带来毁灭性的灾难。最后，其得出的结论是："我们必须与其他生物共同分享我们的地球，……只有认真地对待生命的这种力量，并小心翼翼地设法将这种力量引导到对人类有益的轨道上来，我们才能希望在昆虫群落和我们本身之间形成一种合理的协调。"[2]因此，摈弃将自然作为单纯无知客体的传统人类中心主义观念，承认自然主体地位、肯定自然存在意义、释放自然内在价值是人与自然走向和谐的基础，也是人类完善存在、摆脱单面人生、重塑自为主体的重要维度，是恢复自在状态、消解绝对主体、重建多维生活的重要途径。[3]

其次，批判纯粹道德上的平等观，主张从社会制度层面建构生态平等制度。他们觉察到：人与自然（其他物种）之间的平等共生不能拘泥于抽象的道德观和价值观的变革，而是要在社会实践的层面找到滋生不平等的原因，才能真正解决问题。福斯特指出："忽视阶级和社会不公正而独立开展的生态运动，充其量也只能是成功地转移环境问题，而与此同时，资本主义

---

〔1〕 ［美］彼得·辛格：《实践伦理学》，刘莘译，东方出版社2005年版，第56页。

〔2〕 ［美］蕾切尔·卡逊：《寂静的春天》，吕瑞兰、李长生译，吉林人民出版社1997年版，第262页。

〔3〕 步蓬勃、韩秋红："马尔库塞'自然主体'的伦理重建，载《道德与文明》2014年第2期。

制度以其无限度地将人类生产性能源、土地、定型的环境和地球本身建立的生态予以商品化的倾向，进一步加强了全球资本主义的主要权力关系。"[1]单纯道德层面上的平等无法提供有效的约束效力，只有按照人类实践逻辑，在人类对自然的生产实践过程中找出不平等的根源所在并解决这一逻辑上的漏洞才是有效用的生态伦理体系平等观。

表 5-2   南北方经济体自然资产净损耗占世界总量比重（1970 年至 2009 年）%

	1970	1980	1990	2000	2005	2008	2009
北方经济体	60. 4	39. 2	25. 7	29. 6	26. 2	24. 0	22. 1
欧盟	11.4	7.2	8.3	9.4	6.9	5.5	5.9
美国	37.7	25.4	12.1	12.1	10.9	10.7	8.7
日本	3.6	0.6	1.0	0.9	0.5	0.3	0.6
南方经济体	39.6	60.8	74.3	70.4	73.8	76.0	77.9
中国	6.8	6.7	6.7	5.7	7.9	11.4	12.7
印度	3.8	1.5	2.5	2.4	2.4	3.1	4.1
俄罗斯	—	—	13.4	9.8	12.4	11.9	11.0
巴西	0.9	0.6	1.0	1.5	2.1	2.5	3.1

资料来源：胡鞍钢：《中国：创新绿色发展》，中国人民大学出版社 2012 年版，第 75 页。

最后，主张抛弃生态殖民主义。生态马克思主义认为，当代生态危机的根源和实质一方面是由资本主义现代化以及资本所支配的不公正的国际政治经济秩序造成的，不公正的国际政治秩序及其背后的军事武力支持发达资本主义国家对发展中国

---

[1] [美] 约翰·贝拉米·福斯特：《生态危机与资本主义社会》，耿建新、宋兴元译，上海译文出版社 2006 年版，第 97~98 页。

家进行自然资源掠夺；另一方面，资本与生产的国际分工为发达资本主义国家向发展中国家输出和转嫁生态危机提供了平台，从而导致不同国家和地区在自然资源占有和使用的利益关系方面矛盾突出，出现了生态殖民主义的趋势（详见表5-2）。走出生态殖民主义的窠臼，防治全球化的生态危机趋势蔓延，只能从社会制度层面加以解决，这就是要大力推进社会主义制度建设和发展。社会主义国家是新生事物，符合时代的潮流，应当逐步引领时代潮流，推进全球合作，共同应对生态危机。所以，习近平同志呼吁："进一步完善促进平衡发展的国际机制，增加发达国家对发展中国家的援助规模，加强南南合作和南北合作，推动联合国千年发展目标的实现，确保可持续发展成果真正惠及贫困地区国家和人民。"[1]

第四节　以人为本

费尔巴哈认为，"哲学上最高的东西是人的本质"，[2]并反复强调"观察自然，观察人吧！在这里你可以看到哲学的秘密"。[3]毫无疑问，人的问题也是马克思主义哲学的核心问题之一。马克思曾明确地把他自己的学说当作关于"完整的人"的学说。[4]马克思主义在批判继承以往哲学中人本思想的合理成

---

〔1〕 习近平："携手推进亚洲绿色发展和可持续发展"，载《人民日报》2010年4月11日。

〔2〕《费尔巴哈哲学著作选集》（上卷），生活·读书·新知三联书店1959年版，第84页。

〔3〕《费尔巴哈哲学著作选集》（上卷），生活·读书·新知三联书店1959年版，第115页。

〔4〕 刘放桐：《探索、沟通和超越：现代西方哲学与马克思主义哲学比较研究》，北京师范大学出版社2010年版，第242页。

分基础上，科学揭示了人的本质，创立了"以人的主体性、现实性、实践性为特征的人学思想"。[1]不难发现，无论是《共产党宣言》中对于"一个以各个个人自由发展为一切人自由发展的条件的联合体"理想社会描绘，抑或在《资本论》中对资本对人的全面压抑的批判，均可看出马克思主义学说对人的关注。在《1844年经济学哲学手稿》《黑格尔法哲学批判》《关于费尔巴哈的提纲》《德意志意识形态》等文本中，我们不难发觉马克思对人的高度重视，明确提出"从现实的、有生命的个人本身出发"，把"从事实际活动的人"当作他的全部理论的出发点。[2]

马克思主义更看重人在现实社会中的地位和作用，将"以人为本"视为社会主义自然属性。"人是社会主义的心脏，没有'心脏'，是不能建设社会主义的。没有'人性'的社会主义，都是违背自然本性的，不讲'人性'的社会主义要长期实行下去是不可能的。"[3]同时，他们还具体描绘了社会主义高级阶段人存在的美好状态，即"人们的社会历史始终只是他们的个体发展的历史"，[4]未来共产主义社会将"以每个人的全面而自由的发展为基本原则"。[5]由此可见，马克思主义整个学术体系始终围绕的理论和实践核心就是"以人为本"，既"克服了旧唯物主义的缺陷，揭示了人的社会实践在人的生存和发展中所具有的决定作用；同时又对由人的实践所表现出的人的能动性作

---

〔1〕 鲍宗豪等：《科学发展论》，上海社会科学院出版社2007年版，第59页。

〔2〕 《马克思恩格斯全集》（第3卷），人民出版社1960年版，第30页。

〔3〕 《马克思恩格斯全集》（第1卷），人民出版社1972年版，第470页。

〔4〕 《马克思恩格斯选集》（第4卷），人民出版社1995年版，第532页。

〔5〕 《马克思恩格斯全集》（第23卷），人民出版社1972年版，第649页。

了科学的阐释，克服了唯心主义对人的能动性的解释的抽象性"。[1]其目的就是从社会、经济和文化等宏大领域中把人解放出来。这种以人为本的理论旨趣被后来的马克思主义所传承和发扬光大。

生态马克思主义代表人物福斯特意欲建构一种以满足人的整体需求为目标的新的社会发展方式，也提出了"以人为本"的命题。福斯特认为："必须以人为本，尤其以穷人为本，而不是以生产甚至环境为本，应当强调满足人的基本需求和长期保障的至关重要性。这是我们与资本主义生产方式更高的不道德进行斗争所要坚持的基本道义。"[2]从福斯特的言说中，我们可以读出"以人为本"的以下几层基本含义：一是以人为本的度的边界是持续"满足人的基本需求"，也就是说，维持人的生命延续的消费应符合"够了就好"的原则，而不是"多多益善"的、无节制的消费主义恶习；二是以人为本的终极目标指向仍然是"人"，以人为本作为绿色、生态发展的价值原则，而不是"生产力"或"生态环境"，之所以要考虑环境生态问题，终归是要让人能够自由、舒适、持续地生存下去，防止因为人的短视行为导致生态环境恶化，影响人的生存；三是以人为本的核心群体应该是广大的"穷人"，亦即处于底层的人民群众。

胡锦涛同志在十七大报告中不但宣告中国特色社会主义坚持"以人为本"，而且还时代性地解读了"以人为本"的内涵。他指出："我们提出以人为本的根本含义，就是坚持全心全意为人民服务，立党为公、执政为民，始终把最广大人民的根本利益作为党和国家工作的根本出发点和落脚点，坚持尊重社会发

[1]　刘放桐：《探索、沟通和超越：现代西方哲学与马克思主义哲学比较研究》，北京师范大学出版社 2010 年版，第 254 页。

[2]　J. B. Foster, *Ecology Against Capitalism*, Monthly Review Press, 2002, p. 49.

展规律与尊重人民历史主体地位的一致性，坚持为崇高理想奋斗与为最广大人民谋利益的一致性，坚持完成党的各项工作与实现人民利益的一致性，坚持发展为了人民、发展依靠人民、发展成果由人民共享。"〔1〕综上所述，绿色发展与以人为本至少在以下几个方面密切地联系在一起。

首先，绿色发展坚持"以人为本"应该遵循"够了就行"的原则，主要约束人与自然界的物质交换过程，达到维系人的生命就足够，杜绝消费主义恶习。对此，马克思指出："无论是在人那里还是在动物那里，类生活从肉体方面来说就在于人（和动物一样）靠无机界生活，而人和动物相比越有普遍性，人赖以生活的无机界的范围就越广阔……人在肉体上只有靠这些自然产品才能生活，不管这些产品是以食物、燃料、衣着的形式还是以住房等等的形式表现出来。"〔2〕尽管人靠自然界生活，但也不能毫无节制地消费自然界。这就是说："自然界是人为了不致死亡而必须与之处于持续不断的交互作用过程的、人的身体。所谓人的肉体生活和精神生活同自然界相联系，不外是说自然界同自身相联系，因为人是自然界的一部分。"〔3〕

其次，绿色发展坚持"以人为本"，应该遵循发展为了人民的方向。"生机勃勃的创造性的社会主义是人民群众自己创造的。"〔4〕所以，马克思主义绿色发展观问题上的"以人为本"，就是要以促进人的全面发展为出发点和落脚点。"人们奋斗所争

〔1〕 中共中央文献研究室编：《科学发展观重要论述摘编》，中央文献出版社2008年版，第31页。

〔2〕 ［德］马克思：《1844年经济学哲学手稿》，中共中央马克思恩格斯列宁斯大林著作编译局译，人民出版社2000年版，第56页。

〔3〕 ［德］马克思：《1844年经济学哲学手稿》，中共中央马克思恩格斯列宁斯大林著作编译局译，人民出版社2000年版，第56~57页。

〔4〕 《列宁全集》（第26卷），人民出版社1988年版，第269页。

取的一切，都同他们的利益相关。"〔1〕胡锦涛在十七大报告中如是说："全心全意为人民服务是党的根本宗旨，党的一切奋斗和工作都是为了造福人民。要始终把实现好、维护好、发展好最广大人民的根本利益作为党和国家一切工作的出发点和落脚点，尊重人民主体地位，发挥人民首创精神，保障人民各项权利，走共同富裕道路，促进人的全面发展，做到发展为了人民、发展依靠人民、发展成果由人民共享。"〔2〕

最后，绿色发展坚持"以人为本"应该以代际之间的可持续发展为本。由于全球人口增长而导致对清洁用水和粮食需求的不断增长，加之全球气候变化、生物多样性逐渐丧失等不利因素，当代人已经对人类赖以维持其生活和发展的"生命之舟"——地球造成了严重的生态危机。这种情况不论是对当代人还是对后代人的生存发展都构成了严重的威胁。作为前代人不能随意掠夺、侵占子孙后代的自然、生态资源，而是要恪守代际正义。即"当代人和后代人之间怎样公平地分配各种社会和自然资源、享有和传承人类文明成果"的正义问题，其核心是论证"在当代人和后代人之间存在一种作为公平的正义"。代际正义关系对于整体的人类的延续以及社会的和谐发展具有重要的理论和现实意义。对于代际正义的实现，罗尔斯认为"不同世代的人和同时代的人一样相互之间有种种义务和责任。现时代的人不能随心所欲地行动"。〔3〕因此，绿色发展所坚持的"以人为本"应受制于一定的行为原则的要求。

〔1〕《马克思恩格斯全集》（第1卷），人民出版社1979年版，第82页。

〔2〕胡锦涛：《高举中国特色社会主义伟大旗帜，为夺取全面建设小康社会新胜利而奋斗》，人民出版社2007年版，第15页。

〔3〕[美]约翰·罗尔斯：《正义论》，何怀宏、何包钢、廖申白译，中国社会科学出版社1988年版，第283页。

第五节　小结

康德提出"人为自然立法"的命题，把人类主体的角色彻底推向了极致，以至于人类控制自然变成了理所当然的责任，攫取、征服自然变成了证实自身力量的表现，与此同时，他也把自己置于一个"立法—敬畏"二律背反的两难境地。康德突出人的地位，但是毫不隐瞒对大自然和道德律的敬畏之心。令人遗憾的是："现代人类的道德价值观念仍然存在着严重的局限，它忽略了人与自然这一重要关系的伦理价值，因而建立一种新型的环境伦理或生态伦理也是现代人类道德文化建设本身的要求。"[1]西方涌现的五花八门的发展理论无法带领人类社会走出生态危机的窘境。历史唯物主义本身就是关于人类社会发展的哲学理论，是对人类社会发展的科学考察与判断，只要马克思主义所揭示的资本统治时代没有结束，马克思主义就是当代唯一有生命力的哲学。走出当前全球性的生态危机，走绿色发展道路，还得"回到马克思"那里找寻智慧。我们坚信，内蕴敬畏自然、尊重生命、平等共生、以人为本的马克思主义绿色发展的价值，必然是一种永远指向节约型发展、可持续发展、内向性发展和同一式发展的发展观。

---

〔1〕　万俊人：《寻求普世伦理》，北京大学出版社 2009 年版，第 152 页。

第六章　马克思主义绿色发展观的当代中国实践

> 如果对自然界没有认识，或者认识不清楚，就会碰钉子，自然界就会处罚我们，会抵抗。[1]
>
> ——毛泽东：《经济建设是科学，要老老实实学习》

生态问题与可持续发展已经被公认为人类 21 世纪面临的最大的挑战。作为生态危机的根源，资本统摄的生产生活方式的反生态本质已经暴露无遗，人们陷入了在经济发展和生态保护之间抉择的前所未有的彷徨之中。人类必须反思这种社会制度下社会发展的实践逻辑和价值理念，亟待寻找一个新的目标导向来代替当前的资本主义社会制度，引领人类社会健康发展。毫无疑问，这种制度就是社会主义制度。

中国共产党对人与自然关系的认识，经历了一个从"向自然开战""人定胜天"到"尊重自然""和谐相处"，再到大力保护环境、美丽中国、绿色发展和打造人类绿色命运共同体的不断深化的过程。实现中国梦的中国道路离不开绿色发展。所以，马克思主义绿色发展观的当代中国建构，需要社会发展绿色规划、不断凝聚绿色文化、推进绿色行政、发展绿色经济、构建绿色发展制度体系，积极构建一个绿色协同治理的体系，确保美丽中国梦和人类绿色命运共同体早日实现。

---

〔1〕《毛泽东文集》（第 8 卷），人民出版社 1999 年版，第 72 页。

第一节　绿色发展的中国探索

一、"绿化祖国"：绿色发展观的尝试阶段

马克思主义绿色发展观是中国马克思主义的伟大贡献，是承续马克思主义生态哲学思想、"融合了东方文化基础"[1]和形成了一条全新的发展价值体系的发展观念。中国马克思主义者对绿色发展观的探索最直接的原因是对自然灾害的回应，中国是遭受自然灾害较为严重的国家之一，中华人民共和国成立之后自然灾害频发（见表6-1），给人民生命财产造成了极大的损失。据估计，全球自然灾害导致每年死亡25 000人，财产损失500亿~1000亿美元。[2]国际红十字会统计，1971年至1995年间，全球由地震、干旱和饥荒、洪水、风暴、滑坡、火山喷发等自然灾害造成的死亡人数平均每年达到12.33万人（见表6-2）。仅1976年7月28日唐山大地震，就死亡了24.2万人。

表 6-1　1954 年至 1976 年中国主要自然灾害一览表

时　间	主要灾害
1954	长江、淮河洪水
1955	黄河下游冰凌洪水
1957	松花江大洪水
1958	黄河洪水
1963	海河特大洪水

---

〔1〕　胡鞍钢：《中国：创新绿色发展》，中国人民大学出版社2012年版，第35页。
〔2〕　张乃平、夏海东编著：《自然灾害应急管理》，中国经济出版社2009年版，第11页。

时 间	主要灾害
1966	河北邢台 7.2 级地震
1968	珠江洪水
1970	云南海通 7.7 级地震
1975	淮河流域洪汝河、沙颖河洪水；辽宁海城 7.3 级地震
1976	云南龙陵 7.3、7.4 级地震；河北唐山 7.8 级地震

资料来源：刘国华：《中国化马克思主义生态观研究》，东南大学出版社 2014 年版，第 106 页。

表 6-2　1971 年至 1995 年全球受自然灾害影响的平均人数　单位：万人

灾害类型	死亡	受伤	影响	无家可归	合计
地震	1.91	2.63	168.83	23.76	197.13
干旱和饥荒	7.36	0.00	6069.26	2.27	6078.89
洪水	1.27	2.07	6004.13	324.14	6331.61
风暴	1.61	1.00	1113.09	114.27	1229.97
滑坡	0.08	0.03	13.76	10.75	24.62
火山喷发	0.10	0.03	9.43	1.51	11.07
合计	12.33	5.76	1338.40	476.70	13876.29

资料来源：张乃平、夏海东：《自然灾害应急管理》，中国经济出版社 2009 年版，第 11 页。

以毛泽东为代表的中国马克思主义者睿智地把人与自然的关系摆到了一个十分突出的位置，号召充分发挥人的主观能动性，发挥人民大众的力量，提出"向自然开战""绿化祖国"的伟大口号，采取了一系列治理措施。马克思主义绿色发展初见端倪。

其一，控制人口。马尔萨斯的人口理论虽然遭到过马克思的批判，但可以肯定的是，生态危机与人口增长过快密切相关。据测算："当世界人口增长到六十三亿，那时，人类对于能源的需求将等于人类已经消耗掉的全部能源。"[1]对于这个问题，随着我国人口急剧增长，毛泽东立刻意识到"人类本身的生产无政府和无计划"问题的严重性。1957年2月27日，毛泽东在《在最高国务会议第十一次会议上的讲话》中指出："我们这个国家有这么多的人，这是世界上各国都没有的。要提倡节育，要有计划地生育。"[2]1959年4月29日，他明显感觉到中国人口增长带来的压力，感觉到6.5亿人口"吃饭"的压力。1975年2月，毛泽东再次强调，人口非控制不行。无可否认，发展是以消耗一定自然资源为代价的，地球上的人口越多就意味着消耗的资源越多。因此，控制合理的人口无疑是马克思主义绿色发展的一个十分重要的方面。

其二，勤俭节约。毛泽东十分清楚地看到"发展"的不可替代的地位。他指出："社会主义经济法则是发展生产，保障需要，这是主要的、基本的，是起领导作用的经济法则。"[3]他在《〈中国农村的社会主义高潮〉按语选》中号召全国在掀起社会主义建设高潮中务必坚持勤俭节约的原则。他要求："勤俭办工厂，勤俭办商店，勤俭办一切国营事业和合作事业，勤俭办一切其他事业，什么事情都应当执行勤俭的原则。"[4]同时，他还

〔1〕 陈学明：《谁是罪魁祸首——追寻生态危机的根源》，人民出版社2012年版，第445页。

〔2〕《毛泽东　邓小平　江泽民论科学发展》，中央文献出版社2008年版，第16页。

〔3〕《毛泽东文集》（第6卷），人民出版社1999年版，第289页。

〔4〕《毛泽东文集》（第6卷），人民出版社1999年版，第447页。

把勤俭节约提升到了建国方针的高度。他认为："要使我国富强起来，需要几十年艰苦奋斗的时间，其中包括执行厉行节约、反对浪费这样一个勤俭建国的方针。"[1]

其三，林业保护。中华人民共和国成立初期，尽管建设社会主义新中国的任务十分繁重，但毛泽东也没有放松对生态环境保护、植树绿化等工作的安排部署。譬如，1952 年 10 月 29日，毛主席在徐州游云龙山时，站在山顶眺望九里山，只见漫山遍岭树木稀疏。他对徐州市委负责人说："要发动群众，依靠群众，穷山可以变成富山，恶水可以变成好水。要知道，一株 10 米高、40 厘米粗的树，一年能贮藏一吨的水哩！我们要发动群众，上山栽树，一定要改变徐州童山的面貌。"[2]1956 年，毛主席更是发出了"绿化祖国"的号召，1959 年，又明确提出"实行大地园林化"的奋斗目标。

其四，兴修水利。中国历史发轫于江河治理和兴修水利。黄河是中国的母亲河，围绕黄河治理的神话故事有"共工治水""女娲治水""鲧禹治水"等。据统计，自公元前 206 年至 1949年的 2155 年间，中国共发生较大的洪水灾害 1092 次，1949 年10 月 1 日中华人民共和国成立以来，黄河、长江、淮河等七大江河发生较大洪水 50 多次，[3]给老百姓的生命财产造成了无法估量的损失。对此，美国学者魏特夫（K. A. Wittfogel）称中国是一个"治水社会"。[4]熟读中国历史的毛泽东同志成为新中

---

〔1〕《毛泽东文集》（第 7 卷），人民出版社 1999 年版，第 240 页。

〔2〕 顾龙生编著:《毛泽东经济年谱》，中共中央党校出版社 1993 年版，第 310页。

〔3〕 张乃平、夏海东编著：《自然灾害应急管理》，中国经济出版社 2009 年版，第 119 页。

〔4〕［美］卡尔·A. 魏特夫：《东方专制主义：对于极权力量的比较研究》，徐式谷等译，中国社会科学出版社 1989 年版，第 15 页。

国领袖之后，对江河治理和水利兴修格外重视，先后提出"一定要把淮河修好"[1]，"要把黄河的事情办好"[2]，"一定要根治海河"[3]，等等。除了治理江河之外，毛泽东还十分重视兴修水利，将水利视为农业的命脉，在全国农村掀起了一次又一次的农田水利建设的高潮，农业生产条件发生了根本性变化。譬如，全国灌溉面积由 1952 年的 3 亿亩扩大到 6.7 亿亩，翻了一番多，长江、黄河、淮河、海河、珠江等水系基本得到治理。

二、"保护环境"：绿色发展观的酝酿阶段

中国生态文明是第二代、第三代领导集体和以胡锦涛同志为核心的党中央在应对日益严峻的生态危机所提出的执政兴国方略之一。他们在其执政期间，针对生态环境问题对生态文明分别作出了各具特色的阐释。特别是，胡锦涛在十八大报告中把生态文明建设与政治建设、经济建设、文化建设和社会建设置于同等地位，成为中国特色社会事业"五位一体"总体布局的重要组成部分，标志着马克思主义绿色发展观日趋成熟。至此，马克思主义绿色发展观呼之欲出。

邓小平提出"绿色革命"。以邓小平为核心的第二代中央领导集体，提出绿色革命、转变经济增长方式以及解决中国发展的问题只能靠社会主义等绿色发展观。邓小平指出："植树造林，绿化祖国，是建设社会主义，造福子孙后代的伟大事业，要坚持二十年，坚持一百年，要一代一代永远干下去。"1989 年

---

[1] 逄先知、金冲及：《毛泽东传》（第 3 卷），中央文献出版社 2013 年版，第 1057 页。

[2] 中共中央文献研究室编：《毛泽东年谱（1949-1976）》，中央文献出版社 2013 年版，第 621 页。

[3] 中共中央文献研究室编：《毛泽东年谱（1949-1976）》，中央文献出版社 2013 年版，第 283 页。

4月8日，邓小平指出："'绿色革命'要坚持一百年，二百年。中国也一样，对我们来说，最难解决的不是工业，而是农业。难处是人口多，控制人口计划生育工作做得不好。到本世纪末，恐怕十二亿人口打不住，这对中国的发展是一个大的障碍。"[1]邓小平同志在已有的科学发展的理念上加以扩展完善，顺应实际的要求，创造性地提出了社会主义市场经济体制，帮助中国的经济取得腾飞。"我们要按价值规律办事，按经济规律办事。搞得好，有可能为今后五十年以至七十年的持续、稳定、协调发展打下基础。进行全面的经济体制改革需要有勇气，胆子要大，步子要稳。这是我们党和国家当前压倒一切的最艰巨的任务。"[2]邓小平在推行改革开放的政策之初就着重强调了按规律办事的重要性，要客观、科学地发展。事实也证明改革开放取得了巨大成功，验证了改革开放政策的科学性和正确性，实行社会主义市场经济是中国发展社会生产力的必经之路。在关注经济发展之外，邓小平也认识到了环境问题的重要性。其在《植树造林》一文中就提出了"植树造林，绿化祖国，造福后代"的口号，体现了环境问题的重要性，正式形成了保护环境的理念。

　　江泽民重视"保护环境"。1996年7月16日，江泽民在我国第四次全国环境保护会议上明确提出了"保护环境"的思想。他认为："环境保护很重要，是关系我国长远发展的全局性战略问题。"[3]具体而言，江泽民的保护环境思想主要体现在如下几个方面：一是要保护水资源，实现"水资源的可持续利用"。江泽民认为，"水是人类生存的生命线"，[4]但当前我国水资源越

---

　　〔1〕　中共中央文献研究室编：《邓小平年谱（一九七五——一九九七）》，中央文献出版社2004年版，第1271页。

　　〔2〕　《邓小平文选》（第3卷），人民出版社1993年版，第130页。

　　〔3〕　《江泽民文选》（第1卷），人民出版社2006年版，第532页。

　　〔4〕　《江泽民文选》（第2卷），人民出版社2006年版，第295页。

来越短缺，水环境越来越恶化。所以，全党必须高度重视水资源的保护、水资源的开发，保护农村应用水源，城市居民树立水资源节约观念，建设"节水型社会"。同时，要花大力气治理江河水系，治理水土流失问题。二是要保护耕地，化解人口和土地之间的矛盾。在他看来，"保护耕地是一项长期而又艰巨的任务"，[1]因为我国人口和土地的矛盾一直较为突出，人口众多，耕地相对较少，而且耕地被侵占的趋势愈演愈烈，"全国人口每年净增一千五百万至一千六百万，而耕地每年至少减少四百万亩"。[2]保护耕地关键是要划定耕地红线，深化国土资源有偿使用制度改革，依法严厉打击违法审批、处置、占用土地资源行为。三是要合理开发利用资源，实现生态环境良性循环。自然资源的突出特征是不可再生性，所以人类如果想继续在这个星球生存下去，必须控制消费，节约资源。江泽民指出："如果在发展中不注意环境保护，等到生态环境破坏了以后再来治理和恢复，那就要付出沉重的代价，甚至造成不可弥补的损失。"[3]江泽民从水资源、土地资源和自然资源保护的必然性论证环境保护的重要性、必然性，站在攸关人类生存的高度，将环境保护思想纳入执政兴国，无疑是深谋远虑的。

胡锦涛倡导"生态文明"。党的十七大以来，胡锦涛同志一直把"建设生态文明，基本形成节约能源资源和保护生态环境的产业结构、增长方式、消费模式"定为党中央在新世纪新阶段提出的重大战略思想。一方面，把可持续发展作为生态文明建设的目标。胡锦涛同志指出："建设生态文明，实质上是要建设以资源环境承载力为基础、以自然规律为准则、以可持续发

---

〔1〕《江泽民文选》（第3卷），人民出版社2006年版，第463页。

〔2〕《江泽民文选》（第1卷），人民出版社2006年版，第262页。

〔3〕《江泽民文选》（第1卷），人民出版社2006年版，第532页。

展为目标的资源节约型、环境友好型社会。"[1]后来，其在党的十八大报告中又把生态文明列入总体布局中。另一方面，胡锦涛认为生态文明的本质特征是人与自然和谐共生。他指出："大量事实表明，人与自然的关系不和谐，往往会影响人与人的关系、人与社会的关系。如果生态环境受到严重破坏、人们的生产生活环境恶化，如果资源能源供应高度紧张、经济发展与环境资源能源矛盾尖锐，人与人的和谐、人与社会的和谐是难以实现的。"[2]在十八大报告中，胡锦涛同志明确提出了绿色发展的概念，即要"着力推进绿色发展、循环发展、低碳发展"，[3]并把"生态文明"提高到与经济建设、政治建设、文化建设和社会建设同等地位的高度，强调"把生态文明建设放在突出地位，融入经济建设、政治建设、文化建设、社会建设各方面全过程，努力建设美丽中国"[4]的构想。以胡锦涛为核心的中央领导集体在贯彻落实科学发展观、建设社会主义和谐社会的实践中，不断推进社会主义生态文明建设与实践创新，首次提出建设"美丽中国"的概念。

三、"美丽中国"：绿色发展观的形成阶段

习近平总书记全面描画了"美丽中国"的壮丽蓝图，深度阐发了美丽中国的内涵和具体的实施步伐，提出"建设绿色家

---

〔1〕 中共中央文献研究室编：《十七大以来重要文献选编》（上），中央文献出版社 2009 年版，第 109 页。

〔2〕 中共中央文献研究室编：《十六大以来重要文献选编》（中），中央文献出版社 2006 年版，第 715~716 页。

〔3〕 胡锦涛：《坚定不移沿着中国特色社会主义道路前进，为全面建成小康社会而奋斗》，人民出版社 2012 年版，第 39 页。

〔4〕 胡锦涛：《坚定不移沿着中国特色社会主义道路前进，为全面建成小康社会而奋斗》，人民出版社 2012 年版，第 39 页。

园"的价值诉求，是马克思主义绿色发展系统论述者和集大成者，标志着马克思主义绿色发展观的形成。从本质上来看，"美丽中国代表的是人与自然、人与社会的和谐发展，包含了经济、政治、文化、社会、生态文明建设五位一体"[1]发展的美的追求。这无疑充分体现了人民的意愿、社会的期盼、国家的目标，标志着马克思主义绿色发展观从探索走向成熟。

首先，美丽中国是实现中国梦的重要内容。正如习近平总书记所说："中国梦是一种形象的表达。"[2]实现中华民族伟大复兴离不开生态环境的优美宜居，"走向生态文明新时代，建设美丽中国，是实现中华民族伟大复兴的中国梦的重要内容"。[3]国家富强、民族复兴、社会文明、人民幸福是实现中国梦的重要内容。美丽中国是环境之美、和谐之美、制度之美、生活之美、未来之美的总称，是人与自然关系以及人与人之间关系的一种平等、共生与和谐之美。显然，美丽中国是中国梦的重要内容，建设美丽中国关系到中华民族的共同命运和人民的幸福生活，关系到中国特色社会主义道路的顺利推进，是中国共产党人对民族复兴的使命和担当的表现，是亿万中华儿女对未来发展的美好的愿望和期望。

其次，美丽中国是绿色发展的诗意表达。波里特认为，黑色发展是"错误的态度和价值相结合的'工业化'的结果"，[4]是

---

[1] 全国干部培训教材编审指导委员会组织编写：《建设美丽中国》，人民出版社 2015 年版，第 6 页。

[2] 习近平："在同全国总工会新一届领导班子成员集体谈话时的讲话"，载 http://news.xinhuanet.com/politics/2013-10/23/c_ 117844453.htm，访问日期：2013 年 10 月 23 日。

[3] 习近平："致生态文明贵阳国际论坛 2013 年年会的贺信"，载《人民日报》2013 年 7 月 21 日。

[4] 转引自 [美] 戴维·佩珀：《生态社会主义：从深生态学到社会正义》，刘颖译，山东大学出版社 2012 年版，第 105 页。

一种对大自然面目狰狞"掠夺"式的开发。自然被人类破坏得已是满目疮痍。毫无疑问，"自然受到的侵害加剧了人受到的侵害"。[1]中国不能走西方资本主义社会黑色发展的老路，必须独辟蹊径。美丽中国战略的提出就是一种态度。习近平总书记明确表示："中国将按照尊重自然、顺应自然、保护自然的理念，贯彻节约资源和保护环境的基本国策，更加自觉地推动绿色发展、循环发展、低碳发展，把生态文明建设融入经济建设、政治建设、文化建设、社会建设各方面和全过程，形成节约资源、保护环境的空间格局、产业结构、生产方式、生活方式，为子孙后代留下天蓝、地绿、水清的生产生活环境。"[2]万俊人认为，"'美丽中国'作为生态文明建设目标的文学隐喻，显然不只是表达我们对天更蓝、水更美、空气更加洁净、山河更加美丽的期待，同时也形象而充分地表达了中国特色社会主义现代化道路的全新视境"，[3]需要全党、全社会、每一个人行动起来为建设我们的绿色家园而奋斗。

再次，绿色发展、美丽中国与中国道路密不可分。"美丽中国"大致包含三个维度的意蕴。一是生态文明的自然之美；二是"融入生态文明理念后的物质文明的科学发展之美、精神文明的人文化成之美、政治文明的民主法制之美"；三是"社会生活的和谐幸福之美（即美好生活）"。[4]在本书的第三章，我

〔1〕〔美〕赫尔伯特·马尔库塞等：《工业社会和新左派》，任立编译，商务印书馆1982年版，第127页。

〔2〕习近平："致生态文明贵阳国际论坛2013年年会的贺信"，载《人民日报》2013年7月21日。

〔3〕万俊人："美丽中国的哲学智慧与行动意义"，载《中国社会科学》2013年第5期。

〔4〕李建华、蔡尚伟："'美丽中国'的科学内涵及其战略意义"，载《四川大学学报（哲学社会科学版）》2013年第5期。

们给出了马克思主义绿色发展观的概念，即"始终坚持发展为第一要务，遵循以人为本的发展德性，敬畏自然、利用自然、呵护自然，实现世界的可持续发展和人的全面发展"。一方面，其内涵与美丽中国蓝图相互补充、相互渗透；另一方面，也是中国特色社会主义道路需要建设的内容。习近平总书记指出："中国特色社会主义道路，是实现我国社会主义现代化的必由之路，是创造人民美好生活的必由之路。中国特色社会主义道路，既坚持以经济建设为中心，又全面推进经济建设、政治建设、文化建设、社会建设、生态文明建设以及其他各个方面建设。"[1]这深刻揭示了三者之间的内在联系：美丽中国是绿色发展的目标，绿色发展和中国道路则是实现美丽中国的方法和道路。

第二节 绿色发展的中国模式

一、社会发展绿色规划

社会发展规划引领是推进当代中国绿色发展的顶层设计，决定绿色发展的方向。只有高瞻远瞩地加强绿色发展的规划，分阶段、分类型、分地域制定具体的实施方案和具体的路线图，才能把一个个宏大而美丽的绿色中国梦细化为具体可行的方案。

我国已经圆满完成了12个国民经济和社会发展规划，正在大力推进第13个"五年规划"，这些规划引领我国实现了从"黑色发展"到"绿色发展"的重大转型。考察我国13个"五年规划"中有关生态和绿色指标，大致可以将其分为四个时期：①黑色发展的五年计划时期（"一五"至"五五"），其主要特

---

〔1〕 习近平："紧紧围绕坚持和发展中国特色社会主义学习宣传贯彻党的十八大精神"，载《人民日报》2012年11月19日。

征是突出重工业发展的优先地位，经济社会发展以粗放发展为主流，高投入、高污染、高排放、低产出，造成了大量自然资源浪费；②初步转型期（"六五"至"八五"），转型是这个时期的典型特征，经济发展模式由计划经济逐步向市场经济过渡，资源开发与节约的思路被提上日程；③可持续发展阶段（"九五"至"十五"），中国经济增长方式开始从粗放型向集约型转变，可持续发展深入人心；④转向绿色发展（"十一五"至"十三五"），《国民经济和社会发展第十三个五年规划纲要》顶层设计了绿色发展蓝图（详见表6-3）。

表6-3　"十三五"规划纲要生态环境保护主要指标

指　标		2015 年	2020 年	〔累计〕	属性
生态环境质量					
1. 空气质量	地级及以上城市空气质量优良天数比率（%）	76.7	>80	-	约束性
	细颗粒物未达标地级及以上城市浓度下降（%）	-	-	〔18〕	约束性
	地级及以上城市重度及以上污染天数比例下降（%）	-	-	〔25〕	预期性
2. 水环境质量	地表水质量达到或好于Ⅲ类水体比例（%）	66	>70	-	约束性
	地表水质量劣Ⅴ类水体比例（%）	9.7	<5	-	约束性
	重要江河湖泊水功能区水质达标率（%）	70.8	>80	-	预期性

续表

指　标		2015 年	2020 年	〔累计〕	属性
生态环境质量					
	地下水质量极差比例（%）	15.74	15 左右	–	预期性
	近岸海域水质优良（一、二类）比例（%）	70.5	70 左右	–	预期性
3. 土壤环境质量	受污染耕地安全利用率（%）	70.6	90 左右		约束性
	污染地块安全利用率（%）	–	90 以上	–	约束性
4. 生态状况	森林覆盖率（%）	21.66	23.04	〔1.38〕	约束性
	森林蓄积量（亿立方米）	151	165	〔14〕	约束性
	湿地保有量（亿亩）	–	≥8		预期性
	草原综合植被盖度（%）	54	56		预期性
	重点生态功能区所属县域生态环境状况指数	60.4	>60.4	–	预期性
污染物排放总量					
5. 主要污染物排放总量减少（%）	化学需氧量	–	–	〔10〕	约束性
	氨氮	–	–	〔10〕	
	二氧化硫	–	–	〔15〕	
	氮氧化物	–	–	〔15〕	

续表

指　标		2015 年	2020 年	〔累计〕	属性
6. 区域性污染物排放总量减少（%）	重点地区重点行业挥发性有机物	–	–	〔10〕	预期性
	重点地区总氮	–	–	〔10〕	
	重点地区总磷	–	–	〔10〕	预期性
生态保护修复					
7. 国家重点保护野生动植物保护率（%）		–	>95	–	预期性
8. 全国自然岸线保有率（%）		–	≥35	–	预期性
9. 新增沙化土地治理面积（万平方公里）		–	–	〔10〕	预期性
10. 新增水土流失治理面积（万平方公里）		–	–	〔27〕	预期性

注：〔 〕内为五年累计数。

《中华人民共和国国民经济和社会发展第十三个五年规划纲要》单列第十篇规划"绿色发展"战略："加快改善生态环境"重点规划我国的生态问题，突出绿色发展制度体系构建和制度创新，明确从绿色发展政府监管制度体系、绿色发展市场交易制度和绿色发展社会参与制度三位一体化的制度体系构建思想。如提出了一系列创新性制度：环保督察巡视制度、环境质量目标责任制和考核机制、环保机构检测督察执法垂直管理制度、企业排放许可制度、排污权使用交易制度、企业环境信用记录和违法排污黑名单制度、环境公益诉讼制度、领导干部环境保护责任离任审计制度等等。[1]《"十三五"生态环境保护规划》提出了"绿色富国、绿色惠民，处理好发展和保护的关系，协同推进新型工业化、城镇化、信息化、农业现代化与绿色化"[2]的原则，突出了规划的引领和范导作用。国家规划引领绿色发展要在处理以下几个关系方面下功夫：

表6-4 "一五"计划（1952年至1957年）建设成就

项　目	工农业总产值	生产资料	消费资料	钢产量	煤产量	发电量	农业总产值	粮食总产量
五年增长（%）	67.8	210.0	83.0	296.0	96.0	166.0	24.8	19.0
年均增长（%）	10.9	25.4	12.9	59.2	19.2	33.2	4.5	4.7

资料来源：刘仲藜：《奠基：新中国经济五十年》，中国财政经济出版社1999年版，第109页。

首先，处理好发展与生态的关系。生态文明建设事关人民福祉，事关中国特色社会主义道路与美丽中国梦的实现。在"黑色发展"的五个"五年计划"（"一五"至"五五"）时期，我们无视自然规律，将毛泽东预言的"如果对自然界没有认识，或者认识不清楚，就会碰钉子，自然界就会处罚我们，会抵抗"[3]的话语抛到了九霄云外，信奉"人定胜天"的论调，工业发展"以钢为纲"，农业发展"以粮为纲"，（见表6-4）虽然成效显

---

〔1〕《中华人民共和国国民经济和社会发展第十三个五年规划纲要》，人民出版社2016年版，第112~113页。

〔2〕"'十三五'生态环境保护规划"，载http://www.gov.cn/zhengce/content/2016-12/05/conte nt_5143290.htm，访问日期：2016年12月5日.

〔3〕《毛泽东文集》（第8卷），人民出版社1999年版，第72页。

著（五年的钢产量增加了296%），煤产量增长了96%，但如此高速的增长消耗了我国许多的自然资源，生态环境遽然恶化，严重威胁到了人民健康。发展和生态之间的矛盾愈演愈烈，转变发展方式势在必行。邓小平指出："中国解决所有问题的关键是要靠自己的发展。"[1]毫无疑问，这其中也包含了深刻的生态视角。中国共产党执政，"首要任务就是带领人民推动经济社会发展"，更好地实施"可持续发展战略、破解发展难题，提高发展质量和效益，实现又好又快发展，为发展中国特色社会主义打下坚实基础"。[2]所以，我国制定国家经济社会五年发展计划，需要考虑发展与生态之间的辩证关系，始终坚持"发展才是硬道理"[3]的原则，坚持绿色发展，"走生产发展、生活富裕、生态良好的文明发展道路"，[4]既要积极推动经济社会发展，又要重视生态环境环保。

其次，处理好城市与乡村的关系。我国是农业大国，拥有6.2亿农民（2015年数据）。诚如邓小平所说："农业是根本，不要忘掉。"[5]尽管城市化和新型城镇化推进如火如荼，但当前并未改变我国农业社会的现实。财政部披露的数据显示：2014年财政收支情况中，地方政府性基金收入4.99万亿，其中国有土地使用权出让收入4.26万亿，同比增加1340亿元，增长3.2%。城市化和城镇化占有土地的现象也非常严峻，土地浪费现象较为严重。2000年至2015年，我国城市土地扩张了83.41%，

〔1〕《邓小平文选》（第3卷），人民出版社1993年版，第265页。
〔2〕《中国共产党第十七次全国代表大会文件汇编》，人民出版社2007年版，第14~15页。
〔3〕《邓小平文选》（第3卷），人民出版社1993年版，第377页。
〔4〕 胡锦涛："在参加中国共产党第十七次全国代表大会江苏代表团讨论时的讲话"，载《人民日报》2007年10月17日。
〔5〕《邓小平文选》（第3卷），人民出版社1993年版，第23页。

远远超过城市人口增长的 45%。土地买卖日趋火热，严重威胁到了生态用地，引起了党和国家高度重视，必须运用法律的手段控制生态土地被侵占的趋势。《中华人民共和国环境保护法》（2014 年）提出："国家在重点生态功能区、生态环境敏感区和脆弱区等区域划定生态保护红线，实行严格保护。"（见表 6-5）

表 6-5 《国家生态红线划定技术导则（试行）》生态红线划定对象

重要生态功能区	《全国生态功能区划》确定的国家重点生态功能区、《全国主体功能区规划》确定的国家重点生态功能区、海洋重要生态功能区
陆地生态敏感区	水土流失敏感区、土地沙化敏感区、石漠化敏感区、河湖滨岸敏感区
陆地生态脆弱区	水、热、地貌、土壤等条件限制地表植被生长的地区
海洋生态脆弱区、敏感区	海洋生物多样性敏感区、海岸侵蚀敏感区、海平面上升影响区、风暴潮增水影响区
禁止开发区	国家级自然保护区、世界自然文化遗产、国家级风景名胜区、国家森林公园和国家地质公园

资料来源：余欣荣主编：《建设美丽中国》，人民出版社 2015 年版，第 45 页。

最后，处理好规划与考核的关系。规划就是计划和指标，规划一旦拟定，其关键就在于落实和考核，既要保证规划的客观性、可操作性和严肃性，又要以严格的考核等保障措施来推进规划的落实，确保规划不走样。对此，习近平总书记强调，"要真正做到一张好的蓝图干到底，切实干出好成绩"，必须明确绿色发展的激励约束机制。"十三五"规划明确提出，要"切实落实地方政府环境责任，开展环境督察巡视，建立环境质量目标责任制和评价考核机制"。[1]经验表明，没有考核激励的规划很容易落空。没有建立合理的奖惩制度，没有激励性的鞭策就无法调动地方官员在关注生态问题的同时发展经济的积极性，容易形成矫枉过正，只注重生态不注重经济的发展滞后。因此，如何在现行的经济激励机制中加入生态因素，形成经济生态并重的激励体系就成了促进生态经济发展的关键。官员政绩激励体制是一种发展经济的锦标赛，经济锦标赛体制以经济建设的政绩为考核标准，忽略生态文明指标的纳入，促使地方党政"一把手"采取不顾及生态的发展策略。在这样一种激励体制的误导下，官员一心只管发展经济，做出政绩以利自己升迁。加之生态问题的时滞性，官员们只求在自己的任期内生态问题不爆发就万事大吉，往往是接任官员成为替罪羊，而追查时又互相踢皮球，责任难以落实。为了应对上述问题，我们提出了生态经济并重的生态锦标赛制度和生态追责制度。顾名思义，生态锦标赛制度就是关于生态环境的考核制度，设定生态负面清单，考察官员上任期的环境情况指标，以此作为该名官员晋升的重要依据。每年进行任期的环境考核，作为该名官员执政时期的生态政绩的考核基础，着重关注有无新生污染、生态问题是否加重、生态治理是否落实等问题并加以考察、给出评价，作为政绩考核的一个依据，与经济发展并重，共同决定官员政绩的优劣。而对于环境问题时滞性的解决则依赖生态追责制度，在到任和离任的生态调查的基础上，对新旧官员的责任要明确区分，产生环境问题之后要科学严谨地调查。对污染问题实施

---

〔1〕《中华人民共和国国民经济和社会发展第十三个五年规划纲要》，人民出版社 2016 年版，第 112 页。

溯源制，查处污染的根源所在，执行生态终身追责制度。

二、文化建设绿色引领

文化是"人类在改造世界包括改造人自身的对象性活动中所展示的，体现人的本质、力量、尺度的方面及其成果，是人类所创造的'人工世界'及其人化形式"。[1]梁启超在《什么是文化》中称："文化者，人类心能所开释出来之有价值的共业也。"[2]梁启超提到的"共业"包含诸多领域，如认识的、规范的、艺术的、器用的、社会的等。文化是人类活动的重要方面，体现着人的本质力量和推动社会发展。英国历史学家汤因比在《历史研究》一书中把人类文明区分为政治的、经济的、文化的，并且认为文化才是构成一个文明社会的精髓。在马克思主义看来，文化作为人与自然、人与人之间关系的中介，推动着社会前进。而且，在人类历史发展中，文化及其活动模式的转换、变更和优化，不断改变、刺激着人的需要，需要最终牵引人类从低级阶段走向高级阶段。人类社会早期，人类的生产工具直接取材于大自然，进行的劳动也仅仅是简单的采集和狩猎。这样，人类的文化活动往往也是对这些活动的反映和提炼。如，古代的图腾、巫术、神话和宗教无不表现出人类对自然的依赖性和敬畏感。但是，文明和文化的发展，人类制造的生产工具表现为反自然特性，即不是直接来自于大自然。如铁器取代了石器，蒸汽机动力取代了自然畜力，汽车取代了马车……这样，人类的文化活动也随之发生了改变，表现出人类对自然的征服

---

〔1〕 李秀林、王于、李淮春主编：《辩证唯物主义和历史唯物主义原理》，中国人民大学出版社 1995 年版，第 408 页。
〔2〕 转引自张岱年、方克立主编：《中国文化概论》，北京师范大学出版社 2014年版，第 3 页。

和不屑，在文化上埋下了自然生态危机的隐患。

正如生态学家罗尔斯顿所说："从现在起，文化将成为影响大自然的越来越重要的决定性因素。有人说，下一个千年是自然的终结期，但是，我们还有另一个希望，那就是把下一个千年当作营造文化与自然协调发展的一千年。人们已经认识到地球的丰富性，人类能够以其他物种所不能的方式欣赏，进一步增加了这种丰富性。人类还能够创造性地构建多姿多彩的、复杂的文化，这些文化也增加了地球的丰富性。但是，如果这种文化进一步破坏历经数千年才取得的生物多样性，给后人留下一个贫瘠的地球，那么，它就将是人类，特别是我们引以为自豪的所谓现代人类文化的一个悲剧性的失败。我们不仅将使自己变得一无所有，而且还将使地球变成不毛之地。我们就将不再是智慧物种——人类。"[1]所以，马克思主义绿色发展观当代建构需要全面清算这些文化糟粕，批判继承全人类优秀文化，弘扬"民胞物与""天人合一"中国传统生态哲学精神，加快实现当前思想文化、消费文化、行为文化的绿色转型。现在看来，所谓文化建设的绿色转型，就是要将生态文明、环境保护、绿色发展理念融入各级各类文化教育、文明行为习惯涵养，在和谐共存、平等共生、持续发展的基础上，合理处理人与人、人与社会、人与自然的关系。

首先，要弘扬中国传统生态文化。正如美国后现代思想家柯布（J. Cobb, Jr）所说："在中国古代的智慧中有许多资源可以帮助我们，在中国实现一种生态文明的可能性要大于西方——因为，与自然相疏离，这几乎充斥西方历史的所有文化

---

〔1〕 ［美］霍尔姆斯·罗尔斯顿：《环境伦理学——大自然的价值以及人对大自然的义务》，杨通进译，许广明校，中国社会科学出版社2000年版，第7页。

里。"[1]中国是一个五千多年从未中断的文明古国，文化博大精深，哲学慧根发达，具有十分丰富的生态文化资源。中国的传统生态思想上可追溯到三皇五帝传说时代，下可至晚清封建社会灭亡时期，横亘中华民族上下几千年的文明史。毫无疑问，中国文化的代表是儒家和道家，虽然二者有着不同的处世方略，但细致探究不难发现其在生态自然观方面存在的深层次联系。这种深层次的关联性主要表现为二者在自然观上的同根性，均主张"天人合一"。众所周知，"天人合一"的观念最早出现在《易传》中。儒家的天人合一思想从孔子开始探索，着意用其理论核心思想——仁——来诠释天、地、人之间因该采用的态度——爱。在孔子看来，仁就是要"泛爱众"，当然包含自然界。也就是说，在处理人与自然的关系时要行"仁"，既要对他人表现出仁，也要对自然、对万物表现出仁，以仁爱万物为德。这就充分体现了早期儒家对自然的包容性及其与自然和谐平等发展的生态伦理思想。孟子则把天与人的心性相连，提出了"尽心、知性、知天"生态观。主张人类应该认识自然规律，即"知天"，人在认识自然规律之后更要尊重、遵循自然规律。例如，《孟子·梁惠王章句上》写道："不违农时，谷不可胜食也；数罟不入洿池，鱼鳖不可胜食也；斧斤以时入山林，材木不可胜用也。谷与鱼鳖不可胜食，材木不可胜用，是使民养生丧死无憾也。养生丧死无憾，王道之始也。五亩之宅，树之以桑，五十者可以衣帛矣；鸡豚狗彘之畜，无失其时，七十者可以食肉矣；百亩之田，勿夺其时，数口之家可以无饥矣。"[2]这说明推行仁政的核心就是安民，而安民的核心就是"不违其时"。显

---

[1] [美]小约翰·柯布："文明与生态文明"，李义天译，载《马克思主义与现实》2007年第6期。

[2]《孟子》，北方文艺出版社2016年版，第3页。

然，这里的"时"指的就是自然规律，孟子将尊重自然规律的生态思想引入儒家治国理政的仁义体系中，将人对自然的仁义纳入处世的道德规范中，形成含有生态观念的广义的仁义，可以说，儒家提倡的是一种入世的"参赞化育"[1]式的生态观。

道家也具有丰富的关于人与自然和谐相处的智慧。老子在《道德经》第二十五章中就提出了"王法地，地法天，天法道，道法自然"[2]的精彩论述，开宗明义地给出了道家生态思想的理论硬核——道法自然。显然，老子在此提出的"自然"并不是现实意义上的自然，它是一个形容词活用作的名词，意为自然而然的，从哲学本体论高度探讨"道"的意蕴。也就是老子所说的"道可道，非常道"。[3]显然，在老子看来，"道"所依存的并非他物，而是自然而然的规律。由此可以瞥见一端，道家所主张的"天人合一"观所关注的"天"和"地"就是客观自然，"道"既是本体论意义上的世界本源，也是方法论意义上的方法，更是自然、社会、思维领域的各种层次的规律。如果从生态哲学反思道家的自然而然，就是人类对大自然不能干预太多，万物生息，天地运行，都受自然而然的规律控制，人类也不例外。人类要做的只是做好我们在这个循环中的角色，试图控制自然的做法绝非明智之举。老子云："知常曰明。不知常，妄，妄作，凶。"[4]聪明的人知晓事物发展的规律、遵循自然规律，不会逆规律而动，而愚蠢的人则狂妄自大，胡作非为，最

---

[1] 参赞化育，语出《中庸》第二十二章："唯天下之诚，为能尽其性；能尽其性，则能尽人之性；能尽人之性，则能尽物之性；能尽物之性，则可以赞天地之化育；可以赞天地之化育，则可以与天地参矣。"主要认为人应该仁爱万物，体会天地之道，就可以参与天地化育万物的过程。

[2] 沙少海、徐子宏译注：《老子全译》，贵州人民出版社1989年版，第47页。

[3] 沙少海、徐子宏译注：《老子全译》，贵州人民出版社1989年版，第1页。

[4] 沙少海、徐子宏译注：《老子全译》，贵州人民出版社1989年版，第28页。

终难逃规律的惩罚。显然，老子在此严厉警告人们不懂自然规律的胡乱行事后果的凶险性。真正的圣人在自然面前也是"无为"的，按照自然运行的规律来处理人与自然的关系，以期达到"为无为，则无不治"〔1〕的境界。综上所述，道家的"天人合一"观完整论述了自然与人的关系，始终坚持以自然为上，提倡自然和人的平等性和先在性，要求摆正人类的位置，警示人类虚静守谷，抱朴自在。宇宙之内无物能超越规律的宰制，所以人不能沉迷自我，过度人为。但是，在老子的思想中，无为并不是不为，而是不要妄为，告诫人不要行逾矩之事。令人十分惊讶的是，老子的这个思想整整比恩格斯的思想早了几千年。

儒道两家的生态思想风格迥异，实际却同根同源，只是落脚点不同而已。道家出世，儒家入世；道家强调"天"道的自然而然，儒家发扬"人"道的仁爱万物；道家告诫知常而不可妄作，儒家强调要参与天地化物。但不管出世入世，尊重自然的生态观没有改变；无论天道人道，休养生息的生态理念没有差异；虽然践行"天人合一"的道路不同，达成的人与自然和谐共存的生态目标最终殊途同归，从天人合一中来，又回天人合一中去。中国先哲形成的生态文化遗产十分丰富，值得后世对其加以继承、创新和发扬光大，将其合理成分融于当代马克思主义绿色发展观的建构中，铸造具有中国气派和中国作风的生态观，为当代中国的社会主义建设实践提供理论指导和理念支持。毫无疑问，之后的儒家和道家的继承者进一步丰富和发展了"天人合一"的自然观，限于篇幅，将另文加以论述。

其次，要凝练马克思主义绿色价值体系。马克思主义，无论是经典马克思主义、正统马克思主义，还是西方马克思主义

---

〔1〕 沙少海、徐子宏译注：《老子全译》，贵州人民出版社1989年版，第5页。

均非常重视生态环境问题，并形成了各具特色的理论体系。坚持以敬畏自然、尊重生命、平等共生和以人为本的马克思主义绿色发展价值理念为指导，着力推进当代中国绿色发展。一方面，与时俱进地引领绿色价值取向。价值取向决定价值标准和价值选择，是理念的重要组成部分。习近平同志关于"绿水青山"与"金山银山"关系的三个言简意赅的重要论断，生动形象地表达了中国特色社会主义绿色发展的价值取向。其一，"绿水青山就是金山银山"，强调优美的生态环境就是生产力、就是社会财富，凸显了生态环境在经济社会发展中的重要价值。其二，"既要金山银山，又要绿水青山"，更强调生态环境和经济社会发展相辅相成、不可偏废，要把生态优美和经济增长"双赢"作为科学发展的重要价值标准。其三，"宁要绿水青山，不要金山银山"，强调绿水青山是比金山银山更基础、更宝贵的财富；当生态环境保护与经济社会发展产生冲突时，必须把保护生态环境作为优先选择。

坚持绿色发展，需要坚持绿色价值引领，正确处理经济发展同生态环境保护的关系，牢固树立保护生态环境就是保护生产力、改善生态环境就是发展生产力的理念，更加自觉地推动绿色发展、低碳发展、循环发展，绝不以牺牲生态环境为代价换取一时的经济增长。树立和践行绿色发展理念，形成绿色思维方式。具体来说，应形成"绿色"问题思维，坚持问题导向，抓住影响绿色发展的关键问题并深入分析思考，着力解决生态保护和环境治理中的一系列突出问题；应形成"绿色"创新思维，用新方法处理生态文明建设中的新问题，克服先污染后治理、注重末端治理的旧思维、老路子；应形成"绿色"底线思维，推动经济社会发展既考虑满足当代人的需要，又顾及子孙后代的需要，不突破环境承载能力底线；形成"绿色"法治思维，用法治思维和法治方式谋划绿色发展，以科学立法、严格执法、公正司法、全民守法引领、规范、促进、保障生态文明建设；形成"绿色"系统思维，把生态文明建设放到中国特色社会主义"五位一体"总布局中来把握，把绿色发展作为系统工程科学谋划、统筹推进，避免顾此失彼、单兵突进。

最后，加强绿色文化普及性教育。西方资本主义市场经济奉行金钱至上的拜金主义价值理念，其中根深蒂固地潜藏着资本的逻辑，生态环境的牺牲在人们的心中被视为理所当然的事情。如何让普通民众意识到生态的重要性应当成为生态文化价值理念重塑任务的重中之重。一是要改变生态与经济相对立的传统思维。自然是生产资料的最终来源，作为第一产业的农林渔牧业几乎离不开生态自然环境，第二产业——工业——所必需的土地、矿藏和生物资源都来自于自然，新时代生态经济——旅游与服务业——的发展更赋予了自然全新的生产能力，依托生态环境发展的第三产业的发展步伐已经远超传统工业，成了拉动经济发展的新引擎。在当代，生态已经不是经济的对立面，相反，生态已经成为助推经济腾飞的动力。绿色发展不能仅仅停留在口头上，而要外化为行动。要加强绿色发展理念、知识、价值观的渗透教育，让普通民众深刻了解绿色发展的真正意涵，外化于日常行动上。关键是要以潜移默化的方式进行良性的引导，寓教于"利"，寓教于乐，既有惩罚的严肃手段也有奖励的利益诱惑，双管齐下，让生态理念深入普通民众心中，让生态理性成为普通民众的行为自觉。二是要树立生态问题的高压线意识。生态环境是人类生产生活的基本条件，是人们能够享受经济发展成果的前提，没有良好的生态，再好的经济发展人们也无福消受。近年来的雾霾问题、饮用水问题都是有力的佐证。三是要培育正确的消费文化。消费主义（consumerism）"是20

世纪初产生于美国的一种文化现象",[1]倡导消费至上,享乐才是根本的生活方式。西方经济社会发展的扩张性发展,与其信奉的"越多越好"的消费主义和消费文化不无关系。毋庸置疑,这种因欲消费的思潮对我国大众的消费观念产生了一定的影响,需要正确加以引导。

总之,一个民族的文化可以反映出整个民族整体的思维方式,而新时期的文化构建又能反过来影响新时期整个民族的思维。当代中国马克思主义绿色发展观的现代构建不可能脱离中国文化的根源而生存,同样,要想发挥马克思主义生态思想的指导作用,缺少文化构建是无法称得上具有影响力的。作为有中国特色的生态思想,必须与中国特色的文化对接,既要发掘我们文化中的根植着的生态底蕴,重启古代文化的生态积淀,在古典哲学中找到新的建构的生态论据,又要与新时期文化接轨,以网络文化强大的传播能力作为跳板,使之融入现代人的意识形态。只有这样,才能发挥马克思主义绿色发展观的指导作用,构建人与自然和谐发展的思想基础。

三、经济建设绿色转型

西方资本主义经济的发展存在一个无法超越的难题——资本逻辑宰制的增殖原则和效用原则。这两个原则最终把西方社会引向了消费主义盛行的歧路。陈学明认为,生态危机的罪魁祸首就是资本及其催生的消费主义,在全球导演了一场长达四百余年的黑色发展的历史大剧。实现美丽中国梦必须走中国道路。马克思主义绿色发展必须实现经济建设绿色转型,这个绿色转型是对西方资本主义道路发展老路的扬弃。

---

〔1〕 成海鹰、石小娇:"消费主义的负价值及抵制策略探析",载《湖南商学院学报》2008 年第 4 期。

首先，实现我国经济建设绿色转型必须消弭西方消费主义的误导。1970年，鲍德里亚出版《消费社会》一书，"消费社会"这一名词从此广为流传。瑞泽尔指出："正如我们所看到的那样，资本主义社会已经经历了由关注生产到重视消费的转变……虽然生产更多和更便宜的商品仍然很重要，但是这些国家的注意力越来越多地倾向于促使人们消费数量更大、品种更多的商品。"[1]马克思对早期资本主义的消费病态极为关注。马克思在《1844年经济学哲学手稿》中批判说："工业的宦官顺从他人的最下流的念头，充当他和他的需要之间的牵线人，激起他的病态的欲望，默默盯着他的每一个弱点，然后要求对这种殷勤服务付酬金。"[2]在他看来，在资本主义社会中，人的需要并不是自主产生的，不是产生于自己的生存和发展的需要，而是被"工业的宦官"所激起的迎合人的需要。这种需要刺激人、诱惑人、挑逗人，深刻地揭露了资本主义的消费诱惑性的虚假面目。马尔库塞用"生态危机"论、"自然危机"论取代"经济危机"论，自觉地或不自觉转换了资本主义制度的主要矛盾，亦即用人与自然的矛盾去取代资本主义社会的阶级矛盾。在马尔库塞看来，"对自然的损害在多大程度上直接与资本主义经济有关，这是十分明显的"，[3]现代工业社会中（主要是指资本主义社会）自然危机、生态危机已取代经济危机成了主要危机。在资产阶级看来，摆脱资本主义生产相对过剩的经济危机的唯一出路就是扩张消费。资本主义为了源源不断地获取利

---

〔1〕 ［美］乔治·瑞泽尔：《后现代社会理论》，谢立中等译，华夏出版社2003年版，第308页。

〔2〕 ［德］马克思：《1844年经济学哲学手稿》，中共中央马克思恩格斯列宁斯大林著作的编译局译，人民出版社2000年版，第121页。

〔3〕 ［美］赫尔伯特·马尔库塞等：《工业社会和新左派》，任立编译，商务印书馆1982年版，第129页。

润，千方百计加重对工人阶级的剥削，致使工人阶级的实际消费能力萎缩。如何让工人阶级不遗余力地消费才是解决办法。为此，资产阶级使出浑身解数通过制造全新消费理念、进行铺天盖地的广告宣传、提供极为便利的消费信用来刺激和控制大众的消费，人为地制造对于人本身并不是必要的虚假需要，最终导致消费观念异化和消费主义泛滥。弗洛姆指出："对于许多物品来说，我们根本没有使用的欲望。我们获得物品就是为了占有它们。我们很满足于无用的占有。"〔1〕这种"满足于无用的占有"势必导致商品生产的不断加强而造成资源浪费，进而"盘剥"、污染自然导致生态危机。这被后来的生态马克思主义者概括为资本主义制度的第二重矛盾——生产力、生产关系和生产条件（自然和劳动力）的矛盾，即"存在于资本的自我扩张和自然界的自身有限性之间的总体性矛盾"。〔2〕综上，资本主义的基本矛盾必将累积成资本主义生产相对过剩的经济危机。消费被资产阶级视为化解经济危机的一剂良药，但这种延缓经济危机的举措反而加重了生态危机。两重危机最终必将资本主义制度送进历史的"坟墓"。

其次，实现我国经济发展绿色转型必须走循环经济之路。绿色经济也可被称为生态经济，简称 ECO，取英语中经济 "economic" 和生态 "ecological" 共有的前三个字母。有学者提出："生态经济是实现经济腾飞与环境保护、物质文明与精神文明、自然生态与人类生态的高度统一和可持续发展的经济。"其实，生态经济并不只是狭隘的防污、控污、治污，而是一种新的经

---

〔1〕 陈学、吴松、宋东编：《痛苦中的安乐——马尔库塞、弗洛姆论消费主义》，云南人民出版社 1998 年版，第 176 页。

〔2〕 ［美］詹姆斯·奥康纳：《自然的理由：生态学马克思主义研究》，唐正东、臧佩洪译，南京大学出版社 2003 年版，第 16 页。

济体系，其从根源上杜绝了污染。发展生态经济，实际上就是如何将生态与经济有机地统一起来。根据主客体的不同，其主要分为两种形式：一种是经济生态化，一种是生态经济化，亦即在经济建设中注意生态保护和环境污染治理，经济要发展的同时也要考虑环境容纳量和资源承载力，遵循资源节约、物质循环、生产过程低碳的生态理念，始终把生态学原理和生态文明的理念运用到经济活动之中。生态经济化则是在生态环境保护的同时也把生态环境优势转化为经济优势，改变传统生态与环境对立的关系，利用生态发展经济，走不同于传统工业化的发展老路，因地制宜地发展以服务业为主的第三产业。

最后，实现我国经济发展绿色转型必须着力解决经济发展的资源制约。其一，形成有特色的生态经济。虽然旅游业的发展可谓如火如荼，然而冷静观察就会发现，千篇一律的景点设置、毫无特色的景区设计、毫无底蕴的文化宣传成了旅游发展的三大心病。旅游本来就是为了体验不同的生活，不同的文化，追求的是特色，因地制宜是发展旅游业的核心理念，特色是旅游业吸引游客的主打牌。在当地独有的风景上稍加修饰，在设计理念中融入当地的文化、风俗特色才能建设出一个好的风景区，切忌生搬硬套。否则，不仅毫无吸引力，而且还会对生态环境造成巨大的破坏。其二，开发有文化积淀的生态经济。不管是生态文化、历史文化还是人文文化。如果第一点还可以强求的话，那么这一点就无论如何也无法靠人力改变了，文化的积淀是由历史决定的，无法强求。正是这一点决定了旅游经济的地域限制，这就要求我们根据当地的特色和文化特点来自我发掘、自我创新，发掘潜在的文化底蕴，创新特色的生态经济。其三，打造有生态资源的经济。将生态作为多元经济的一个重要组成部分，在国民经济核算中，把生态环境作为资产和成本纳入核算体系，在制度上给予生态与经济平等的地位。此项举措的实施是在追求利益最大化的同时引入生态成本，使政府和企业在利益成本核算时纳入生态成本的概念，即使经济成本核算，但加上生态成本之后不合算的项目坚决不予审批，政府只要严把关，企业就必将想方设法地降低生态成本，实现企业自主的生态保护行为。然而，该项制度创建的难点就在于如何给生态定义合理的价值。由于生态具有特殊性，使得"生态定价"具有太多的变数，难以做到公允。一旦定高，将延缓经济的发展，一旦定低就有可能对环境造成破坏，因此，笔者在此建议，既然定一个恒定的价格如此困难，我们不妨就将价格设定为在一定区间内浮动的可调节方式。各地区、各时间的"生态成本"不尽相同，将生态的定价权给予当地的环保部门，并以之作为宏观调控的手段。当然，权力自然伴随着责任，一旦定价失误并带来生态或经济问题，环保部门自要承担责任。

经济建设一直是我国发展的中心，作为一个起步晚、基础弱的国家，我们借鉴西方经济发展的经验，结合我国的国情，创造性地实行社会主义市场经济，在数十年的时间里完成了西方近百年的发展历程，年均 GDP 增长超越 8%的增长速度也被称为中国速度。古老的东方大国摆脱了积贫积弱的局面，雄伟地屹立于世界的东方。然而，人们关注到了经济建设表面的光鲜，却忽视了背后隐含的生态危机。所以，我们要避免西方先污染、后治理的发展模式，坚持中国特色社会主义发展道路，坚持走绿色、循环、可持续的经济发展道路。

四、绿色治理多元协同

在环境经济学中，生态环境和绿色发展属于公共产品，虽然是人类生产和生活中不可或缺的必需品，但往往得不到关心。

恰如亚里士多德所说："凡是属于最多数人的公共事物常常是最少人照顾的事物，人们关怀自己的所有，而忽视公共的事物，对于公共的一切，他至多只留心到其中对他个人多少有些相关的事物。"[1]由于大多数公众更关心与自己切身利益相关的事物，而且又希望坐享其成，所以难以避免"公地悲剧"和"集体行动"的困境。对此，奥斯特诺姆指出："公地悲剧、囚徒困境和'集体性行动的逻辑'都有一个中心问题，即搭便车问题。"[2]众所周知，"公地悲剧理论"是1968年英国学者哈丁（G. Hardin）在《科学》杂志上发表的一篇题为《公地的悲剧》（*The Tragedy of the Commons*）的文章中提出来的。在哈丁看来："在共享公有物的社会中，每个人，也就是所有人都追求各自的最大利益。这就是悲剧所在。每个人都被锁在一个迫使他在有限范围内无节制地增加牲畜的制度中。毁灭是所有人都奔向的目的地，因为在信奉公有物自由的社会中，每个人均追求自己的最大利益。公有物中的自由给所有人带来了毁灭。"[3]对于公地悲剧的类似困境，美国经济学家奥尔森（M. Olson）在《集体行动的逻辑》一书中作出了别具一格的阐释并提出了相应的解决方案。他认为，只有独立的和有选择的动机才能激励一个理性的个人在一个潜在的组织中采取组织方式的行动。也就是说，只有行动产生的利益惠及特定的组织，这个组织才会有人加入并长久地持续下去。这就意味着人们愿意联合提供私有物品而不是公共物品。显然，奥尔森主要关注参与利益集团的成员及其背后的逻

〔1〕 ［古希腊］亚里士多德:《政治学》，吴寿彭译，商务印书馆1983年版，第30页。

〔2〕 ［美］埃莉诺·奥斯特诺姆:《公共事物的治理之道：集体行动制度的演变》，余逊达、陈旭东译，上海译文出版社2012年版，第18页。

〔3〕 G. Hardin, "The Tragedy of the Commons", *Science*, 1968(12), pp. 1243~1248.

辑支撑。

（一）绿色治理的市场失灵

经济学开山鼻祖亚当·斯密（Adam Smith）在《国富论》中主要讨论了什么是财富、政治经济学的目标以及如何才能增加国民财富等问题。对于如何增加国民财富，他提出了两条途径和一个保障。就两条途径而言：一是提高劳动生产率，这主要依赖于分工的深化和市场交换过程的畅通程度；二是增加劳动者的人数，这主要依赖于资本的积累和资本用途的适当。一个保障就是要坚持经济自由，也就是要取消政府的不适当干预、让经济生活依其天然秩序运行。所有这些理论都建立在"经济人"假设基础之上。在亚当·斯密看来，处于市场交换中的"各个人都不断努力为他自己所能支配的资本找到最有利的用途。固然，他所考虑的不是社会利益，而是他自身的利益，但他对自身利益的研究自然会或者毋宁说必然会引导他选定最有利于社会的用途"。[1]自利是"经济人"的天性，他们把对物质利益的追求视为唯一性和绝对性。因此，生态环境这类公共物品的供给与经济人的道德原则完全背道而驰，他们关心的是如何满足自己的欲望和需求，如何获取更多的财富和享受。当经济人的个人利益与公众利益相冲突时，他们会毫不犹豫地选择个人利益。尽管亚当·斯密在论述政府与市场关系的时候，信奉市场自由，提出政府不要插手具体经济事务，让"看不见的手"来自行调节经济。"在此种情况之下，与在其他许多情况之下一样，有一只无形的手在引导着他去尽力达到一个并非他本意想要达到的目的。而并非出于本意的目的也不一定就对社会有害。他追求自己的利益，往往使他能比在真正出于本意的

<hr>

〔1〕［英］亚当·斯密:《国富论》（下），郭大力、王亚楠译，商务印书馆1972年版，第25页。

情况下更有效地促进社会的利益。"[1]所以，一旦涉及环境问题、绿色发展、自然保护等这些公共事务和公共产品的供给问题，理性、自利的市场主体——经济人——往往都会采取"事不关己，高高挂起"的态度，寻求自身利益最大化而选择"搭便车"（free rider），从而导致市场调节失灵。实践经验表明，市场在生态环境和绿色发展这个公共产品供给上的失灵除了无法合理解决"搭便车"问题之外，还体现在一个更为棘手的难题上，即"外部性"（externality）[2]问题。在经济学理论中，外部性意指个人或群体的行动和决策使另一个人或一群人受损或受益的情况。市场主体在决定生产、消费、投资等经济活动时只会从自身利益的角度来考虑面临各种选择时的成本和收益，至于经济活动过程中的环境因素几乎不会被加以考虑，从而导致自然危机、生态危机和资源浪费。所以，自然资源领域普遍存在的外部不经济性充分证明，"市场运行在推动某些涉及全局性的以及其他一些有益的事务方面是失败的"，[3]市场规则、市场逻辑无疑就是资本逻辑的显现，最终是加剧而不是缓解生态危机，是阻碍而不是推进绿色发展。

（二）绿色治理的政府失败

毋庸讳言，环境产品多属于公共产品（public goods）。在经

---

〔1〕［英］亚当·斯密：《国富论》（下），郭大力、王亚楠译，商务印书馆1972年版，第25页。

〔2〕外部性（externality）通常分为正外部性（positive externality）和负外部性（negative externality）。正外部性是某个经济行为个体的活动使他人或社会受益，而受益者无须花费代价，负外部性是某个经济行为个体的活动使他人或社会受损，而造成负外部性的人却没有为此承担成本。有学者根据外部性的来源和后果进一步把外部性划分为四类：一是生产者正外部性，二是生产者负外部性，三是消费者正外部性，四是消费者负外部性。（参见袁庆明：《新制度经济学》，中国发展出版社2005年版，第68页。）

〔3〕［美］查尔斯·沃尔夫：《市场或政府——权衡两种不完善的选择/兰德公司的一项研究》，谢旭译，中国发展出版社1994年版，第31页。

济学上，"公共产品"意指具有外部效应的商品。公共产品是与私人产品相对应的概念。公共产品具有两个十分典型的特征：一是消费的非排他性；二是供给的不可分性。外部性的存在为政府冠冕堂皇地干预市场和经济运行提供了机会和理由。英国著名的功利主义哲学家和经济学家穆勒（J. S. Mill）早就把地球资源、自然环境等归于公共产品范畴，并提出管理自然资源的主体应该是代表公共权力的政府。他指出："不是还有地球本身、地球上的森林、河流以及地球表面和地球之下的所有其他自然资源吗？这些是人类的遗产，必须制定法规来规定人类如何享用它们……对这些事情作出规定，是必要的政府职能。"〔1〕实践表明，政府干预生态环境，推动绿色发展也并不一定比市场好，政府的自利性、官僚主义的迟钝和环境问题本身的复杂性最终导致绿色治理中政府也只能望洋兴叹，以失败告终。一方面，官僚主义架构下的政府机构信息获得的局限性和决策的偏差导致生态环境公共治理和绿色发展产生错误。对此，奥斯特诺姆指出："没有准确可靠的信息，中央机构可能犯各种各样的错误，其中包括主观确定资源负载能力，罚金太高或太低，制裁了合作的牧人或放过了背叛者等。"〔2〕另一方面，政府的自利性决定其也具有追求自身效益最大化的倾向。在公共选择理论看来，追求效益最大的行为最终也会摧毁政府所标榜的公共性，只是不同级别的政府组织的自利性追求有所区别而已。譬如，国家与国家之间就全球气候问题争得不可开交，地方政府与地方政府就区际贸易保护等问题也同样矛盾重重。生态马克

---

〔1〕［英］约翰·穆勒：《政治经济学原理》，胡企林、朱泱译，商务印书馆1991年版，第368页。

〔2〕［美］埃莉诺·奥斯特诺姆：《公共事物的治理之道：集体行动制度的演变》，余逊达、陈旭东译，上海译文出版社2012年版，第23~24页。

思主义学者福斯特就这个问题以布什政府强烈阻挠《京都议定书》实施为例进行深度阐释。福斯特认为，《京都议定书》事关全球气候，却演化为一种政治行为，本来想在"遏制全球变暖的趋势方面"有所作为，但作为世界上最大的碳排放国家的美国并不接受。也就是说，这些环境公共事务变成了自利政府之间的政治博弈。最后，福斯特指出："华盛顿拒绝批准控制排放影响全球变暖的二氧化碳和其他温室气体的《京都议定书》，是资本主义世界经济中心国家生态帝国主义的标志。"[1]此外，环境问题本身的复杂性也决定了政府在治理上面临诸多困难。总之，绿色治理的政府失败主要表现在两个方面：一是政府对生态环境公共产品供给、调控、干预无力；二是政府在绿色治理中乱作为，即过分扩大自己的权限，过度干预生态环境事务。

（三）绿色治理的多元协同

对于生态环境问题的公共治理，新制度经济学代表科斯（R. H. Coase）主张通过产权界定来加以解决，提出了著名的科斯定理（Coase theorem），即只要财产权是明确的，并且交易成本为零或者很小，那么无论在开始时将财产权赋予谁，市场均衡的最终结果都是有效率的，能实现资源配置的帕累托最优（Pareto Optimality）。通俗地说，只要交易成本为零，或者交易成本很小且收入的大小不影响交易双方的决策时，无论产权初始界定如何，私人之间通过协商、谈判可以自行解决外部性问题而无须政府干预。在科斯看来，外部性问题同经济学所面临的其他问题一样，都不过是稀有资源的使用问题，只要有了明确的产权界定，就会明确损害责任，使公共物品私有化，实现外部性的内部化，使社会成本转化为私人成本，从而有效地抑

---

〔1〕　J. B. Foster，"The Ecology of Destruction"，*Monthly Review*，2007（2），p. 4.

制生态环境问题。实践经验表明，单一的市场和政府都无法成功和顺利地解决生态环境和绿色发展中遇到的"公地悲剧"和"搭便车"问题。治理理论创始人罗西瑙认为："治理是各种的个体和团体、公共的或者个人的处理其共同事务的总和，它是一系列活动领域里的规则体系，也是一种由共同目标支持的活动，它既包括政府机制，也包含非正式、非政府的机制，治理活动的主体未必是政府，也无须依靠国家的强制力量来实现。"[1]无论是市场抑或是政府，单凭一个主体的力量无法有效治理生态问题，推动绿色发展同样乏力。毋庸置疑，多中心合作治理是全球环境治理的大势所趋。美国学者奈和唐纳提出了一个多层次、多行为主体的治理模式（见表6-6），值得当今的绿色治理借鉴。

表 6-6　全球治理的多层次、多行为体模式

	私人的	国家政府的	第三方
超国家的	跨国公司	政府间组织	非政府组织
国家的	国家公司	20 世纪模板	国家非营利组织
次国家的	当地企业	国家的地方政府	当地团体

资料来源：［美］约瑟夫·S. 奈、约翰·D. 唐纳胡主编：《全球化世界的治理》，王勇等译，世界知识出版社 2003 年版，第 87 页。

有学者指出提出"绿色治理是指各个社会主体对生态环境问题的共同治理"，[2]并从治理主体、治理对象、治理方式这三

―――――――――

〔1〕 ［美］詹姆斯·N. 罗西瑙主编：《没有政府的治理》，张胜军等译，江西人民出版社 2001 年版，第 5 页。
〔2〕 杨立华、刘宏福："绿色治理：建设美丽中国的必由之路"，载《中国行政管理》2014 年第 11 期。

个方面构建了一个绿色治理系统。第一，绿色治理的主体应该包括政府、企业、社会组织、NGO、NPO、私人组织、行业协会等。第二，绿色治理的对象不仅仅局限于生态问题方面，凡是与生态问题相关的社会问题、经济问题、价值观念等都是绿色治理的作用对象。第三，绿色治理的方式是弱化政府的作用，平等发挥其他主体的作用。[1]具体而言，政府要倡导绿色行政，企业要坚持绿色生产，社会组织要积极主动自愿参与绿色治理，社会大众要提倡绿色消费。

五、绿色发展制度建构

2015年中共中央、国务院颁布的《关于加快推进生态文明建设的意见》强调了"用制度保护生态环境"的重要性，提出健全生态文明制度，规范政府、市场、社会的行为，引导经济社会绿色发展。

（一）完善绿色发展政策工具体系

世界银行把生态环境和绿色发展政策工具分成利用市场、创建市场、环境管制和公众参与四类（详见图6-1）。分析西方发达国家的绿色发展及其制度体系构建实际，我们可以发现，绿色发展制度体系的构建并非面面俱到，而是根据国情制定符合本国实际情况的制度体系，寻求重点突破，以点带面，逐步推进。

---

〔1〕 杨立华、刘宏福："绿色治理：建设美丽中国的必由之路"，载《中国行政管理》2014年第11期。

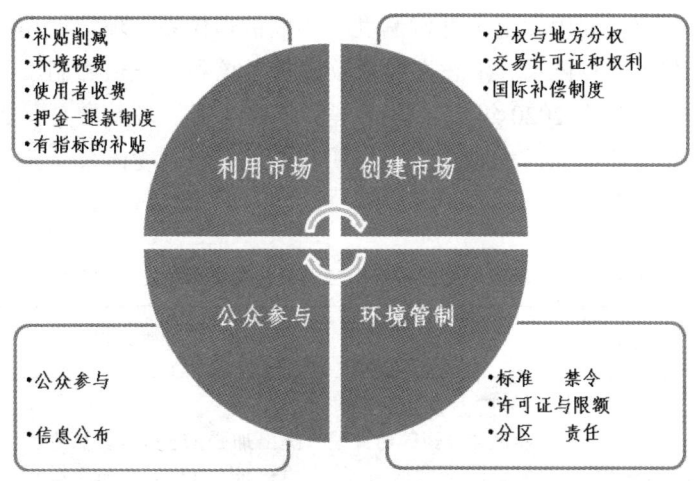

图6-1　绿色发展政策工具分类

资料来源：作者自行绘制。

（二）进行生态文明建设制度安排

十八大报告提出："建立国土空间开发保护制度，完善最严格的耕地保护制度、水资源管理制度、环境保护制度。深化资源性产品价格和税费改革，建立反映市场供求和资源稀缺程度、体现生态价值和代际补偿的资源有偿使用制度和生态补偿制度。积极开展节能量、碳排放权、排污权、水权交易试点。加强环境监管，健全生态环境保护责任追究制度和环境损害赔偿制度。"从考核评价制度、基本的管理制度、资源有偿使用和生态补偿制度、市场化机制、责任追究和赔偿制度等五个方面为生态文明建设作出了制度安排。

（三）加强绿色发展制度体系构建

党的十八大以来，围绕生态文明建设和绿色发展中的突出问题，中国政府不断完善自然资源资产产权制度、国土空间开发保护制度、空间规划体系、资源总量管理和全面节约制度、资源有偿使用和生态补偿制度、环境治理体系、环境治理和生态保护市场体系、生态文明绩效评价考核和责任追究制度等制度，力争在 2020 年前，构成一个产权清晰、多元参与、激励约束并重、系统完整的生态文明和绿色发展制度体系（详见表6-7）。

表6-7　2012年以来中国政府出台的部分关于绿色发展的制度文件

时间	文件名称	主要内容
2017.9.19	《国务院办公厅关于进一步加强农药兽药管理保障食品安全的通知》（国办发明电［2017］10号）	提出加强农药兽药管理七项举措，保障食用农产品质量安全和食品安全
2017.9.10	《国务院办公厅关于印发第二次全国污染源普查方案的通知》（国办发［2017］82号）	安排第二次全国污染源普查工作目标、普查时间、对象、范围、内容和技术路线
2017.8.27	《国务院办公厅关于推进城镇人口密集区危险化学品生产企业搬迁改造的指导意见》国办发［2017］77号	对城镇人口密集区化学品生产企业搬迁改造进行安排部署
2017.3.18	《国务院办公厅关于转发国家发展改革委住房城乡建设部生活垃圾分类制度实施方案的通知》（国办发［2017］26号）	提出加快建立垃圾处理系统，形成以法治为基础、政府推动、全民参与、城乡统筹、因地制宜的垃圾分类制度，努力提高垃圾分类制度覆盖范围，将生活垃圾分类作为推进绿色发展的重要举措

时间	文件名称	主要内容
2017. 3. 16	《农药管理条例》（国令第 677 号）	规定了农药登记、农药生产、农药经营、农药使用的监督管理和法律责任
2016. 12. 29	《国务院关于全民所有自然资源资产有偿使用制度改革的指导意见》（国发〔2016〕82 号）	提出国有土地资源、水资源、矿产资源、国有森林资源、国有草原资源、海域海岛资源等全民所有自然资源有偿使用原则、重点任务、统筹协调、组织实施
2016. 12. 20	《国务院关于印发"十三五"节能减排综合工作方案的通知》（国发〔2016〕74 号）	部署"十三五"节能减排工作
2016. 11. 30	《国务院办公厅关于印发湿地保护修复制度方案的通知》（国办发〔2016〕89 号）	提出完善湿地分级管理、湿地保护目标责任、湿地用途监管、退化湿地修复制度、湿地监测评价体系
2016. 11. 24	《国务院关于印发"十三五"生态环境保护规划的通知》（国发〔2016〕65 号）	系统规划"十三五"期间生态环境保护工作
2016. 11. 16	《国务院办公厅关于完善集体林权制度的意见》（国办发〔2016〕83 号）	提出明晰产权、加强林权权益保护以稳定集体林地承包关系；放活集体林地生产经营自主权，引导集体林适度规模经营，加强集体林业管理服务

续表

时间	文件名称	主要内容
2016.1.21	《国务院办公厅关于推进农业水价综合改革的意见》（国办发〔2016〕2号）	提出建立健全农业水价形成机制，探索实行分类水价，逐步推行分档水价，建立农业用水精准补贴机制
2013.8.1	《国务院关于加快发展节能环保产业的意见》（国发〔2013〕30号）	提出加快节能技术装备升级换代、治理突出环境问题、发展资源循环利用技术装备、壮大节能环保服务业，发挥政府带动作用，引领社会资金投入节能环保工程建设，推广节能环保产品
2013.7.4	《国务院关于促进光伏产业健康发展的若干意见》（国发〔2013〕24号）	发展光伏产业、调整能源结构、推进能源生产和消费革命、促进生态文明建设
2013.1.2	《国务院办公厅关于印发实行最严格水资源管理制度考核办法的通知》（国办发〔2013〕2号）	提出推进实行最严格水资源管理制度，确保实现水资源开发利用和节约保护的主要目标16条
2012.8.6	《国务院关于印发节能减排"十二五"规划的通知》（国发〔2012〕40号）	系统规划"十二五"期间节能减排标准和具体目标

第三节　绿色发展的中国经验

一、福建经验

福建依山傍海，境内峰岭耸立，丘陵连绵，水系密布，河流众多，水力资源丰富，生态环境优美。其中，山地和丘陵地带占陆地面积的 90%，河网密度达 0.1 公里/平方公里，流域面积在 50 平方公里以上的河流共有 683 条，拥有 1.15 亿亩森林，森林覆盖率达到 65.95%，位居全国第一。

福建省在推进生态文明建设和绿色发展方面走在全国前列。早在 2000 年的时候，时任福建省长的习近平同志便高瞻远瞩地向全省党政干部和群众发出号召，提出建设生态省的战略构想，并积极推动实施，在福建长汀县进行生态文明建设地方试点。2014 年，福建省被国务院确定为全国第一个生态文明先行示范区。2016 年，福建成了全国首个获批的生态文明试验区，以引领和带动全国生态文明建设、绿色发展和生态体制改革为己任。为此，《国家生态文明试验区（福建）实施方案》（以下简称《福建方案》）围绕中央推进生态文明建设体制改革的要求提出了五项试验重点任务：一是推进生态文明体制改革。着力构建"归属清晰、权责明确、监管有效"的自然资源资产制度，推进政府、社会和市场多方参与的生态环境治理机制和治理能力现代化，形成激励和约束并重的生态文明和绿色发展制度体系。二是着力建立生态环境监管机制。实行省以下环境保护机构监测监察执法垂直管理、对自然资源资产进行统一确定产权登记、推行自然资源资产负债表和干部离任的自然资产审计制度。三是建立先进科学技术的研究应用和推广机制。探索建立生态环境保护和生态修复的科技支撑保障机制，加大绿色科技研发投入、应用和推广。四是实现生态文明领域治理体系和治理能力现代化。加强生态文明建设和绿色发展的法律规制，建立生态环境资源保护行政执法与刑事司法无缝对接机制，构建全过程、全方位的环境资源司法保护体系，提高环境资源保护执法效率。统一规范流域生态补偿机制、推进重点生态区位商品林赎买改革试点。五是形成可推广到全国的经验和制度。一年来，福建深入实施生态省战略、加快生态文明先行示范区的建设和绿色发展的推进，成效明显，形成了比较成熟的做法经验（详见表6-8）。

表6-8　福建生态文明建设和绿色发展试点基本经验

序号	基本经验	基本理念	基本成效
1	实行生态环境保护党政同责	"绿水青山就是金山银山"的理念，落实主体责任	坚持绿色发展，守住"环境质量只能更好，不能变坏"的底线，建立党政领导生态环境保护目标责任制，切实强化党政同责、落实属地责任，采取强有力措施保护生态环境，全省生态环境质量持续向好
2	推动经济绿色化	机制活、产业优、百姓富、生态美	能源资源消耗强度保持全国先进水平，森林覆盖率达65.95%，连续37年保持全国第一，成为水、大气等环境质量总体优良的省份
3	实施流域水生态环境综合整治	多措并举、上下游联动	推出包括河长制、重点流域生态补偿、山海协作等制度在内的"组合拳"，打造水清、河畅、岸绿、景美的水生态环境
4	全面推进省域水土流失综合治理	弘扬"长汀经验"	福建早在20世纪80年代，就在长汀县开展水土流失治理工作，长汀几代人形成了水土流失治理的"长汀经验"，已成为我国南方水土流失治理的典范
5	建立健全农村污水垃圾治理长效机制	突出"筹资金、抓建设、保运行"	福建把农村生活污水垃圾治理作为全省流域水环境整治、美丽乡村建设的重要内容，因地制宜选择处理工艺或模式，在资金保障、建设模式、常态运行机制上进行了完善

序号	基本经验	基本理念	基本成效
6	促进空间协同管控和服务管理优化	多规合一、一张蓝图	2014年9月厦门市成为全国"多规合一"试点地区以来，始终把实施"多规合一"改革、建立统一的空间规划体系作为推动厦门城市治理能力现代化、促进城市转型升级的一项重点工作来抓。目前，厦门的"多规合一"已成为一个平台、一套机制、一张蓝图，初步解决了空间规划冲突的问题，并划定了生态控制线，有力地促进了生态文明建设
7	实现设区市生态环境审判庭全覆盖	生态环境保护与司法衔接	运用司法力量加快推动绿色发展，为建设青山常在、绿水长流、空气清新的美好家园提供有力司法保障。2015年11月，最高人民法院在福建龙岩市召开全国第一次法院环境资源审判工作会议，向全国法院推广生态司法保护的"福建样本"

资料来源：作者自行整理。

二、贵州经验

贵州地形复杂，高原、山地、丘陵和盆地交错，山地和丘陵占全省总面积的92.5%，森林覆盖率达到50%，活立木总蓄积量达2.1亿立方米；境内河流纵横交错，深度切割，水资源丰富，河川径流量达到1145.2亿立方米，水力资源蕴藏量为1874.5万千瓦，位居全国第六位；野生动物资源1000余种，野生植物资源3800余种；生态环境良好，耕地、水源和大气受工业和城市"三废"污染较少，是全国首个国家级大数据综合试验区，第二个获批国家生态文明试验区，内陆开放型经济试验区。党的十八大以来，贵州省委省政府牢牢守住发展和生态的底线，加快国家生态文明试验区建设。《国家生态文明试验区（贵州）实施方案》提出了到2020年基本建成生产生活生态空间更加协调、宜居宜业宜游环境持续优化、质量优百姓富生态美有机统一的"多彩贵州公园省"的发展目标，探索实施"大数据+大生态"的绿色发展模式。

第一，加强绿色发展的顶层设计。贵州是全国首个国家级大数据综合试验区和国家生态文明试验区，具有良好的生态环境和大数据资源得天独厚的双重优势，致力于运用大数据思维和技术促进经济生态、环境生态、政治生态、文化生态齐头并进，协同推进大数据与大生态融合发展。为此，早在2007年，贵阳市委就审议通过了《关于建设生态文明城市的决定》，积极探索贵阳生态文明建设和城市现代化建设的和谐发展之路。贵州相继制定出台了《贵州省大数据产业发展应用规划纲要（2014-2020）》《贵阳建设全国生态文明示范城市规划（2012-2020）》《贵阳市"十三五"生态文明建设专项规划》《贵阳市生态云暨信息化建设规划》等一批促进大数据与大生态融合发展的制度文件。

第二，推进绿色发展的技术创新。推进大数据与大生态融合发展是贵州探索绿色发展的突出亮点。《国家生态文明试验区（贵州）实施方案》立足贵州空气清爽天气凉爽的气候条件、神奇瑰丽的山地景观、丰富独特的生物资源、多姿多彩的民族文化、显山露水的城乡布局，依托高新技术，大力发展生态产业，走出传统的先污染、再治理的发展老路，积极探索生态文明建设、绿色发展和经济发展相互促进、相互协调的发展道路。近年来，贵州坚持用绿色产业带动地方经济发展，以生态、绿色和科技理念，打造建设了贵阳国家高新区生态科技城，先后实施了息烽循环经济精细化基地、中铝贵州分公司烟气治理和节能改造等一百多项绿色发展示范项目，发挥了高新技术在绿色发展中的积极作用。

第三，发挥学术在绿色发展中的引领作用。贵州十分重视理论在引领绿色发展中的作用。通过打造"生态文明贵阳国际论坛"这张"新名片"，吸收、借鉴世界生态文明建设和绿色发展最前沿的理论成果。论坛"扎根贵州、着眼全国、面向国际"，致力于汇聚政府、学术界、企业界、科技界以及各界领导者开展交流与合作。自 2009 年以来，贵阳已经主办了 9 届论坛，在传播生态文明理念、分享生态文明建设和绿色发展经验、汇聚生态文明建设和绿色发展最佳案例、应对生态挑战等方面形成了诸多共识（详见表 6-9），为贵州加速推进生态文明建设提供了理论支撑。该论坛已经成为推动世界各国与中国开展生态文明建设和绿色发展交流合作的重要平台，成了传播绿色发展理念和世界经验的"中国窗口"。

第四，完善生态保护和绿色发展的执法体系。贵州一方面积极开展绿色屏障建设制度创新试验，开展绿色产业发展制度创新试验，开展绿色金融制度创新试验，开展绿色城镇和美丽乡村建设制度创新试验，开展生态脱贫攻坚制度创新试验，开展生态文明大数据建设制度创新试验，开展生态旅游和绿色文化发展制度创新试验，开展生态文明法治建设创新试验，开展生态文明对外交流合作示范试验，开展绿色绩效评价考核创新试验。另一方面，把各种生态试验取得的经验和做法上升为法律制度加以固化，先后颁布了《贵州省主要污染物总量减排管理办法》(2012 年)、《贵州省生态文明建设促进条例》(2014 年)、《生态文明体制改革实施方案》(2015 年)、《贵州省人民政府关于修改〈贵州省征收征用林地补偿费用管理办法〉的决定》(2016 年)、《省人民政府关于煤炭工业淘汰落后产能加快转型

升级的意见》（2017年）等制度，积极探索实施流域环境保护河
长制、生态补偿机制、生态保护红线制度、农业农村污染整治
改革、生态环境保护监管和行政执法体制改革、环境污染第三
方治理制度，把促进生态文明建设和绿色发展的重大政策和措
施纳入法制轨道。加强执法力度和惩治力度，充分运用法律武
器保护环境，惩治破坏生态环境和绿色发展的行为。

表6-9　生态文明贵阳国际论坛一览表

时间	参与政要	论坛主题	理念与共识
第一届 2009-08-22	全国政协副秘书长林智敏主持会议	发展绿色经济——我们共同的责任	首次提出"绿色经济"的概念，强调尊重自然、善待自然，正确认识保护环境和发展经济的关系，综合运用经济、法律和必要的行政手段来保护环境
第二届 2010-07-30	全国政协副主席徐匡迪出席会议	绿色发展——我们在行动	转变经济发展方式、绿色就业、绿色产业、绿色消费、绿色运输、绿色贸易
第三届 2011-07-27	全国政协副主席郑万通出席会议并致辞，全国政协副主席、香港特别行政区首任行政长官董建华发表演讲	通向生态文明的绿色变革——机遇和挑战	加快转变经济发展方式，将积极应对气候变化和推进绿色低碳发展作为重要的政策导向
第四届 2012-07-27	全国政协副主席李金华出席会议	全球变局下的绿色转型和包容性增长	传播生态文明理念，分享知识与经验，促进政策的落实与完善，抓住绿色经济转型的机遇，应对生态安全的挑战，推动人类生态文明建设的进程

时间	参与政要	论坛主题	理念与共识
第五届 2013-07-19	中共中央总书记、国家主席习近平发来贺电；中共中央政治局常委、国务院副总理张高丽出席开幕式	建设生态文明：绿色变革与转型——绿色产业、绿色城镇、绿色消费引领可持续发展	生态文明是人类共同的理想和追求，走向生态文明新时代不是一个选择，而是历史的必由之路
第六届 2014-07-11	国务院总理李克强发来贺电；中共中央政治局委员、国家副主席李源潮出席开幕式并致辞	改革驱动、全球携手、走向生态文明新时代——政府、企业、公众：绿色发展的制度框架与路径选择	绿色梦想不只是中国的，更是全球的；不只是政府的，更是每个人的；不只是未来时，更是现在进行时；呼吁全球携手，走向生态文明新时代
第七届 2015-06-27	中共中央书记处书记、全国政协副主席杜青山出席开幕式并作主旨演讲	走向生态文明新时代、新议程、新常态、新行动	论坛发布了《2015 全球可持续能源竞争力报告》
第八届 2016-07-08	中共中央政治局常委、全国政协主席俞正声出席开幕式并发表主旨演讲	走向生态文明城市新时代：绿色发展·知行合一	彰显了社会各界对生态文明建设的共同关注和历史担当，回应了国际大势，服务了国家战略，体现了贵州特色

续表

时间	参与政要	论坛主题	理念与共识
第九届 2017-06-17	前国务委员、生态文明贵阳国际论坛国际咨询会主席戴秉国出席会议并作主旨演讲	走向生态文明新是·共享绿色红利	会议发布《贵州生态文明建设报告绿皮书（2016）》，回顾去年生态文明建设历程，总结取得的成果；启动并落实绿色公共采购、就食品领域可持续发展形成共识

资料来源：作者自行整理。

三、江西经验

江西地处长江中下游南岸，全省土地面积 166 947 平方公里，水域占 10%，水系发达、河湖纵横，拥有丰富的水资源和良好的水生态环境，多年平均水资源总量 1565 亿立方米。江西山岳成形、巍峨秀美，拥有良好的生态环境和优美的自然风光。2015 年末，全省林业用地面积 1072.02 万公顷，活木蓄 积量 4.45 亿立方米，森林覆盖率稳定在 63.1%，位居全国第二，人均森林面积 0.2 公顷，位居全国第 9；湿地保有量保持在 91 万公顷，位居全国第 14。人均水资源量达到 2183.6 立方米，位居全国第 8。人均活立木总蓄积量 10.4 立方米，位居全国第 9。2016 年 8 月，江西被纳入首批国家生态文明试验区，明确建设国家生态文明试验区的"四个定位"，初步探索出了一条生态文明建设和绿色发展制度化之路。

第一，必须坚持保护与发展协调，强化绿色发展制度关联性设计。衡量一个地区的绿色发展往往从"经济增长绿化度""资源环境承载潜力"和"政府政策支持度"三个维度呈现。如前所述，在《国家生态文明试验区（江西）实施方案》中，江西基本按照《生态文明体制改革总体方案》从 6 个方面，设计了 50 项绿色发展制度，基本上涵盖了绿色发展的政府、市场、社会三方面，2017 年计划重点推出其中 20 项。江西绿色发展制度朝着"去碎片化"方向推进，制度之间的关联性、衔接性、闭合性明显增强。在绿色发展制度设计中，统筹兼顾了"保护"和"发展"，平衡了保护与发展的关系，把绿色发展、绿色经济、绿色农业、绿色建筑、绿色电力、绿色汽车等既能推动经济发展，又环保的产业放在突出位置，在发展绿色新兴产业和科技创新、就业创造、绿色增长、企业家精神方面取得了较好成效。

第二，必须坚持禀赋与特色并重，结合江西实际设计评价标准。针对江西省农村人口较多，城乡收入水平差距还比较大的省情，着重抓好绿色农业发展、生活垃圾分类试点、垃圾分类管理制度建设、垃圾焚烧处理、铁路和高速公路沿线垃圾整治、农村生活垃圾处理设施及运营机制建设。一是绿色发展标准要将国家指标体系中居民人均可支配收入拆分为城镇居民可支配收入和农村居民可支配收入两个指标进行评价；二是针对农业面源污染是农村重要的污染源这一情况，增加规模畜禽养殖污染处理率；三是增加农村生活垃圾处理率指标权重；四是考虑到江西省高耗能行业占比较高、对环境的影响相对较大的现状，增加高耗能行业增加值占工业增加值比重。

第三，必须坚持产权与责任关联，加快出台绿色发展监督体系。一是充分吸收河长制度的成功经验，注重在制度体系设计的源头上分清权力与责任，制定绿色发展权力清单制度、绿色发展负面清单制度、绿色发展委员会制度、地方政府党政"一把手"绿色发展审计制度、绿色报告制度、绿色发展追责机制等。加快推进林权改革，有效地调动广大农民耕山育林、护林的积极性。二是尽快出台《江西省生态文明建设目标评价考核办法（试行）》，把绿色发展的责任落实到单位，单位落实到个人，规避绿色发展集体负责的法不责众的问题。引进和加强绿色发展第三方评估，创新生态文明考核评价机制，把资源消耗、环境损害、生态效益纳入经济社会发展评价体系，并使之成为推进生态文明建设的激励、导向和约束的重要工具。三是加大问责力度，综合运用法律、行政、经济、技术等手段，严厉打击震慑故意违反环境监测技术规范，破坏生态和绿色发展的行为，严格追究违规行为的责任。

第四节　经验性总结

马克思主义绿色发展观旨在引领人类共同建设一个天更蓝、地更绿、水更净的美丽新世界，实现人与自然的和解以及人的解放，走进人道主义、自然主义的共产主义社会。马克思主义绿色发展观的提出、形成离不开中国化马克思主义建设探索的不懈努力。马克思主义绿色发展观在当代中国实践中大致经历了尝试阶段、酝酿阶段和形成阶段这三个阶段，经历了一个从"战胜自然"的征服态度到"尊重自然"的和谐共生的态度的转变，一个从"可持续发展"的生态价值观念的确立到建设"美丽中国"的政治实践，一个从建设"绿色家园"的期盼到打造人类绿色命运共同体的美好蓝图的瞻望。本章通过对中国生态文明建设和绿色发展的历史梳理和实践经验总结，可以得出几点重要的结论和启示：

第一，解决好发展价值观是绿色发展的首要任务。有什么样的发展观，就会有什么样的社会发展。"高投入、高消耗、高污染"的掠夺式黑色发展观，造就了传统的工业文明，却把世界拖入了生态危机。地球发展承载力正在不断下降，人类必须转变发展观，自觉转向自律性发展。中国必须超越传统工业社会所坚持的黑色发展观，选择和确立新的发展观，先后提出了"可持续发展观""科学发展观"和"绿色发展观"。如今，把绿色发展确定为中国未来发展的一个重要战略，力求把经典马克思主义的社会发展思想、生态哲学思想融入中国特色社会主义的经济建设、文化建设、社会建设的方方面面，彻底转变发展的理念和价值观念，走好生态文明建设和绿色发展的中国道路。

　　第二，党政齐抓共管是坚持绿色发展的重要保障。坚持中国特色社会主义绿色发展道路，是一项前无古人经验可供借鉴的事业，既要面对西方各种对社会主义十分不友好的思潮和势力的指责和为难，又要担当偌大的一个国家的全体人民的重托，还要在处理经济发展和环境保护中综合平衡，稳中求进，实现绿色经济、循环经济转型，没有一个坚强有力的领导核心根本做不到。党中央要在绿色发展中扮演领导核心，各级党委要在绿色发展中承担主体责任。在此基础上，还需要一个强有力的政府来执行绿色发展战略和进行绿色发展的动员，制定一套中长期规划，构建科学合理的城市化格局、农业发展格局、生态安全格局，推动建立绿色低碳循环发展产业体系，设定绿色发展目标来引导市场、社会参与绿色发展。构筑绿色治理多元协同共治体系。特别是政府还要制定一套完善的制度体系来规范绿色发展，执行最严格的环境保护制度，筑牢生态安全屏障。

　　第三，加强技术创新是推动绿色发展的动力源泉。技术创新是促进生态文明和绿色发展的重要力量和关键要素。正如马克思所说："手推磨产生的是封建主为首的社会，蒸汽磨产生的是工业资本家为首的社会。"这番话无疑深刻地告诉我们，人类社会的每一次巨大跃迁都离不开科学技术的作用，每一轮产业变革和经济繁荣往往都是由技术创新所引起的，重大的技术创新往往会导致经济社会发展方式的根本性变化。技术创新是解决经济发展高投入、高消耗、高浪费、高污染等问题的关键。坚持可持续发展，加快建设资源节约型、环境友好型社会，形成人与自然和谐发展的现代化建设新格局，必须加强绿色技术研发和创新。

第四，立足本国资源禀赋是推进绿色发展的关键。就像"世上没有两片相同的树叶"一样，绿色发展也没有放之四海而皆准的模式。社会主义制度的绿色发展必然不同于资本主义制度的绿色发展。资本主义制度下的绿色发展的目的地是"生态殖民"，而社会主义制度下的绿色发展归根结底是实现"人的全面自由发展"。马克思主义从理论和实践两方面给出了启示：我国推进绿色发展应当结合我国的资源优势和生态现状，以优势项目为抓手和引领，保护和治理相结合，分区分类施策是关键。当前，需要好好总结福建、江西和贵州三省的试点经验，努力把经验层面的绿色发展上升为一般性的规律和制度层面的中国方案，走中国特色社会主义绿色发展道路。

结　语┃打造人类绿色命运共同体

人与自然是生命共同体，人类必须尊重自然、顺应自然、保护自然。人类只有遵循自然规律才能有效防止在开发利用自然上走弯路，人类对大自然的伤害最终会伤及人类自身，这是无法抗拒的规律。[1]

——习近平：《决胜全面建成小康社会 夺取新时代中国特色社会主义伟大胜利》

众所周知，"采菊东篱下，悠然见南山"是我国东晋著名田园诗人陶渊明给人类构造的一个悠闲而又悠远的"天人合一"的美好画面。然而，科学技术推动近代工业革命，犹如打开了"潘多拉魔盒"，人类在征服自然、获取丰富的物质生产资料和生活资料的同时，也在经受自然的报复。在卡逊的描述中，脆弱的地球在人类面前颤抖，之前生意盎然、鸟语花香的春天，如今变得毫无生趣。"清晨早起，原来到处可以听到鸟儿的美妙歌声，而现在却只是异常寂静。鸟儿的歌声突然沉寂了，鸟儿给予我们这个世界的色彩、美丽和乐趣也在消失……"[2]绿色发展，保护地球，已经成为当前人类不可推卸的使命。习近平

---

〔1〕习近平：《决胜全面建成小康社会 夺取新时代中国特色社会主义伟大胜利》，人民出版社2017年版，第50页。

〔2〕［美］蕾切尔·卡逊：《寂静的春天》，吕瑞兰、李长生译，吉林人民出版社1997年版，第87页。

总书记提出："建设绿色家园是人类的共同梦想。我们要着力推进国土绿化、建设美丽中国，还要通过'一带一路'建设等多边合作机制，互助合作开展造林绿化，共同改善环境，积极应对气候变化等全球性生态挑战，为维护全球生态安全做出应有贡献。"[1]打造人类绿色命运共同体，我们既有得天独厚的理论优势和制度优势，更有不容推卸的责任和担当。

首先，马克思主义、人的全面而自由发展、人的"类"本质属性这些马克思主义的核心理论内在蕴含着人类命运共同体构建的可能。马克思在《1844年经济学哲学手稿》中明确指出："有意识的生命活动把人同动物的生命活动直接区别开来。正是由于这一点，人才是类存在物。或者说，正因为人是类存在物，他才是有意识的生命活动。这不是人与之直接融为一体的那种规定性。有意识的生命活动把人同动物的生命活动直接区别开来。正是由于这一点，人才是类存在物。"[2]马克思在三个方面清晰地给出了人的"类"本质的解读。一是人的"类"本质不同于动物的群体性活动。中国古代哲学家荀子曾反思过人的"群"存在性及其发生逻辑。在他看来，人"力不若牛，走不若马，而牛马为用，何也？曰：人能群，彼不能群也。人何以能群？曰：分。分何以能行？曰：义。故义以分则和，和则一，一则多力，多力则强，强则胜物。"[3]荀子进一步说："故人之所以为人者，非特以其二足而无毛也，以其有辨也。"[4]荀子认为，能"群"是柔弱个体的生产、生活和生存之道，但

---

〔1〕习近平："发扬前人栽树后人乘凉精神，多种树种好树管好树"，载《人民日报》2016年4月6日。

〔2〕〔德〕马克思：《1844年经济学哲学手稿》，中共中央马克思恩格斯列宁斯大林著作编译局译，人民出版社2000年版，第57页。

〔3〕《荀子》，北方文艺出版社2016年版，第75页。

〔4〕《荀子》，北方文艺出版社2016年版，第33页。

人与动物的真正区别在于人有理性，亦即"有辨"。这无疑与马克思所说的"有意识的生命活动"有异曲同工之妙。二是人的"类"本质是一种对象性活动。在马克思看来："动物和自己的生命活动是直接同一的。"[1]动物饿了就寻找食物，渴了找水喝，困了就睡觉……吃喝拉撒、繁衍后代、群体生活都是一种本能活动，不可能有意识地进行选择。与动物不同的是，人是把生活对象化，"他自己的生活对他来说是对象"。[2]正是这种对象化形成了人与自然之间的矛盾。三是人的"类"本质是自由有意识的生命活动。在马克思看来，人之所以为人，主要是因为人是一种有意识的、自由的、选择的生命活动体。人进行的生命活动不仅仅是维系自己的生命，而且能通过实践活动作用和改造对象世界，确证人本身是有意识的类存在物。

由此可见，人存在的意义其实不是适应外在的客观存在，关键是可以自由地选择自己想要的生活方式和生产方式。人的"类"本质才是人之所以为人的最深层的原因。其一，从本体论的层面揭示了自然之于人的"类"本质的先在性。恩格斯在《路德维希·费尔巴哈和德国古典哲学的终结》（1886年）中指出："自然界是不依赖任何哲学而存在的；它是我们人类（本身就是自然界的产物）赖以生存的基础；在自然界和人以外不存在任何东西，我们的宗教幻想所创造出来的那些最高存在物只是我们自己的本质的虚幻反映。"[3]其二，从生产力的层面揭示了人类存在和延续的极大可能性。马克思说："正是在改造对象

---

〔1〕〔德〕马克思：《1844年经济学哲学手稿》，中共中央马克思恩格斯列宁斯大林著作编译局译，人民出版社2000年版，第57页。

〔2〕〔德〕马克思：《1844年经济学哲学手稿》，中共中央马克思恩格斯列宁斯大林著作编译局译，人民出版社2000年版，第57页。

〔3〕《马克思恩格斯全集》（第4卷），人民出版社2009年版，第275页。

世界中，人才真正地证明自己是类存在物。"[1]人生存必然要从自然界获取必需的物质资料，无论是应对洪水猛兽各种自然灾害和危险，还是进行生产劳作，都需要结成一个集体方能形成一定的客观物质力量。由此，生产力具有了社会性，变成了一种扩大了的生产力。其三，从生产关系的层面揭示了人与人之间的生产关系所构成的命运相关性。马克思主义认为，生产关系是人类劳动、生产、生活过程中所结成的各种各样的关系。人类只有聚集在一起，分工协作，才能生存下来。在人类社会早期，人面对的生存难题相对较小，部落小范围的人聚合在一起往往就能应对，譬如，围猎一些像狮子、老虎、大象这样的猛兽，单凭一个人的力量往往不够，需要部落成十上百个的人分工协作方能征服和战胜。然而，随着人类社会的发展、科学技术的进步，尤其是到了全球化的今天，人与自然之间的矛盾也变得更为广泛，超出了地域、国界，变成了全世界人类必须共同面对的问题，再如全球性的经济危机、全球性的气候变暖、生态危机和自然危机、核武器威慑的全球化战争、全球化的疾病等等。也就是说，今天人类已经自然而然地变成了一个命运共同体，面对全球性的难题，人类必须紧紧团结在一起，才能克服和应对。

其次，社会主义是资本主义制度的否定之否定，为人类超越资本逻辑和资本主义制度，结成一个绿色命运共同体奠定了制度基础。在马克思主义看来，自然被侵犯与资本社会制度直接相关。资本制度得以运行的"发动机"是"资本"，其他一切政治、社会、技术、文化等必须服务于"资本"的扩张和利润追求这一中心任务。西方在经历工业革命的生产力大发展之

---

〔1〕〔德〕马克思：《1844年经济学哲学手稿》，中共中央马克思恩格斯列宁斯大林著作编译局译，人民出版社2000年版，第58页。

后，对待自然的观念也发生了极大转变，征服自然、控制自然等观点一直占据主流。为攫取源源不断的剩余价值（利润），保持经济持续增长，资本主义必须扩大生产并尽可能地开发自然控制自然，获取尽可能多的生产资料。这就使得"攻击进入生活本能的领域，使大自然越来越屈从于商业组织。……景色本来可以是性本能的天然空间：安宁、幸福和美的感官世界，避开和抵挡资本的权力，避开和抵挡交换价值的权力，没有价值作用的世界———一句话，就是心满意足……商业扩张和商业人员的暴行污毁了大自然，压抑了富有生命力的性本能的浪漫梦想"[1]马克思主义对这种掠夺式的资本主义发展模式一直持批判的态度。当今世界的生态环境问题仍然没有超出马克思主义的预测和判断。

　　最后，坚持走中国特色社会主义道路就必然走绿色发展的道路，贡献构建绿色命运共同体的中国力量、中国模式和中国经验。党和国家应对环境问题的手段之凌厉，反应之迅速给国人以极大的振奋，表现出国家坚决不走先污染、后治理的老路的决心。虽然生态问题仍然严峻，但我们已经对生态问题有了深刻的认识，摆正了态度，体会到人与自然关系和谐的重要性，体现了我国执政理念的成熟。生态理念已根植于中国共产党、各级政府和国人心中。党的十八届五中全会提出："坚持绿色发展，必须坚持节约资源和保护环境的基本国策，坚持可持续发展，坚定走生产发展、生活富裕、生态良好的文明发展道路，加快建设资源节约型、环境友好型社会，形成人与自然和谐发展的现代化建设新格局，推进美丽中国建设，为全球生态安全

---

〔1〕［美］赫尔伯特·马尔库塞等:《工业社会和新左派》，任立编译，商务印书馆1982年版，第16页。

做出新贡献。"[1]生态问题极其复杂，关乎各个领域的利益博弈，解决生态问题的道路注定艰苦漫长，困难重重。生态问题已经将人类逼到了悬崖边缘，处理不当，将是整个人类社会的崩溃。毫无疑问，人类已经没有退路，只有迎难而上，抛弃自私自利的理念，站在全人类的未来的视角来看待生态问题才是解决问题的有效出路。

从"人类命运共同体"到"人类绿色命运共同体"，充分展现了我国作为一个大国发展理念的成熟，体现了一个大国应有的责任担当。这一概念是对西方鼓吹的"中国威胁论"的有力反击，这是在向全世界宣布，中国的发展不是为了单独谋求自己的利益，而是站在全人类未来的角度引领全世界和平与发展的潮流。正如习近平主席在博鳌亚洲论坛2015年年会上说的："中国将毫不动摇坚持独立自主的和平外交政策，坚持走和平发展道路，坚持互利共赢的开放战略，秉持正确义利观，推动建立以合作共赢为核心的新型国际关系，始终做维护世界和平、促进共同发展的坚定力量。"[2]中国的崛起绝对不是一种威胁，而是一种维持稳定的力量，守护和平的力量，保护环境的力量。不是西方国家带有偏见的威胁论的臆测，而是帮助亚、非、拉第三世界国家实现生态友好型发展的引导。生态问题是复杂的。关乎各个领域的利益博弈，解决生态问题的道路注定艰苦漫长，困难重重。打造人绿色命运共同体，需要恰如其分地处理好绿色发展的责任共同体、利益共同体和共享共同体的关系，需要在以下几个方面着力：

---

〔1〕"中共第十八届中央委员会第五次全体会议公报"，载 http://news. xinhuanet. com/fortune/2015-10/29/c_ 1116983078. htm，访问日期：2015年10月29日。

〔2〕习近平："迈向命运共同体，开创亚洲新未来"，载 http://news. xinhuanet. com/politics/2015-03/28/c_ 1114794507. htm，访问日期：2015年3月28日。

（一）形成绿色发展利益共同体

人类是追逐利益的动物，会以利益为导向，生态问题牵涉到各方面的利益博弈，利益博弈的最佳结果是共赢，而绿色发展则是共赢的唯一方式。实现共赢的基础是对利益共同体概念的深刻理解。生态危机虽然是一个巨大的挑战，但也恰恰蕴藏着巨大的发展机遇和利益空间，传统产品势必将逐步退出市场，传统消费理念将面临革新，传统技术将被逐步淘汰，而空出来的则是广阔的发展空间。面对这全新的发展机遇，每个国家、每个人都享有均等的发展空间，利益将是共同的。尽管我们将损失一部分传统发展已得的利益，但是作为回报，绿色发展将赋予我们发展的无限可能。

可以说，绿色发展利益共同体的核心是合作，既是经济的合作也是生态的合作，这两者是相互联系、相互作用的。经济合作是实现利益共赢的条件，是绿色合作的前提，而生态合作是利益共赢的保障，没有生态条件作保障，一切的利益都将不复存在。合作意味着平等，各个国家体量有大小，国力有强弱，但是都享有平等发展的权利，命运共同体的提出就是在平等的基础上实现利益共享，类似发达国家那样利用其经济优势实行生态殖民主义有悖命运共同体的基本理念，同时也没能真正解决生态问题。大国并不仅仅意味着更大的影响力，同时还意味着更大的责任，是人类发展的舵手，一旦舵手没能把握好方向，人类社会这一艘巨轮触礁，再追求国家利益、国力强盛都是空谈。

人类是利益至上的，但是不代表我们会唯利是图，人类产生了与其野蛮本性相制衡的道德来进行约束。我们是有理性的，当面对这一前所未有的生存危机时，每一个人都应有牺牲当前利益以换取未来发展的觉悟，应彻底改变原来的单一经济体发展的狭隘观点，未来的经济将少有单一的国家和地区等字眼，而更多的是整体和共赢。

（二）明确绿色发展责任共同体

利益意味着责任，既然能享受绿色发展带来的利益，自然要为之承担应有的责任，即突出责任共同体的概念。绿色发展的责任共同体主要有三层含义：过去意义——对已有的环境问题的责任分担共同体；现实意义——以人类整体对当前生态环境承担的责任共同体；未来意义——以先驱者的视角对整个地球的未来承担的责任共同体。人们要为自己的不当发展行为承担责任，面对环境污染，每个人都责无旁贷。责任的承担是共同的，回顾曾经震惊人类社会的五大环境公害事件，在人们沉浸于工业化带来的经济利益时，随之而来的空气和水资源污染给公众健康带来了极大的危害，光化学烟雾、煤烟、酸雨、重金属污染，全体社会公众都是受害者。环境问题的受害者是生活在其中的每一个个体，我们构成了责任的共同体，在这种情况下讨论谁为之承担责任已经没有意义，因为是全体人类自己为之买单，威胁的是我们共同的生存空间。

人们作为一个类整体，要为生态自然负责任。没人能脱离这个环境生存哪怕一分钟，环境问题威胁的是每一个人的生存，任何一个理性的人在面临生存的威胁时都应该认识到责任共同体的意义。人是自然的一部分，必须存活在自然环境中，无时无刻不与自然界发生物质交换和能量交流，就此而言，自然界就像是人的无机身体，是人存在的基础。我们挥霍的不是属于我们的世界，而是属于这个地球上所有生物的世界，这就要求我们共同承担对生态的责任，对我们的所作所为进行人类整体层面上的反思，反思是否破坏了我们赖以生存的环境，是否危害了生态的可持续发展，是否威胁了其他物种的生存。即以人类整体来考量我们在整个生态中的作用，来承担人的类整体在生态发展中的责任，构成责任共同体的现实意义。

人类作为一个持续发展的种群，要为人类和自然的未来负责任，即责任共同体的未来意义。在浩瀚的宇宙中，就目前的发现而言，仅仅只有地球存在生命，而在这地球之上，又只有人类进化出了高级的智慧文明，这是宇宙赐予的极大荣耀，同时又意味着极大的责任。我们既是这个极为珍贵的生态系统的拥有者，同样也是这个生态环境的保护者。我们不能仅考虑当代人的利益，而应给未来的人类以同样的生存空间，这就要求我们共同对人类的未来负责。正如温家宝总理所说："地球不是我们从父辈那里继承来的，而是我们从子孙后代那里借来的。"我们必须明确作为先驱者的我们这一代人类对后代的发展所肩负的不可推卸的责任——维持人类在未来的生存，给自己的后代留下发展的空间。

责任共同体要求我们抛弃"各人自扫门前雪，不管他人瓦上霜"的狭隘观念，因为人作为整个生态环境的一部分，我们是以人这样一个种类共同承担对生态、对环境、对人类未来的责任，需要我们共同的努力。发达国家的生态殖民主义、发展中国家的只要经济不要生态的发展观都是不可取的，环境的共享意味着任何痛苦都需我们共同承担，任何一个国家、企业甚至个人的破坏生态行为都将由 60 亿人为之承担后果，终将有时，危机将爆发为人类无法承担的致命后果。人们必须明确这样的危机意识，否则下一次破坏环境的行为就将是压垮骆驼的最后一根稻草。

（三）拓展绿色发展共享共同体

绿色发展能否实现取决于共享的程度，其基石是交互式的经济，是经济全球化在生态危机之后的全新蜕变，因而经济、文化等的共享程度将决定该国参与绿色发展共享的程度。所以绿色发展共享共同体主要有两个方面的含义：其一是经济的共享，其二是文化的共享。经济的共享提供的是更大的发展机遇，文化的共享则是力求形成一种以环境而非利益为主导的全新的观念，只有将绿色理念扎根于文化，才能让它产生长久、深远的影响。绿色发展不是少数发达国家的经济生态化，而应该是全球框架下的经济再生，发展的成果应该由每个国家，每个人所共享，这是一个改变传统的人格不平等和歧视状况的契机。虽然说自由与平等是人人奉行的理念，但是地区之间的发展机会并不平等，而且似乎一向提倡这一理念的发达国家也并不希望解决这一问题，这无疑是霸权主义在作祟。实现真正的共享固然很困难，但是这一契机却可以有效地改善这一问题，至少在这一次的绿色经济革命上，由于问题关乎人类的生死存亡，如果不能实现全球范围的经济绿色化，一切努力都会功亏一篑。因此，发展中国家大可借助这一跳板直接跳过传统经济发展的阶段，直接走上绿色经济的道路，与发达国家站在同一起点上。这将是一次彻底的经济优势的洗牌，帮助所有国家实现共同发展，未来的世界显然是共享多于封闭，交流多于闭塞，合作多于竞争。绿色经济的要求就是每个地方发挥自己的特色，因地制宜，实现整个经济体系的有机分布，利益共存共享。

共享共同体的第二层意义便是形成共享文化。文化具有影响人的社会行为的作用，绿色发展的理念是人类社会历经重大的挫折之后才找到的发展方向。在这场危机中，我们已经付出了重大的代价，并且还有可能牺牲更多。只有普及绿色文化，让生态理念深入人心，才能在我们对环境的损害已经不可逆之前做出预防，确保那样的悲剧永远不会上演。绿色文化引导的一系列运动还具有对人性解放的作用，资本主义主导的工业社会以利益为主导，对工人进行无情、严苛的剥削来实现资本积累，马克思已经明确指出这样的制度严重地压抑了人的自然本性，使作为具有自然属性的人走向了自然的对立面，人们的自由、人性被压迫，被追逐利益的病态观点所主导，丧失了精神的自由，更不用说对自由、平等的追求了。这种现象不仅仅存在于发展中国家和贫困的第三世界国家中，在发达国家，人们心灵空虚、人性丧失等问题也日益严重，失去了人的自然属性，人们已经逐渐被自己亲手建立的资本主义制度控制，沦为了奴隶。我们迫切需要一场改革运动，来让人的自然性重新回归，重新充满对自然的敬畏，以绿色文化的共享为基础的共同体是实现这样人性解放运动的基础。

总之，绿色发展作为 21 世纪一场改变世界格局的发展变革，为解放人的自由和人性提供了绝佳的机会。在这场变革中，资本主义的逐利观念将被扬弃，给予人自然本性回归的空间。中世纪时期，资本家以自由平等的理念将人类社会从封建与宗教迷信的落后中解救出来，却并未给人真正地找到精神的依靠，反而切断了人性与自然的最后联系。经过数百年的腐蚀，资本主义社会的精神依靠已经摇摇欲坠，失去了曾经自由与平等的信仰，沦为金钱的奴隶。绿色革命提出的敬畏自然，提倡重新找回人的自然属性，从自然的角度审视人类社会，找寻自由与平等的真正含义。不管是受压迫的广大发展中国家人民还是精神空虚的发达国家公民，都在绿色文化的引导下，重新审视自身存在的意义。绿色文化共享共同体只是一个普及这一观念的契机，其内在的驱动力是全世界人民在看到生态危机之后的反思，是全世界人民想改变这一现状的诉求，借用文化这一对翅膀，重新唤起人们心底对自由的渴望。

绿色发展作为 21 世纪一场改变世界格局的发展变革，拓展了马克思主义社会发展思想。现代社会产生以来，世界经济、政治、文化一体化，各民族由过去相对孤立的发展状态走向了全面的彼此影响、彼此渗透、彼此融合的历史状态和趋势。但是，当前许多国家和地区仍然将生态环境问题局限于自身利益进行考虑。譬如，发达国家较早地体会到了生态问题的痛处，在加大对环境污染的整治力度的同时，开始暗中实行"生态殖民主义"。所谓生态殖民主义，就是将对本国造成环境问题的工厂和企业外置，利用其廉价劳动力和丰富的资源生产产品，利用其法律体系的漏洞公开地污染环境。利益的大头是资本家，而环境问题的受害者却是欠发达国家的人民。发达国家信誓旦旦地说自己的国家达到了碳排放的标准，苛责发展中国家对环境责任的缺失，却对自己的生态殖民主义闭口不谈。发展中国家面对自己的发展过程中的环境问题，置若罔闻，为了追求经济效益，以环境换金钱，以生态换发展，牺牲了当地人民赖以生存的环境，也为未来的生存埋下了隐患。在马克思主义看来，环境问题是全球的，是我们必须共同承担的痛，原本关乎人类存亡的大事，却变成了国与国之间的勾心斗角。全球变暖、资源枯竭、能源危机都必须由我们共同承担，这一切的一切都证明了一个事实——人类的生态命运是共同的，没有一个人能够独立于地球这个环境存活，建构人类命运共同体，就是在寻求解决事关人类生态、发展等问题的救赎之道。

——■ 参考文献

一、著作

（一）经典著作

1. 《马克思恩格斯文集》（第 1、2、9、10 卷），人民出版社 2009 年版。

2. 《马克思恩格斯选集》（第 1~4 卷），人民出版社 1995 年版。

3. 《马克思恩格斯全集》（第 3 卷），人民出版社 1960 年版。

4. 《马克思恩格斯全集》（第 19 卷），人民出版社 1963 年版。

5. 《马克思恩格斯全集》（第 20 卷），人民出版社 1957 年版。

6. 《马克思恩格斯全集》（第 23 卷），人民出版社 1995 年版。

7. 《马克思恩格斯全集》（第 30 卷），人民出版社 1995 年版。

8. 《马克思恩格斯全集》（第 42 卷），人民出版社 1979 年版。

9. 《马克思恩格斯全集》（第 47 卷），人民出版社 1979 年版。

10. ［德］马克思：《1844 年经济学哲学手稿》，中共中央马克思恩格斯列宁斯大林著作编译局译，人民出版社 2000 年版。

11. ［德］马克思：《资本论》（第 1 卷），郭大力、王亚楠译，上海三联书店 2009 年版。

12. 《列宁选集》（第 1~4 卷），人民出版社 1972 年版。

13. 《列宁全集》（第 19 卷），人民出版社 1963 年版。

14. ［俄］列宁：《哲学笔记》，人民出版社 1993 年版。

15. 《毛泽东选集》（第 1~4 卷），人民出版社 1991 年版。

16. 《毛泽东文集》（第 6、7、8 卷），人民出版社 1999 年版。

17. 《邓小平文选》（第 1~3 卷），人民出版社 1989、1983、1993 年版。

18. 《江泽民文选》（第 1~3 卷），人民出版社 2006 年版。

19. 《胡锦涛文选》（第 1~3 卷），人民出版社 2016 年版。

20. 胡锦涛：《高举中国特色社会主义伟大旗帜，为夺取全面建设小康社会新胜利而奋斗》，人民出版社 2007 年版。

21. 胡锦涛：《坚定不移沿着中国特色社会主义道路前进，为全面建成小康社会而奋斗》，人民出版社 2012 年版。

22. 《习近平总书记重要讲话文章选编》，中央文献出版社 2016 年版。

23. 习近平：《决胜全面建成小康社会 夺取新时代中国特色社会主义伟大胜利》，人民出版社 2017 年版。

（二）中文古籍

24. 沙少海、徐子宏：《老子全译》，贵州人民出版社 1989 年版。

25. 《孟子》，北方文艺出版社 2016 年版。

26. 《荀子》，北方文艺出版社 2016 年版。

（三）中文著作

27. 中共中央文献研究室编：《毛泽东 邓小平 江泽民论科学发展》，中央文献出版社 2008 年版。

28. 中共中央文献研究室编：《科学发展观重要论述摘编》，人民出版社 2008 年版。

29. 中共中央文献研究室编：《十六大以来重要文献选编》（中），中央文献出版社 2006 年版。

30. 中共中央文献研究室编：《十七大以来重要文献选编》（上），中央文献出版社 2009 年版。

31. 《中国共产党第十七次全国代表大会文件汇编》，人民出版社 2007 年版。

32. 《中华人民共和国国民经济和社会发展第十三个五年规划纲要》，人民出版社 2016 年版。

33. 北京大学哲学系外国哲学史教研室编：《西方哲学原著选读》（上、下），商务印书馆 1981 年版。

34. 鲍宗豪主编：《当代社会发展导论》，华东师范大学出版社 1999 年版。

35. 鲍宗豪等：《科学发展论》，上海社会科学院出版社 2007 年版。

36. 陈学明、吴松、远东编：《痛苦中的安乐：马尔库塞、弗洛姆论消费主义》，云南人民出版社 1998 年版。

37. 陈学明：《"二十世纪的思想库"——马尔库塞的六本书》，云南人民出版社 1989 年版。

38. 陈学明、王凤才：《西方马克思主义前沿问题二十讲》，复旦大学出版社 2008 年版。

39. 陈学明：《谁是罪魁祸首——追寻生态危机的根源》，人民出版社 2012 年版。

40. 陈学明：《"西方马克思主义"命题辞典》，东方出版社 2004 年版。

41. 陈爱华：《法兰克福学派科学伦理思想的历史逻辑》，中国社会科学出版社 2007 年版。

42. 成海鹰：《审美的德性——文学欣赏伦理研究》，湖南人民出版社 2009 年版。

43. 邓志伟：《弗洛姆新人道主义伦理思想研究》，人民出版社 2011 年版。

44. 董强：《马克思主义生态观研究》，人民出版社 2015 年版。

45. 杜秀娟：《马克思主义生态哲学思想历史发展研究》，北京师范大学出版社 2011 年版。

46. 复旦大学哲学系现代西方哲学研究室编译：《西方学者论〈一八四四年经济学-哲学手稿〉》，复旦大学出版社 1983 年版。

47. 傅华：《生态伦理学探究》，华夏出版社 2002 年版。

48. 高秉江：《西方知识论的超越之路——从毕达哥拉斯到胡塞尔》，人民出版社 2012 年版。

49. 顾龙生编著：《毛泽东经济年谱》，中共中央党校出版社 1993 年版。

50. 郇庆治主编：《当代西方绿色左翼政治理论》，北京大学出版社 2011 年版。

51. 何怀宏：《伦理学是什么》，北京大学出版社 2008 年版。

52. 黄楠森、庄福龄、林利主编：《马克思主义哲学史》（第 1~8 卷），北京出版社 1996 年版。

53. 胡鞍钢：《中国：创新绿色发展》，中国人民大学出版社 2012 年版。

54. 江天骥主编：《法兰克福学派——批判的社会理论》，上海人民出版社 1981 年版。

55. 中共中央文献研究室编：《邓小平年谱（一九七五——一九九七）》，中央文献出版社 2004 年版。

56. 李秀林、王于、李淮春主编：《辩证唯物主义和历史唯物主义原理》，中国人民大学出版社 1995 年版。

57. 李桂花：《科技哲思——科技异化问题研究》，吉林大学出版社 2011 年版。

58. 联合国教科文组织：《发展的新战略》，中国对外翻译出版公司 1990 年版。

59. 林卿、张俊飚：《生态文明视域中的农业绿色发展》，中国财政经济出版社 2012 年版。

60. 刘放桐等编著：《现代西方哲学》，人民出版社 1990 年版。

61. 刘放桐：《探索、沟通和超越：现代西方哲学与马克思主义哲学比较研究》，北京师范大学出版社 2010 年版。

62. 刘小枫：《诗化哲学》，华东师范大学出版社 2011 年版。

63. 刘小枫：《现代性社会理论绪论》，上海三联书店 1998 年版。

64. 刘仁胜：《生态马克思主义概论》，中央编译局出版社 2007 年版。

65. 刘兴云、石小娇：《意义世界的构造：马尔库塞新人本主义伦理思想研究》，中国政法大学出版社 2016 年版。

66. 陆南泉：《苏联经济体制改革史论》，人民出版社 2007 年版。

67. 倪瑞华：《英国生态学马克思主义研究》，人民出版社 2011 年版。

68. 欧阳谦：《文化与政治：西方马克思主义研究》，中国人民大学出版社 2012 年版。

69. 逄先知、金冲及：《毛泽东传》（第 3 卷），中央文献出版社 2013 年版。

70. 中共中央文献研究室编：《毛泽东年谱（1949—1976）》，中央文献出版社 2013 年版。

71. 宋宽锋：《科学的哲学解读与西方哲学的知识论传统》，人民出版社 2016 年版。

72. 唐凯麟主编：《西方伦理学经典命题》，江西人民出版社 2009 年版。

73. 万俊人：《寻求普世伦理》，北京大学出版社 2009 年版。

74. 汪丁丁：《经济学思想史讲义》，上海人民出版社 2012 年版。

75. 王怀超主编：《社会主义通史》（第 6 卷），人民出版社 2011 年版。

76. 王荫庭编：《普列汉诺夫读本》，中央编译局出版社 2008 年版。

77. 王雨辰：《伦理批判与道德乌托邦——西方马克思主义伦理思想研究》，人民出版社 2014 年版。

78. 王海明：《伦理学与人生》，复旦大学出版社 2009 年版。

79. 《国外理论动态》编辑部组编：《当代资本主义生态理论与绿色发展战略》，中央编译出版社 2015 年版。

80. 颜岩：《批判的社会理论及其当代重建——凯尔纳晚期马克思主义思想研究》，人民出版社 2007 年版。

81. 仰海峰：《西方马克思主义的逻辑》，北京大学出版社 2010 年版。

82. 杨魁、董雅丽：《消费文化——从现代到后现代》，中国社会科学出版社 2003 年版。

83. 叶舒宪：《中国神话哲学》，中国社会科学出版社 1992 年版。

84. 黄楠森、庄福龄、林利主编：《马克思主义哲学史》（第 8 卷），北京出版社 1996 年版。

85. 俞吾金、陈学明：《国外马克思主义哲学流派》，复旦大学出版社 1990 年版。

86. 余谋昌：《生态哲学》，陕西人民教育出版社 2000 年版。

87. 全国干部培训教材编审指导委员会组织编写：《建设美丽中国》，人民出版社 2015 年版。

88. 张岱年：《中国哲学大纲》，江苏教育出版社 2005 年版。

89. 张岱年、方克立主编：《中国文化概论》，北京师范大学出版社 2014 年版。

90. 张一兵、胡大平：《西方马克思主义哲学的历史逻辑》，南京大学出版社 2003 年版。

91. 张之沧等：《西方马克思主义伦理思想研究》（第 2 辑），南京师范大学出版社 2009 年版。

92. 张乃平、夏东海编著：《自然灾害应急管理》，中国经济出版社 2009 年版。

93. 章启群：《哲人与诗——西方当代一些美学问题的哲学根源》，安徽教育出版社 1994 年版。

94. 赵敦华：《现代西方哲学新编》，北京大学出版社 2000 年版。

95. 赵汀阳：《论可能生活———一种关于幸福和公正的理论》，中国人民大学出版社 2004 年版。

96. 朱晓慧：《新马克思主义消费文化批判理论》，学林出版社 2008 年版。

97. 中国国际经济交流中心课题组：《中国实施绿色发展的公共政策研究》，中国经济出版社 2013 年版。

（四）中文译著

98. ［英］阿诺德·汤因比：《历史研究》（插图本），刘北成、郭小凌译，上海人民出版社 2005 年版。

99. ［德］A. 施密特：《马克思的自然概念》，欧力同、吴仲昉译，赵鑫珊校，商务印书馆 1988 年版。

100. ［法］阿尔贝特·施韦泽著，［德］汉斯·瓦尔特·贝尔编：《敬畏生命》，陈泽环译，上海社会科学院出版社 2003 年版。

101. ［印］阿玛蒂亚·森：《以自由看待发展》，任颐、于真译，刘民权、刘柳校，中国人民大学出版社 2002 年版。

102. ［美］埃莉诺·奥斯特诺姆：《公共事物的治理之道：集体行动制度的演进》，余逊达、陈旭东译，上海译文出版社 2012 年版。

103. ［美］艾伦·杜宁：《多少算够——消费社会与地球的未来》，毕聿译，吉林人民出版社 1997 年版。

104. ［英］安德鲁·海伍德：《政治学核心概念》，吴勇译，天津人民出版社 2008 年版。

105. ［英］安德鲁·多布森：《绿色政治思想》，郇庆治译，山东大学出版社 2012 年版。

106. ［加］安德鲁·芬伯格：《技术批判理论》，韩连庆、曹观法译，北京大学出版社 2005 年版。

107. ［加］安德鲁·芬伯格：《海德格尔和马尔库塞》，文成伟译，上海社会科学院出版社 2010 年版。

108. ［英］安东尼·弗卢主编：《新哲学词典》（修订第 2 版），黄颂杰等译，上海译文出版社 1992 年版。

109. ［美］奥尔曼：《异化：马克思论资本主义社会中人的概念》，王贵贤译，北京师范大学出版社 2011 年版。

110. ［德］奥斯瓦尔德·斯宾格勒：《人和技术》，薛启亮等译，河北人民出版社 1987 年版。

111. ［德］奥斯瓦尔德·斯宾格勒：《西方的没落》（第 1 卷·形式与现实），吴琼译，上海三联书店 2006 年版。

112. ［德］奥特弗利德·赫费：《作为现代化之代价的道德——应用伦理学前沿问题研究》，邓安庆、朱更生译，上海译文出版社 2005 年版。

113. ［美］巴里·康芒纳：《封闭的循环——自然、人和技术》，侯文蕙译，吉林人民出版社 1997 年版。

114. ［加］本·阿格尔：《西方马克思主义概论》，慎之等译，中国人民大学出版社 1991 年版。

115. ［英］J. D. 贝尔纳：《科学的社会功能》，陈体芳译，张今校，广西师范大学出版社 2003 年版。

116. ［美］彼得·辛格：《实践伦理学》，刘莘译，东方出版社 2005 年版。

117. ［英］彼得·沃森：《20 世纪思想史》（上、下），朱进东、陆月宏、胡发贵译，上海译文出版社 2008 年版。

118. ［美］波林·玛丽·罗斯诺：《后现代主义与社会科学》，张国清译，上海译文出版社 1998 年版。

119. ［美］查尔斯·沃尔夫：《市场或政府——权衡两种不完善的选择/兰德公司的一项研究》，谢旭译，中国发展出版社 1994 年版。

120. ［英］戴维·佩珀：《生态社会主义：从深生态学到社会正义》，刘颖译，山东大学出版社 2012 年版。

121. ［英］戴维·麦克莱伦：《马克思思想导论》（第 3 版），郑一明、陈喜贵译，中国人民大学出版社 2008 年版。

122. ［美］戴维·波普诺：《社会学》（第 11 版），李强等译，中国人民大学出版社 2010 年版。

123. ［美］戴斯·贾丁斯：《环境伦理学——环境哲学导论》（第 3 版），
     林官明、杨爱民译，北京大学出版社 2002 年版。

124. ［美］大卫·哈维：《资本社会的 17 个矛盾》，许瑞宋译，中信出版
     社 2016 年版。

125. ［美］丹尼尔·A. 科尔曼：《生态政治：建设一个绿色社会》，梅俊
     杰译，上海译文出版社 2002 年版。

126. ［美］德内拉·梅多斯等：《增长的极限——罗马俱乐部关于人类困
     境的报告》，李宝恒译，四川人民出版社 1983 年版。

127. ［荷］E. 舒尔曼：《科技时代与人类未来——在哲学深层的挑战》，
     李小兵等译，东方出版社 1995 年版。

128. ［德］F. 拉普：《技术哲学导论》，刘武等译，陈昌曙审校，辽宁科学
     技术出版社 1986 年版。

129. ［美］弗朗西斯·福山：《政治秩序与政治衰败：从工业革命到民主
     全球化》，毛俊杰译，广西师范大学出版社 2015 年版。

130. 《费尔巴哈哲学著作选集》（上卷），生活·读书·新知三联书店
     1959 年版。

131. ［西］费德里科·马约尔：《不要等到明天》，吕臣重译，社会科学文
     献出版社 1993 年版。

132. ［法］弗朗索瓦·佩鲁：《新发展观》，张宁、丰子义译，华夏出版社
     1987 年版。

133. ［英］F. A. 哈耶克：《致命的自负》，冯克利等译，冯克利统校，中
     国社会科学出版社 2000 年版。

134. ［英］G. D. H. 科尔：《社会主义思想史》（第 1 卷），何瑞丰译，商
     务印书馆 1977 年版。

135. ［美］乔治·瑞泽尔：《后现代社会理论》，谢立中等译，华夏出版社
     2003 年版。

136. ［英］乔治·爱德华·摩尔：《伦理学原理》，长河译，上海人民出版
     社 2003 年版。

137. ［德］哈贝马斯：《作为"意识形态"的技术与科学》，李黎、郭官义

译，学林出版社 1999 年版。

138. [德] 黑格尔：《精神现象学》（上卷），贺麟、王久兴译，商务印书馆 1981 年版。

139. [英] 理查德·麦尔文·黑尔：《道德语言》，万俊人译，商务印书馆 1999 年版。

140. [美] 赫尔伯特·马尔库塞等：《工业社会和新左派》，任立编译，商务印书馆 1982 年版。

141. [美] 赫尔伯特·马尔库塞：《1844 年经济学哲学手稿研究》，中共中央马克思恩格斯列宁斯大林著作编译局译，湖南人民出版社 1983 年版。

142. [美] 赫尔伯特·马尔库塞：《现代文明与人的困境——马尔库塞文集》，李小兵等译，上海三联书店 1989 年版。

143. [美] 赫尔伯特·马尔库塞："历史唯物主义的基础"，载上海社会科学院哲学研究所外国哲学研究室编：《法兰克福学派论著选辑》（上卷），商务印书馆 1998 年版。

144. [美] 赫伯特·马尔库塞：《单向度的人：发达工业社会意识形态研究》，刘继译，上海译文出版社 2014 年版。

145. [美] 霍尔姆斯·罗尔斯顿：《环境伦理学——大自然的价值以及人对大自然的义务》，杨通进译，许广明校，中国社会科学出版社 2000 年版。

146. [美] 加布里埃尔·A. 阿尔蒙德、小 G. 宾厄姆·包威尔：《比较政治学：体系、过程和政策》，曹沛霖等译，东方出版社 2010 年版。

147. [英] 杰弗里·托马斯：《政治哲学导论》，顾肃、刘雪梅译，中国人民大学出版社 2006 年版。

148. [美] 卡尔·A. 魏特夫：《东方专制主义：对于极权力量的比较研究》，徐式谷等译，中国社会科学出版社 1989 年版。

149. [美] 卡洛琳·麦茜特：《自然之死——妇女、生态和科学革命》，吴国盛等译，吉林人民出版社 1997 年版。

150. [法] 卡斯帕尔：《思想录》，何兆武译，商务印书馆 1985 年版。

151. [德] 康德：《实践理性批判》，邓晓芒译，人民出版社 2016 年版。

152. ［美］肯尼思·D. 贝利：《现代社会研究方法》，许真译，上海人民出版社 1986 年版。

153. ［英］莱尔·沃森：《超自然现象———一部新的自然史》，王森洋译，上海人民出版社 1991 年版。

154. ［美］蕾切尔·卡逊：《寂静的春天》，吕瑞兰、李长生译，吉林人民出版社 1997 年版。

155. ［美］列奥·施特劳斯：《自然权利与历史》，彭刚译，生活·读书·新知三联书店 2003 年版。

156. ［法］卢梭：《论科学与艺术》，何兆武译，商务印书馆 1963 年版。

157. ［匈］卢卡奇：《历史与阶级意识》，杜章智、任立、燕宏远译，商务印书馆 1999 年版。

158. ［美］罗伯特·L. 海尔布隆纳：《资本主义的本质与逻辑》，马林梅译，东方出版社 2013 年版。

159. ［德］马克斯·霍克海默、西奥多·阿道尔诺：《启蒙辩证法：哲学断片》，渠敬东、曹卫东译，上海人民出版社 2006 年版。

160. ［法］马克·西门尼斯：《当代美学》，王洪一译，文化艺术出版社 2005 年版。

161. ［美］迈克尔·P. 托达罗：《经济发展与第三世界》，印金强、赵荣美译，中国经济出版社 1992 年版。

162. ［英］迈克尔·H. 莱斯诺夫：《二十世纪的政治哲学家》，冯克利译，商务印书馆 2002 年版。

163. ［美］蒂莫西·比特利：《绿色城市主义———欧洲城市的经验》，邹越、李吉涛译，中国建筑工业出版社 2011 年版。

164. ［美］莫蒂默·阿德勒：《西方名著中的伟大智慧》，王月瑞译，海南出版社 2002 年版。

165. ［苏］尼·布哈林：《历史唯物主义理论》，何国贤等译，李光谟等校，东方出版社 1988 年版。

166. ［英］尼古拉斯·布宁、涂纪元编著：《西方哲学英汉对照辞典》，人民出版社 2001 年版。

167. ［俄］尼古拉·别尔嘉耶夫：《论人的奴役与自由———人格主义的体

认》，徐黎明译，贵州人民出版社 1994 年版。

168. ［俄］普列汉诺夫：《唯物主义史论丛》，王太庆译，洪谦校，生活·读书·新知三联书店 1961 年版。

169. 《普列汉诺夫哲学著作选集》（第 1~3 卷），生活·读书·新知三联书店 1959 年版。

170. ［英］齐格蒙特·鲍曼：《全球化——人类的后果》，郭国良、徐建华译，商务印书馆 2001 年版。

171. ［法］让-保罗·萨特：《辩证理性批判》，徐懋庸译，商务印书馆 1963 年版。

172. ［法］让·鲍德里亚：《消费社会》，刘成富、全志刚译，南京大学出版社 2000 年版。

173. ［印］萨拉·萨卡：《生态社会主义还是生态资本主义》，张淑兰译，山东大学出版社 2012 年版。

174. ［英］汤因比等：《艺术的未来》，王治河译，北京大学出版社 1991 年版。

175. ［加］威廉·莱斯：《自然的控制》，岳长龄、李建华译，重庆出版社 1993 年版。

176. ［加］威尔·金里卡：《当代政治哲学》，刘莘译，上海三联书店 2004 年版。

177. ［英］西蒙·布莱克本：《我们时代的伦理学》，梁曼莉译译林出版社 2013 年版。

178. ［美］约翰·贝拉米·福斯特：《马克思的生态学——唯物主义与自然》，刘仁胜、肖峰译，刘庸安校，高等教育出版社 2006 年版。

179. ［美］希拉里·普特南：《理性、真理与历史》，童世骏、李光程译，上海译文出版社 1997 年版。

180. ［古希腊］亚里士多德：《政治学》，颜一、秦典华译，中国人民大学出版社 2003 年版。

181. ［古希腊］亚里士多德：《尼各马科伦理学》，苗力田译，中国人民大学出版社 2003 年版。

182. ［英］亚当·斯密：《国富论》（上、下），郭大力、王亚楠译，商务印书馆 1972 年版。

183. ［英］约翰·穆勒：《政治经济学原理》，胡企林、朱泱译，商务印书馆 1991 年版。

184. ［美］约瑟夫·S. 奈、约翰·D. 唐纳胡主编：《全球化世界的治理》，王勇等译，世界知识出版社 2003 年版。

185. ［美］约翰·罗尔斯：《正义论》，何怀宏、何包钢、廖申白译，中国社会科学出版社 1988 年版。

186. ［美］约翰·奈斯比特：《大趋势——改变我们生活的十个新方向》，梅艳译，姚琮校，中国社会科学出版社 1984 年版。

187 ［美］詹姆斯·奥康纳：《自然的理由：生态学马克思主义研究》，唐正东、臧佩洪译，南京大学出版社 2003 年版。

188. ［美］詹姆斯·N. 罗西瑙主编：《没有政府的治理》，张胜军等译，江西人民出版社 2001 年版。

（五）英文著作

189. P. Idea Babie, "Sovereignty, Eco-Colonialism and the Future: Four Reflections on Private Property and Climate Change", *Griffith Law Review*, 2010, 19 (3).

190. P. Bourdieu, *Practical Reason: On the Theory of Action*, Cambridge and New York: Cambridge University Press, 1977.

191. T. Christiano & J. Christman (eds.), *Contemporary Debates in Political Philosophy*, Hong Kong: Blackwell Publishing Ltd, 2009.

192. J. O' Connor, *Natural Causes: Essays in Ecological Marxism*, The Guilford Press, 1998.

193. D. M. Crowe & J. Shryer, "Eco-Colonialism", *Wildlife Society Bulletin*, 1995, 23 (1).

194. J. B. Foster, *Ecology Against Capitalism*, Monthly Review Press, 2002.

195. S. Freud, *The Ego and the Id*, London: the Hogarth Press Ltd., 1949.

196. R. Grundmann, *Marxism and Ecology*, Clarendon: Oxford University Press, 1991.

197. R. Grundmann, "The Ecological Challenge to Marxism", *New Left Review*, 187, 1991.

198. G. Hardin, "The Tragedy of the Commons", *Science*, 1968（12）.

199. D. Harvey, *The Limit to Capital*, London, Verso, 2006.

200. D. Harvey, *Spaces of Global Capitalism: Towards Theory of Uneven Geographical Development*, London, Verso, 2006.

201. D. Harvey, *Social Justice and the City*, the Johns Hopkins University Press, 1973.

202. F. A. Hayek, *The Road to Serfdom*, Chicago: The University of Chicago Press, 2007.

203. "Hope for Africa's Wildlife by Raymond Bonner", *Animals*, 1993, 126 (5).

204. B. Katz, *Herbert Marcuse and the Art of Liberation: An Intellectual Biography*, New Left Books, London, 1982.

205. D. Kellner, *Herbert Marcuse and the Crisis of Marxism*, London and Berkeley and Los Angeles: Macmillan and University of California Press, 1984.

206. H. Marcuse, *An Essay on Liberation*, Boston: Beacon Press, 1969.

207. H. Marcuse, *Eros and Civilization: A Philosophical Inquiry into Freud*, Boston: Beacon Press, 1974.

208. H. Marcuse & P. Popper, *Revolution or Reform: A Confrontation*, Edited by A. T. Fergusson, Chicago: New University Press, Inc. , 1976.

209. H. Marcuse, *The Aesthetic Dimension: Towards A Critique of Marxist Aesthetics*, Boston Press, 1978.

210. H. Marcuse, *One-Dimensional Man: Studies in the Ideology of Advanced Industrial Society*, London and New York: Routledge, 1991.

211. H. Marcuse, *The New Left and the 1960s*, New York: Routledge, 2005.

212. F. Parkin, *Marxism and Class Theory: A Bourgeois Critique*, New York: Columbia University Press, 1979.

213. D. Pepper, *Eco-Socialism: From Deep Ecology to Social Justice*, London and New York: Routledge, 1993.

214. C. Reitz, *Art, Alienation, and the Humanities*, Albany: State University of New York Press, 2000.

215. J. Rawls, *A Theory of Justice*, Mass. Cambridge: Harvard University Press, 1971.

216. S. Full Tanks Simmons, "Empty Stomachs: Ethanol and Eco-Colonialism", *Earth First*, 2007, 27 (4).

217. R. Whaley, *How Green is the Green Party: Stories from the Margins*, Center Ossipee, N. H.: Beech Rever Books, 2007.

218. W. S. Wilkersin & J. Paris, *New Critical Theory*, Lanham, Md.: Rowman & Littlefiedl Publishing, Inc, 2001.

219. R. Westrum, *Technologies and Society, the Shaping of People and Things*, Wadsworth, Ins, 1991.

二、报刊文章

1. 胡锦涛："在参加中国共产党第十七次全国代表大会江苏代表团讨论时的讲话"，载《人民日报》2007 年 10 月 17 日。

2. 习近平："携手推进亚洲绿色发展和可持续发展"，载《人民日报》2010年 4 月 11 日。

3. 习近平："紧紧围绕坚持和发展中国特色社会主义学习宣传贯彻党的十八大精神"，载《人民日报》2012 年 11 月 19 日。

4. 习近平："迈向命运共同体，开创亚洲新未来"，载《人民日报（海外版）》2015 年 3 月 30 日。

5. 习近平："划定严守红线，大力治理污染"，载《人民日报（海外版）》2013 年 5 月 25 日。

6. 习近平："致生态文明贵阳国际论坛 2013 年年会的贺信"，载《人民日报》2013 年 7 月 21 日。

7. 习近平："携手构建合作共赢新伙伴，同心打造人类命运共同体"，载《人民日报》2015 年 9 月 29 日。

8. 邱耕田："发展哲学的五大前沿课题"，载《人民日报》2016 年 3 月 21 日。

9. 牛文元、刘学谦、刘怡君："2015 世界可持续发展年度报告"，载《光明日报》2015 年 9 月 9 日。

三、期刊论文

1. ［澳］阿伦·盖尔："走向生态文明：生态形成的科学、伦理和政治"，武锡申译，载《马克思主义与现实》2010 年第 1 期。

2. 敖以深："高原山地城市现代化路径选择：贵阳生态文明城市建设的实践与转型"，载《社科纵横》2017 年第 2 期。

3. 步蓬勃、韩秋红："马尔库塞'自然主体'的伦理重建"，载《道德与文明》2014 年第 2 期。

4. 陈学明："资本逻辑与生态危机"，载《中国社会科学》2012 年第 11 期。

5. 成海鹰、石小娇："消费主义的负价值及抵制策略探析"，载《湖南商学院学报》2008 年第 4 期。

6. 范春燕："马尔库赛现代乌托邦社会主义思想评析"，载《中州学刊》2004 年第 2 期。

7. 方世南："以绿色执政理念推进绿色发展"，载《理论视野》2014 年第 3 期。

8. 方世南："以绿色发展实现人民对美好生活的向往"，载《鄱阳湖学刊》2015 年第 6 期。

9. 冯周卓、袁宝龙："我国发展低碳经济的政策主客体关系研究"，载《湖南科技大学学报（社会科学版）》2011 年第 5 期。

10. 贺才乐："生命价值教育：当代大学生的一门必修课"，载《思想教育研究》2006 年第 12 期。

11. 黄瑞祺、黄之栋："绿色马克思主义的抽象与具体：马克思恩格斯思想的生态轨迹总结篇"，载《鄱阳湖学刊》2010 年第 3 期。

12. 郇庆治、王聪聪："近十年来西方绿党政治研究述评"，载《国外理论动态》2014 年第 1 期。

13. 郇庆治："生态文明创建的绿色发展路径：以江西为例"，载《鄱阳湖学刊》2017 年第 1 期。

14. 胡凯、曹挹芬："建设性后现代主义视野下的网络道德与网络心理健康"，载《思想教育研究》2014 年第 10 期。

15. 黄冠华、黄冬云："生态文明建设的福建方案"，载《政协天地》2017 年第 5 期。

16. 黄小寒、黄璇："生物生存与社会生存的统一——马尔库塞《爱欲与文明》一书的核心思想"，载《北京行政学院学报》2011 年第 1 期。

17. ［美］小约翰·柯布："文明与生态文明"，李义天译，载《马克思主义与现实》2007 第 6 期。

18. 赖亦明："人道主义的马克思主义社会发展观及其启示"，载《社会主义研究》2006 年第 4 期。

19. 李泽厚、刘悦笛："李泽厚、刘悦笛 2017 年哲学对谈录（上）"，载《社会科学家》2017 年第 7 期。

20. 李建华、蔡尚伟："'美丽中国'的科学内涵及其战略意义"，载《四川大学学报（哲学社会科学版）》2013 年第 5 期。

21. 李霏："以制度保障江西生态文明先行示范区建设"，载《理论导报》2016 年第 2 期。

22. 林默彪："中国特色社会主义生态文明何以可能？——福建长汀生态文明建设经验启示"，载《中共福建省委党校学报》2017 年第 7 期。

23. 刘同舫："马克思人类解放理论的叙事结构及实现方式"，载《中国社会科学》2012 第 8 期。

24. 鲁献慧："马尔库塞科学技术批判理论评析"，载《中州学刊》2005 第 5 期。

25. 马金杰："正义与团结——论哈贝马斯的话语伦理学"，载《求是学刊》2008 第 6 期。

26. 姜振寰、袁晓霞："技术约束与安全的社会发展观"，载《科学学研究》2008 第 2 期。

27. ［法］迈克尔·洛维："生态社会主义与民主计划"，张涛译，载《南京工业大学学报（社会科学版）》2017 年第 3 期。

28. 莫放春："马尔库塞关于人与自然和谐统一的生态学论述"，载《国外理论动态》2009 年第 6 期。

29. 莫神星、伍牧原："论绿党的崛起与绿党政治"，载《华东理工大学学报（社会科学版）》2005 年第 3 期。

30. 彭升、傅华丽："论列宁'人的全面发展'理论的实践性特征及其体现"，载《湖湘论坛》2016 年第 4 期。

31. 沈学君："增长还是发展？——新马克思主义学派的社会发展观述评"，载《福建论坛（人文社会科学版）》2012 年第 7 期。

32. 石小娇、成海鹰："单面人性、社会批判和艺术救赎——近十年马尔库塞思想研究综述"，载《湖南工业大学学报（社会科学版）》2009 年第 2 期。

33. 隋秀英："评吉登斯对马克思社会发展观的错误理解"，载《当代世界与社会主义》2008 年第 2 期。

34. 万俊人："现代性的伦理话语"，载《社会科学战线》2002 年第 1 期。

35. 万俊人："美丽中国的哲学智慧与行动意义"，载《中国社会科学》2013 年第 5 期。

36. 王雨辰："从技术政治学到审美政治学——马尔库塞的政治哲学初探"，载《国外社会科学》2009 年第 1 期。

37. 王雨辰："论马尔库塞的马克思主义哲学观"，载《山东社会科学》2008 年第 3 期。

38. 王锐生："'以人为本'：马克思社会发展观的一个根本原则"，载《哲学研究》2004 年第 2 期。

39. 王云霞："马尔库塞的生态危机论及其对我国生态文明建设的启示"，载《贵州社会科学》2011 年第 1 期。

40. 王瑜："论生态社会主义与科学社会主义两种范式的社会发展观"，载《东南学术》2014 年第 2 期。

41. 吴向东："人的自由全面发展：社会主义最高价值观"，载《福建论坛（人文社会科学版）》2011 年第 1 期。

42. 徐崇温："当代西方社会的生态社会主义思潮评析"，载《马克思主义研究》2009 年第 2 期。

43. 徐子棉："马克思社会有机体理论对当代中国现代化全面启动的实践效应"，载《甘肃理论学刊》2012 年第 4 期。

44. 许俊达："评马尔库塞的自然解放论"，载《安徽大学学报》1995 年第 1 期。

45. 薛天山："后现代主义的社会发展观探析"，载《生产力研究》2011 年第 1 期。

46. 阎孟伟："为爱欲而战，就是为政治而战——评马尔库塞政治批判的心理学角度"，载《新视野》2007 年第 2 期。

47. 杨卫华："论'敬畏自然'的正当性"，载《道德与文明》2013 年第 1 期。

48. 杨立华、刘宏福："绿色治理：建设美丽中国的必由之路"，载《中国行政管理》2014 年第 11 期。

49. 杨灿、朱玉林："国内外绿色发展动态研究"，载《中南林业科技大学学报（社会科学版）》2015 年第 6 期。

50. 殷明："评马尔库塞的社会批判理论"，载《四川大学学报（哲学社会科学版）》1998 年第 3 期。

51. 余谋昌："走出人类中心主义"，载《自然辩证法研究》1994 年第 7 期。

52. 郁建兴："从政治解放到人类解放——马克思政治思想初论"，载《中国社会科学》2000 年第 2 期。

53. 赵建军："人与自然的和解：'绿色发展'的价值观审视"，载《哲学研究》2012 年第 9 期。

54. 赵勇："去政治化：马尔库塞美学理论的一种接受"，载《社会科学辑刊》2007 年第 3 期。

55. 赵晓芳："意识形态：西方马克思主义美学的一个核心问题"，载《马克思主义与现实》2007 年第 6 期。

56. 曾长秋、谭覃："论长株潭'两型'社会的城市文化建设"，载《湖南社会科学》2010 年第 5 期。

57. 张卫良："20 世纪西方社会关于'消费社会'的讨论"，载《国外社会科学》2004 年第 5 期。

58. 张昌林："科学发展观：对马克思主义发展观的继承与创新"，载《广西社会科学》2004 年第 12 期。

59. 张剑："生态殖民主义批判"，载《马克思主义研究》2009 年第 3 期。

60. 张剑："生态社会主义的新发展及其启示"，载《马克思主义研究》2015 年第 4 期。

61. 张立伟："生态社会主义的基本理念及其当代启示"，载《南京政治学院学报》2017 年第 1 期。

62. 郑湘萍、田启波："生态学马克思主义视阈中的生态殖民主义批判"，载《岭南学刊》2009 年第 6 期。

63. 周宏春："'两山理论'与福建生态文明试验区建设"，载《发展研究》2017 年第 6 期。

四、网络文献

1. 习近平："在同全国总工会新一届领导班子成员集体谈话时的讲话"，载 http://news. xinhuanet. com/politics/2013 - 10/23/c_117844453. htm，访问日期：2013 年 10 月 23 日。

2. 陈学明："'西方马克思主义'的主要特征及其对中国的意义"，载 http://www. docin. com/p - 784591329. html，访问日期：2014 年 3 月 27 日。

3. "中共第十八届中央委员会第五次全体会议公报"，载 http://news. xinhu anet. com/fortune/2015 - 10/29/c _ 1116983078. htm，访问日期：2015 年 10 月 29 日。

4. 中华人民共和国环保部："全国环保统计公报（2014）"，载 http://zls. mep. gov. cn/hjtj/qghjtjgb/201510/t20151029 _ 315798. htm，访问日期：2015 年 10 月 29 日。

5. "'十三五'生态环境保护规划"，载 http://www. gov. cn/zhengce/content/2016-12/05/content_ 5143290. htm，访问日期：2016 年 12 月 5 日。

▬后 记

时光荏苒，一年多来披星戴月写作的日子，让我平添了几丝白发，锤炼了不屈不挠的意志。

选择以马克思主义绿色发展观作为我的博士学位论文题目，是一个崇高而又现实的抉择。说它"崇高"，是因为其理性的高度无法超越，我们需要穷尽一生精力学习和致敬。佩珀（Pepper）惊诧地发现："由于'全球化'正在带来的经济、社会和环境威胁，社会主义和共产主义理论与实践变得比以往任何时候都更需要。"习近平总书记也多次强调："马克思主义是在批判吸收人类全部知识的基础上产生并且随着时代、实践和科学的发展而不断丰富发展的，是人类迄今为止最为先进的思想体系。"说它"现实"，是因为人类社会发展到今天，生态危及已经变成一个直接危机人类生存的隐患，西方资本主义的思想理论和政治制度设计在这个问题上已经束手无策，只能求助于马克思主义的智慧和灵光。说它"现实"，是因为作为一个高校思想政治教育工作者，除了"谋道"之外还得"谋食"。骨感的现实，促使我夜以继日地研究和写作。

历时三载，博士学位论文终于成稿。尽管像一个刚出生的"婴儿"，非常地稚嫩，却耗费了我大量的精力和心血。当论文呈现在大家面前时，我忐忑不安，担心这个"孩子"能否得到大家的认同；当论文呈现在大家面前时，又不得不让人怀念一路排除千难万苦走来的艰辛，每天早上九点，端着水杯，走进

湖南商学院三教 307 自习室，眼前认真低头学习的学生勾起了
我的回忆。回想 2007 年自己拼尽了全力考进了长沙理工大学文
法学院读研究生，仿佛现在还能捂住胸口感受到那种激情四溢
的生活；当论文呈现在大家面前时，我仿佛找到一种存在感，
每当朋友都忙于用货币或权力在改变世界的时候，而我却自得
其乐地走上了求知这条清苦的路，面对朋友成功之后的炫富，
而我却甘愿抱守自己的梦想，哪怕被拍死在沙滩上，试图找寻
到一条与众不同的发展之路。没有什么事情是一步登天的，没
有全身心投入研究时也无捷径可走。磨蹭了一千多个日夜之后，
我省悟了：就算别人嘲笑我口袋空空又如何，起码"书中自有
黄金屋"，起码我的大脑"超级富有"。

待我重估自己的价值，重新规划人生目标后，开始了一段
内心宁静而自怡得乐的学习苦旅和文化苦旅，这段时间也是我
博士论文综述完美如期产生的原因。开题之后，小论文发表于
CSSCI 来源期刊尤为困境。我始终相信，人间自有公道在，每当
写出一篇自觉满意的小论文，就会毫不犹豫且信心满满地投出
去，但大多数都是石沉大海。从 2011 年入学到 2015 年四年中一
直没有收到任何像样杂志的采稿通知，这其中内心与现实的煎
熬只有自己明白。多年在"希望"与"失望"的来回颠簸中，
觉得内心已经无不强大，练就了一种"宠辱皆忘"的境界。因
为一个小博士生没有任何权力、没有足够的货币去交换资源和
发论文，只能"穷首六经"，坚持一遍一遍"绣花"般修改小
论文……也正是在这种失望与不屈的艰辛滚爬摸打中，挤牙膏
般完成了学校规定的发表小论文的要求并完成学位论文的初稿。

"不经历风雨，怎么能见彩虹。"攻读博士学位期间，确实
经历了一段不平凡的日子，感受了人生的"生""老""病"
"死"。2014 年 8 月，原博导彭平一老师因病医治无效离世，让

我无法静下心来写博士论文，一度让我产生放弃继续撰写博士论文的想法。今天，我在离学校清理日期越来越近的时候，终于拿出了论文的稿子，以慰藉在另一个世界的彭导，愿天国里没有病痛！2016 年正月初四，所有的亲朋好友都沉浸在浓浓的年味中，为赶写博士学位论文，我们一家三口只能强忍泪水告别病躺在床上无法言说的婆婆。谁知此一别，变成永远！2016 年 3 月 18 日，料理完婆婆的后事，先生在回长沙的路上随口填了一首《相思令·送别》："风一程，雨一程。子规啼咽诉悲情。夕阳岂能听。山零丁，水零丁。华庭归梦晓频惊。醒来泪盈盈。"每当读到这首词的时候，都会让我泪流满面，心生愧疚。

此时此刻，除了感谢，只剩泪千行。

时间或许是最好的疗伤师，时间也许是最大的安慰剂。让我重新投入到博士论文中的动力是导师张卫良教授，他诙谐，严谨，严于律己，待人宽厚，在学术上倾尽全力地指导我们，在生活上又一如既往地理解我们，可以说我的博士论文的完成离不开张老师的鼓励。

还要感谢胡凯教授、曾长秋教授、谭希培教授、罗会钧教授、彭升教授、汪建华教授、贺才乐教授在我修读学分、开题报告、论文写作中提供的支持和修改意见。正是他们的无私点拨，才使本论文得以日益完善。

感谢生我养我的父亲石树花、母亲杨雪珍。"天地之大德曰生"，是你们给了生命，呵护我不断成长，给我拼搏的资本。

感谢老公刘兴云先生，他的支持不是一句话可以说完的。他对家庭的责任感体现在"Just do it"（只管去做）！当然我也深深体会到："最好的爱情不是物质上的门当户对，而是精神上的势均力敌"（杨绛语）。在此寥寥数语无法表达我的感激之情。

感谢儿子天真的鼓励！说句实在话，我的内心无比愧疚，七岁的儿子刘亦农天真地期待："妈妈，你毕业后脾气会好很多吧!"是你，幼稚的话语真心的期待让妈妈有了坚持下去的动力让我对美好的一天充满着期待。因为，阳光明媚的春天，我在电脑前埋头苦恼的冥思苦想，你总在幼儿园幻想妈妈就在你的旁边；热情似火的酷暑，别人的妈妈都带着自己的宝贝穿梭于冰吧、商厦、电影院，而你却只能坚守在客厅一遍又一遍的翻看重复而又无聊的《熊出没》，天真地嘲笑"光头强"的愚蠢；秋风落叶，霜叶红于二月花，别人的妈妈牵手自己的宝宝漫步于岳麓山林荫小道上，放飞一串串晶莹剔透的肥皂泡，而你只能在周末走遍麓谷公园的每一个角落，一遍又一遍拾起又投掷那些无人理睬的小石头；最为讨厌的是长沙的冬天，寒风呼啸的冬天，本来想让你赖在床上多睡一会儿，但为了完成学位论文，每每狠心把你从睡梦中叫醒，含着泪水送你到幼儿园，头也不回地继续投入写作……

　　学术之路漫漫！文章当中还存在许多的问题需要进一步凝练与润色，肯定当中也有许多的不足之处，恳请各位专家、同行与读者批评指正。

石小娇

2017 年愚人节草于耒阳